# 욕망의 탄생

Genèse du Désir

by Jean-Michel Oughourlian

*Genèse du désir*

# 욕망의 탄생

모방이론을 통해 보는 사랑의 심리학

장-미셸 우구를리앙 지음 · 김진식 옮김

문학과지성사

**욕망의 탄생**
—모방이론을 통해 보는 사랑의 심리학

제1판 제1쇄　2018년 12월 4일
제1판 제2쇄　2023년 5월 22일

지 은 이　장-미셸 우구를리앙
옮 긴 이　김진식
펴 낸 이　이광호
주　　간　이근혜
편　　집　김현주 최대연
펴 낸 곳　㈜**문학과지성사**
등록번호　제1993-000098호
주　　소　04034 서울 마포구 잔다리로7길 18(서교동 377-20)
전　　화　02)338-7224
팩　　스　02)323-4180(편집)　02)338-7221(영업)
전자우편　moonji@moonji.com
홈페이지　www.moonji.com

ISBN 978-89-320-3493-5 03180

이 도서의 국립중앙도서관 출판예정도서목록(CIP)은 서지정보유통지원시스템 홈페이지(http://seoji.nl.go.kr)와
국가자료공동목록시스템(http://www.nl.go.kr/kolisnet)에서 이용하실 수 있습니다.
(CIP제어번호: CIP2018038259)

나의 스승이자 친구
르네 지라르에게

# 차례

나는 40년 동안 신경정신과 의사로서 환자들을 치료해왔다. 수련의 시절 스승들 곁에서 조증, 우울증과 같은 온갖 종류의 정신장애와 정신병, 신경증과 같은 인격장애, 성이나 식이행동, 사회적인 관계에서 나타나는 행동장애와 같은 증상을 진단하는 법을 배웠다. 주위의 동료들과 마찬가지로 환자들을 약물을 통해 치료하는 것도 배웠다. 지난 40여 년 동안 정신분석, 특히 정신질환의 치유와 예측에 있어 판도가 완전히 뒤바뀌는 진보가 이루어졌음은 의심의 여지가 없다.

진료실에서 실습과 진료를 진행하면서 나는 분명한 사실을 깨닫게 되었다. 진찰을 받으러 왔던 환자들 가운데 정신질환은 아니지만 그들의 삶에 정신적으로 고통을 주는 어떤 문제 때문에 고민하는 환자들의 수가 늘어가고 있다는 사실이 그것이다.

나는 이러한 문제들이 환자들이 처음부터 갖고 있던 것이 아니라 아버지, 어머니, 형제, 누이, 사장, 부하직원 등과 같은 타인들과 그 환자 사이에 놓여 있다는 것을 곧 알아차리게 되었다. 그중에서도 가장 흔하면서도 육체 및 정신 건강에 큰 해악을 끼치는 문제는 커플들 사이의 문제였다.

물론 대부분의 커플들은 잘 지낸다. 첫눈에 사랑의 불길이 타오른 지 50년이 지난 뒤에도 많은 커플들은 여전히 행복하게 살고 있으며 진료실을 찾을 필요도 없다. 일단 의사를 찾는 커플들은 문제에 직면해 있다. 그런데 이들은 대부분 어떤 역설의 피해자라고 할 수 있다. 처음에 그들을 하나로 만들었던 욕망이 그들을 연결했던 바로 그 힘으로 다시 헤어지게 만드는 것이다.

나는 20년 전부터 이런 현상에 대한 임상 및 이론적 연구를 해왔는데, 모방적 욕망이라는 르네 지라르René Girard의 이론이 주요한 역할을 했다. 1996년 거울뉴런의 발견으로 모방 메커니즘이 임상적으로도 증명되면서, 모방 메커니즘은 더 이상 단순한 가설이 아닌 분명한 사실이 되었다. 캘리포니아 대학 뇌인지센터의 빌라야누르 라마찬드란 소장은 이렇게 말했다.

나는 생물학에서 DNA의 역할을 심리학에서 거울뉴런이 수행하게 될 것이라고 예측한다. 거울뉴런이 하나의 통합적인 틀을 제공하여 지금까지 수수께끼로 남아 있던 수많은 정신

현상들을 설명할 수 있게 될 것이다.[1]

나는 철학자, 심리학자들의 직감과 이 엄청난 거울뉴런에 의지하여, 그리고 무엇보다도 이제는 입증된 모방욕망 이론을 적용하여, 과연 무엇이 이 커플들을 만나게 하고 또 헤어지게 하는지를 알아내고자 했다. 커플들을 가까워지고 멀어지게 하는 사랑과 미움을 초래하는 것은 모방 메커니즘이며, 이 메커니즘의 장난감이 바로 이들 커플이다. 나는 이 책에서 이런 상황을 벗어날 수 있는 효율적인 전략을 제시하려고 한다. 그런데 이 전략이 실효를 거두기 위해서는 커플 양쪽 혹은 적어도 한쪽이라도 그들을 움직이는 것이 이 모방 메커니즘임을 인정하고 그것의 부정적 결과를 피하는 데 노력과 희생이 필요하다는 것을 받아들여야 한다.

***

스물다섯 살의 패션모델 마리나 씨가 감정에 북받쳐 흐느끼면서 진료실로 들어왔다. 화장기 없는 얼굴에 머리칼은 흐트러지고 조깅복 차림이었다.

---

1 Vilayanur Ramachandran, *Mirror neurons and imitation learning as the driving force behind 'the great leap forward' in human evolution*, 2000.

"정말 끔찍한 일이었어요. 저는 런던에서 3년간 백만장자에 수완 좋고 유능하며 지적이기도 한 예순 살의 남자와 살았습니다. 그는 주변에 여자도 많았는데, 저 때문에 당시 서른 살이었던 부인과 이혼을 했어요. 그 전에는 애인이 있어도 절대 이혼은 하지 않았다고 해요. 사실 스무 살의 스웨덴 모델과 저 사이에서 좀 망설였는데 결국 저랑 살기로 결정했어요. 저를 무척이나 아끼는 부모님은 우리의 관계를 몰랐습니다. 만약 아셨다면 아주 고통스러워하셨을 거예요. 부모님은 보수적인 분들이라 제가 제대로 된 남자를 만나 아이를 낳고 정상적인 삶을 살기를 원하셨거든요. 제가 런던에서 어떻게 지내는지 부모님이 궁금해하셔서 직장에 나가고 있다고 말했어요. 실제로는 에디가 주는 돈으로 살아가고 있었죠. 그런데 6개월 전에 에디가 전립선암에 걸렸어요. 수술 받을 때는 물론이고 화학치료를 받을 때도 그이 곁을 떠나지 않았어요. 그러면서 그이의 아이를 낳는다는 것은 불가능하며 우리에겐 미래가 없다는 걸 알게 되었죠. 에디에게 제 생각을 말했어요. 그러자 그는 다 이해한다는 표정을 지으면서 저에게 보름쯤 파리에 가 있으면서 부모님도 만나고 하는 게 어떻겠냐고 제안하더군요."

"파리 도착 후 얼마 지나지 않아 위베르를 만났어요. 위베르는 서른 살로, 자기가 운영하는 회사의 총지배인이에요. 잘생겼고 매력적이고 또 스포츠를 좋아하는 남자예요. 그 사람은 저한테 반해 제 부모님을 만나게 해달라고 졸랐어요. 부모님은 그 사람을 마음에 들어하셨죠. 완전히 이상적인 사윗감이었으니까요."

"위베르는 당신을 사랑하고 있나요?" 내가 물었다.

"네, 그럼요. 결혼 이야기도 꺼낸걸요."

"당신도 그를 사랑하고요?"

"글쎄요. 전 그 사람을 좋아하고 또 높이 평가하지만 사랑에 빠진 건 아니에요. 에디에게서 완전히 벗어나지는 못했거든요. 에디에게 전화를 했는데 상황을 듣고는 오히려 절 위로하면서 제 결정을 이해한다고 했어요. 그러자 눈물이 쏟아졌어요. 위베르한테서 사랑 고백을 받을 때도 눈물이 났고요. 정말 어쩔 줄 모르겠어요. 제가 뭘 원하는지 또 어떻게 해야 하는지도 모르겠어요."

"위베르와는 언제부터 사귀었나요?"

"한 달 반쯤 됩니다."

"그럼 한 달 전부터 줄곧 눈물이 났나요?"

"그 정도 된 것 같아요. 실은 일주일 전에 에디가 통화하면서 위베르를 택하라고 했는데 너무 속상했어요. 제 앞날을 우선적으로 생각해서 그런 말을 할 정도로 절 아주 사랑했다고 그 사람은 말했어요. 그러면서 자기는 예전에 사귀던 여자친구 잉그리드에게 갈 거라면서 마음을 달래기 위해 잉그리드와 함께 카리브로 여행을 갈 거라고도 했어요. 그 말을 들은 뒤로는 제 눈에서 눈물이 끊이지 않아요. 목구멍과 위에 뭔가 커다란 게 들어 있는 것 같고, 두 손도 항상 축축해요. 때로는 오한이 들다가 또 때로는 열이 나서 얼굴이 화끈거리기도 해요. 아무것도 먹지 못해 일주일 만에 3킬로그램이나 빠졌어요. 제발 저 좀 도와주세요, 선생님."

다른 경우를 보자. 프랑수아즈가 상담실로 들어와 낙담한 듯이 날 쳐다봤다.

"일이 잘 안 풀립니다. 남편 뤼시앵과는 결혼한 지 20년이 되었어요. 아이가 셋 있고요. 그런데 남편에게 애인이 있다는 걸 1년 전에 알게 됐어요."

"어떻게 알게 되셨지요?"

"딸의 도움을 받으면서 남편 컴퓨터를 사용하다가 이메일을 발견했어요."

"남편에게 그 말을 하셨나요?"

"물론이죠. 하지만 딱 잡아떼더군요. 그 뒤로 우린 매일 다투고 삽니다. 그이한테 진실을 고백할 용기라도 있다면 좋겠어요. 하지만 그이는 딱 잡아떼면서 내가 미쳤다는 거예요. 정말 미치겠어요. 기력도 없고 식욕도 없어요. 새벽 두시만 되면 잠에서 깹니다. 괴로움의 연속이에요."

"제가 남편을 만나볼 수 있을까요."

"선생님께는 아무 말도 안 할 겁니다. 전 그 사람을 더 이상 믿을 수가 없어요. 완전히 악마가 됐어요. 전에는 그렇게 부드

럽던 사람이 말이에요……"

뤼시앵이 망설이면서 내 방으로 들어왔다. 내가 그에 대해 이미 어떤 판단을 내렸다고 생각하는 것 같았다. 그가 먼저 공격했다.

"제가 나쁜 놈이라고 아내가 말했을 겁니다. 그 일을 동네방네 떠벌리고 다니는 게 정말 열이 납니다. 특히 우리 커플 문제에 딸까지 끼어들이는 게 더 화가 납니다. 딸애는 자기 엄마 편을 들어 저에게는 말 한마디 하지 않습니다. 선생님은 의사로서 비밀 유지의 의무가 있으시겠죠. 그렇다면 다 터놓고 말씀드리죠. 네, 맞습니다. 애인이 있습니다. 전부터 아내는 특히 술만 취하면 절 무시하면서 마음을 긁어놓습니다. 그에 반해 그 여자는 절 이해해주고 인정해줍니다."

"그런가요? 그런데 아내는 술을 마신 후부터 그렇게 된 건가요?"

"네, 그렇죠. 그것도 오래전부터 그랬습니다. 날이 갈수록 점점 더 심해졌죠. 퇴근하고 집에 오면 술 취해 쓰러져 있는 아내를 본 게 한두 번이 아니었습니다. 그 사람은 제가 예전에 결혼했던 여자가 더 이상 아니에요. 아즈나부르Charles Aznavour 노래를 생각나게 한다니까요. 거기 나오는 엄마처럼 될 대로 되라는 식이라고요. 갈수록 더 마셔요. 고함까지 지르면서 말입니다. 마시는 이유도 가지가지예요. 조금이라도 평온을 찾아 전 애인 집에 피신해 있는 셈이지요. 그런데 아내가 알아챈 겁니다. 이제 저도 어떻게 해야 할지 모르겠습니다. 그 사람을 더 이상 인정할 수가 없어요. 어쩌다가 그런 여자랑 결혼을 했는지, 저도 이해가 안 돼요."

"제가 아내 분을 다시 만나보겠습니다."


프랑수아즈가 의기양양하게 상담실에 들어왔다.

"그 사람 보셨죠? 안 봐도 뻔해요. 말도 안 되는 소리를 지껄이고 갔죠?"

"술 마신다는 이야기는 왜 안 하셨나요? 술에 대해 남편 분은 아주 걱정이 많던데 말입니다."

"네, 그 사람 때문에 아픈 마음을 달래려고 마셨습니다. 그이가 몇 년 전부터 제 몸에 손도 대지 않았다는 얘기는 하던가요? 이제서야 그 이유를 알겠더군요. 정말 참기 힘든 건 그 사람 애인이 제 또래라는 겁니다. 어린 여자였다면 이해했을지도 몰라요. 그러면서 뻔뻔스럽게도 그 여자한테는 손도 대지 않았고 이야기만 나누었다고 하더라고요! 뻔뻔스럽고 가증스럽게 말입니다."

"네, 좀 정리를 해봅시다. 남편께선 해가 갈수록 당신이 술을 많이 마셔서 당신에게서 멀어졌다고 했는데, 당신은 남편에게 애인이 생겨서 술을 마신다고 하는군요."

나는 진료노트에 이렇게 기록했다. "판단 불가. 인과관계 파악 불가능. 무엇을 더 해야 할까? 남편을 다시 만난다?"

베로니크는 삼십 대의 전문회계사로 활기 넘치고 책임감이 강한 아름다운 여성이다. 하지만 내 앞에 앉자마자 어쩔 줄 몰라 하면서 어떤 말부터 시작할지 망설였다. 마음을 진정시키고 말문을 열었다.

"결혼한 지 7년 됐습니다. 남편은 현대미술 전문가입니다. 아이는 둘이고요. 우린 전에도 그랬고 지금도 서로 사랑합니다. 그런데 제 남편은 정말이지 이상한 사람이에요. 몇 년 전부터…… 아닙니다. 처음부터 그랬습니다. 남편은 항상 질투가 심했어요. 자기가 소개시켜준 자기 친구들한테 제가 관심을 보인다고 의심을 하지 않나, 직장에 갈 때 옷을 너무 차려 입는다고 트집을 잡아요. 제가 직장 동료나 고객들을 유혹하려는 거라면서 말입니다. 처음에는 웃으면서 모든 게 남편이 날 너무 사랑하는 증거라고 여겼습니다. 그건 지금도 그렇게 생각하고 있습니다. 그런데 여섯 달 전부터 사람이 완전히 변했어요. 제가 피에르나 폴, 혹은 자크와 같이 잤다고 고백하지 않으면 저랑 잠자리를 않겠다는 거예요. 그 친구들이 어떤 짓을 했는지, 제가 어떤 일을 당했는지 사실대로 말해달라고 애원을 하는 거예요. 아무런 일도 없었기 때문에 이야기할 게 없다고 대답했죠. 그랬더니 뭐라는 줄 아세요! 정말 밑도 끝도 없이 이러는 겁니다. '그래? 그럼 꾸며서라도 이야기를 해봐. 그런 게 내가 제일 좋아하는 환상이란 말이야. 못하겠거든 그럼 애인을 하나 사귀어서 이야기를 해줘.' 선생님, 어떻게 생각하세요? 미쳐서 절 밀어내려는 건가요? 전 지금도 남편을 사랑하고 있어요. 그런데 남편은 그러더군요. 자기를 사랑한다면 자길 즐겁게 해주기 위해, 우리 사랑의 즐거움을 되찾기 위해 제가 애인을 하나 사귀어야 한다고. 전 정말 미칠 것 같아요. 친구에게 이 이야기를 했더니 선생님 주소를 알려주더군요."

비르지니는 마음씨 좋은 사십 대 여성으로 혼자 살면서 교외에서 여성복 가게를 하고 있었다. 스물다섯 살 때 연상의 남자와 결혼을 했는데, 5년 뒤 남편이 암에 걸려 사별했다. 아이도 없었고 별다른 사건도 없었다. 그날의 일이 있기 전까지는⋯⋯
"생일 선물로 여성복을 사러 온 피에르를 만났습니다. 결혼한 사람이란 걸 한눈에 알아차렸지만, 멋진 미소와 푸른 두 눈으로 식사를 청하는데 거절할 수가 없었습니다. 그 뒤로 종종 점심도 같이 먹고 때로는 저녁도 먹곤 했습니다. 아내 이야기도 해주었어요. 아내가 반쯤 미쳐서 정신병원에 입원했던 적도 있다, 지금은 좀 나아지긴 했지만 완쾌가 된 건 아니라 혼자 둘 수 없다는 것이었습니다. 그런 아내를 더 이상 참아낼 수가 없다는 말도 했습니다. 그러던 어느 날 그 사람은 아내가 브르타뉴의 딸네 집에 있다면서 주말 여행을 가자고 제안했습니다. 저는 흔쾌히 승낙을 했고요.
그 뒤로 제 삶은 지옥이 됐어요. 피에르가 짐을 싸들고 제 집으로 들어왔는데, 몇 주 동안은 정말 행복을 만끽하며 지냈습니다. 그런데 얼마 지나지 않아 그가 침울해하더군요. 갈수록 아내에게 전화도 자주 하더니 드디어 저한테 자기 아내를 더이상 내버려둘 수가 없다고 선언을 하지 뭐예요. 혼자서는 바깥출입도 못하는 아내를 방치한 것에 죄책감이 든다고 했어요. 그러더니 짐을 싸서 자기 집으로 도로 들어가고 말았습니다. 일주일을 눈물로 지냈습니다. 시간이 흐르니 피에르가 다시 저에게 전화하기 시작하더군요. 도저히 견딜 수 없다고, 아내는 정말 회복 불가능하고, 자기는 저를 정말로 사랑한다고 했습니다. 아니 저만을 사랑했다고, 제가 자기 평생의 진짜 여인이라고 말입니다. 그러던 어느 날 그 사람이 가방과 짐을 잔뜩 싸들고 제 방 초인종을 눌렀습니다. 저는 또 그를 받아들이고 말았습니다⋯⋯"

한참을 울더니 이윽고 입을 열었다.

"어제 다시 짐을 싸서 나갔어요. 이번이 여덟번째예요! 선생님, 이해가 되세요? 제가 미쳤죠. 그 사람은 대체 뭘 원하는 걸까요? 저는 어떻게 해야 하나요? 혹시 저랑 비슷한 이야기를 들어보신 적이 있으세요?"

"그럼요! 저는 그런 사람을 요요yo-yo 남편이라고 부릅니다. 문제에서 벗어나지 못하는 사람이지요."

파비안은 서른여섯 살의 가냘픈 여성이다. 결혼한 지 6년이 되었고 두 살, 세 살된 아이가 있었다. 그녀는 아이를 갖는 것에 대해 오랫동안 망설여왔다. 직장 때문이었다. 그러다가 부모님과 친구들 그리고 남편의 성화에 못 이겨 아이를 갖기로 결심했던 것이다.

파비안과 남편은 같은 직장에 다녔다. 일에 열성적인 남편은 승진을 거듭한 끝에 지금은 관리자로 일하고 있다. 그에 반해 그녀는, 그녀 자신의 설명에 따르자면 가사일과 첫아이의 출산으로 정상적인 직장생활을 하기가 어려웠고 승진은커녕 해고를 당했다. 남편은 가족이 먹고살 돈을 자기가 충분히 벌어올 테니 그녀는 엄마와 가정주부 역할에 충실하면 된다고 위로해주었다.

"그래요, 서류상으로는 모든 게 괜찮지만, 실제 상황은 그렇지 않습니다. 옛날 직장이 그립다는 건 정말 아니에요. 하지만 전 집안일은 흥미가 없어요. 고백하자면, 전 제 아이들한테도 관심이 잘 가지 않아요. 애들 때문에 피곤할 뿐이에요. 아이들이 질러대는 고함소리에 머리가 아파요. 저녁마다 남편이 애들 씻기는 걸 도와주긴 하지만 요즘은 갈수록 퇴근이 늦어지고 있고요. 남편은 일을 너무 많이 해요. 우릴 위해서 일을 한다는 건 알고 있지만 그런 생각 자체가 절 짜증나게 해요. 주말이면 저는 완전히 녹초가 되어 침대에 누워 있고 애들은 남편이 맡습니다. 물론 남편도 녹초가 되지요. 하지만 아무리 해도 심한 두통과 불면증, 피로감이 떠나지 않아요. 남편이랑 잠자리를 할 생각도 안 들어요. 늘 예민해져 있고 짜증이 나요."

나는 남편을 만나보겠다고 제안했다. 그녀의 남편은 사람 좋아 보이는 젊은이였지만, 어딘지 모르게 의기소침해 보이는 구석도 있었다.

"네, 알고 있습니다. 제가 할 수 있는 건 다 하고 있습니다. 하지만 나아지는 게 전혀 없습니다. 아이들은 정말 어쩔 수가 없어요. 정말이지 통제 불가능해요. 아내는 항상 피곤해하고 신경질이 많아요. 어떤 것에도 만족을 못하는 것 같습니다. 선생님은 제 아내가 풀이 죽어 있다고 생각하시죠? 저야말로 더 이상 기력이 없는 상태입니다. 지금 저는 직장을 그만두고 집에 들어앉아 아내와 아이를 돌보아야 하지 않나 생각하고 있습니다."

나는 깊이 생각해볼 만한 일이라고 대답했다. 우리는 모두 스스로를 되돌아볼 필요가 있고, 따라서 그런 고려를 해보아야 한다. 그들 부부를 파괴하는 메커니즘이 작용하고 있는 것이 분명했다. 널리 알려져 있는 대로, 심리적인 긴장과 스트레스는 신체적으로나 정신적으로 아주 다양한 문제를 유발한다. 남편이 지금처럼 계속 과로를 한다면 언젠가는 내출혈이나 혈관 장애가 일어날 위험이 있다. 하지만 일에 대한 야망을 접고 집안에서 아이들을 돌보다 보면 건강을 되찾을 수 있을지도 모른다. 프레데릭이 그런 경우였다.

프레데릭은 다정한 성격의 육십 대 남성으로 신경계에 문제가 생겼다. 전화를 받고 나는 그의 집으로 응급 왕진을 갔다. 그는 너무 괴로워서 더는 못 살겠다고 고함을 지르며 바닥에서 뒹굴었다. 스물다섯 살의 젊은 아내가 그의 곁을 지키고 있었다. 꽤 예쁜 편인 그녀는 겁에 질린 채 말했다. "프레데릭이 왜 이렇게 되었는지 알 것 같아요. 너무 큰 문제가 있거든요. 누구라도 이렇게 되었을 거예요." 어리둥절해하며 내가 물었다. "무슨 문제인데요?"

"돈 문제예요. 우리가 처음 만났을 때 프레데릭은 갑부였어요. 우린 서로 사랑에 빠졌고 결혼을 했어요. 그 뒤로 남편 사업이 잘 안 풀려서 재산을 전부 날려버리고 말았어요. 생계를 위해 저는 예전에 하던 비서 일을 다시 시작할 수밖에 없었어요. 반면 그의 누이는 부모에게 받은 유산을 그대로 잘 갖고 있어서 그의 병원비를 대주고 있어요."

순간 프레데릭이 일어나더니 정신이 드는 모양인지 몸을 추스르고서 말했다.

"의사 선생님, 들어보세요. 저는 몇 년 전만 해도 디즈니랜드를 통째로 살 수 있었습니다. 그런데 지금은 디즈니랜드 하루 이용권을 살 돈도 없습니다."

프레데릭에게는 다른 특이한 증상도 있었다. 그는 가끔 정신 착란 상태에 빠져 자신이 무슨 말을 하는지 무슨 행동을 하는

지 알지 못했고, 술에 취한 것처럼 비틀거리며 옆으로 걸었다. 또한 앞에서 본 것처럼 발작 증상이 나타나곤 했다.

프레데릭에게 유일한 희망은 내 동료 보리스 시륄니크Boris Cyrulnik가 탄성에너지라고 부른, 재출발에 필요한 원동력을 자기 안에서 되찾아 다시 일에 뛰어들어 성공을 하는 것이었다. 그러기 위해서는 아내가 그의 충직한 원군이 되어주어야 했다.

***

방금까지 살펴본 사례들뿐만 아니라, 이 직업에 종사하며 다양한 경우들을 접하게 되면서 나는 수많은 의문을 갖게 되었고, 그에 대한 답을 찾기 위해 분과 학문의 경계를 넘어 탐색을 해나갔다. 환자들에게는 다음과 같은 공통점이 있었다.

- 누구도 특정한 정신질환을 앓고 있지는 않았다.
- 모두 자신의 삶을 망가뜨리는 문제를 갖고 있었다.

이들의 문제에 대해 내가 어떠한 해결책을 내놓았는지 제대로 이해하려면 독자들은 르네 지라르와의 1971년 만남에서부터 시작된 나의 기나긴 항해에 동행해야 할 것이다. 그러면서 독자들은 모방이론을 알게 되고 이 이론이 인문학을 새로운 빛으로 밝히고 있음을 보게 될 것이다.

당시 나는 개인들 간에 문제가 있을 때 '병든' 것은 당사자 중 어느 한쪽이 아니라 이들을 연결하고 있는 '관계'임을 직감하고 있었다. 이 관계에서 중요한 것은 각자의 욕망, 바로 모방적인 욕망이다.

이 항해를 시작하기 전에 마르타라는 환자와 최근 나눈 면담 이야기를 하는 것이 좋을 듯싶다. 육십 대의 기품 있는 이 여성은 매우 곤혹스러운 표정으로 내 방을 찾아왔다.

"선생님을 찾아온 게 잘한 일인지 모르겠군요. 전 환자가 아닙니다. 아픈 곳은 전혀 없는데, 무얼 어떻게 해야 할지 모르겠어요. 제가 남편을 질리게 하는 것 같아요. 질투심 때문에 끝없이 그를 비난해대요. 멈출 수가 없어요. 그렇다고 헤어지려는 건 아니지만, 남편이 다른 여자들을 쳐다보는 걸 참아낼 수가 없어요. 그런데 남편은 그런 행동을 자제할 수 없는 모양이에요. 그 때문에 우리 부부는 너무나 고통스러운 상황에 놓여 있어요. 정말 어리석기 짝이 없죠. 우린 지금도 사랑하고 있고 또 행복에 필요한 것은 다 갖추고 있는데 말이에요."

"남편이 모든 여자를 쳐다보나요?"

"네, 그 때문에 예민해지고 화가 납니다. 영화나 텔레비전에 나오는 여배우를 뚫어져라 쳐다보는데, 그럴 때면 제가 한바탕 퍼붓는 거죠."

"당신 남편은 지옥에서 사는 기분이겠군요."

"네, 하지만 그건 저도 마찬가지예요. 제 자신을 원망하고 있습니다. 그러는 제가 얼마나 어리석은지 스스로도 잘 알고 있어요."

"그건 어리석은 게 아니고 일종의 메커니즘입니다. 예를 하나 들어보죠. 부인은 동물을 좋아하시나요?"

"네, 아주 좋아해요. 특히 제 고양이를 제 생명만큼 사랑합니다. 우린 아이가 없는데, 말하자면 그 고양이가 아이를 대신하는 셈이지요. 언젠가 그 아이 머리가 발코니 철책 사이에 끼이는 바람에 제 심장이 멎는 줄 알았다니까요."

"그렇게 고양이를 좋아하신다면 다른 고양이들도 좋아하시겠네요?"

"그렇지요."

"그렇다면 길 가다가 고양이가 보이면 멈춰 서서 바라보겠네요. 가까이 있으면 쓰다듬어주기도 하면서 말입니다."

"네."

"자, 부인이 그렇게 하는 게 무엇을 의미할까요? 부인이 모든 고양이들, 심지어는 개나 다른 동물들에게 자연스럽게 드러내는 애정이나 관심은 단 하나의 사실을 의미합니다. 그것은 바로 부인이 부인의 고양이를 사랑하고 있다는 것이지요."

"물론입니다."

"다른 고양이가 부인의 고양이보다 훨씬 더 예쁘고 더 어린 고양이라 하더라도 부인은 부인의 고양이와 바꾸지 않을 것입니다."

"절대 바꾸지 않죠."

"그렇다면 부인이 다른 고양이를 쓰다듬어주는 것을 보고 부인의 고양이가 부인에게 투정을 부린다면 부인은 뭐라고 말해줄 겁니까?"

"실제로 그랬어요. 제가 다른 고양이를 쓰다듬어주는 걸 보면 펄쩍 뛰면서 언짢아해요. 그래서 그 아이가 보는 데서는 절대 그러지 않아요."

"부인과 고양이의 관계가 부인과 남편의 관계와 비슷하다는 것을 아시겠나요?"

"(웃으면서) 네, 무슨 말인지 알겠습니다."

심리 치료에서 환자의 웃음은 언제나 좋은 징조이다. 환자가 자신의 문제를 자각했다는 증거일 뿐 아니라 의사와 환자가 통하고 있다는 것을 말해주기 때문이다.

"부인 남편이 부인을 사랑하지 않는다면 다른 여자를 사랑하거나 바라보는 것을 좋아하지 않았을지도 모릅니다. 그리고 남편은 부인과 항상 함께 있으니 부인과 함께 다른 여자들을 보게 되지요. 만약 부인을 사랑하지 않는다면 남편은 부인께서 한 행동 때문에 벌써 부인을 떠났을지도 모릅니다."

"네, 남편은 더는 못 참겠다는 말도 했어요. 그런데 전 어떻게 해야 할까요?"

"부인 스스로 남편에게 멋진 여자들을 가리켜줌으로써 남편의 욕망이나 그 욕망의 싹을 부인의 것으로 만들 수가 있을 겁니다. 멋진 여자를 보면서 남편의 관심은 깨어나고 욕망도 싹트기 시작합니다. 그런데 당신이 그걸 막아버리면 남편의 욕망이 더 강해질 수 있습니다. 반대로 남편 욕망에 동행을 하면 남편은 부인을 더 사랑하게 되고 남편의 사랑은 부인에게 되돌아올 것입니다."

며칠 뒤 마르타 부인이 다시 왔다.

"전에 이야기했던 것을 곰곰이 생각해보았습니다. 선생님이 제안한 것을 시도해보았어요. 일이 잘 풀렸어요. 남편은 제가 자기를 더 이상 못살게 굴지 않는 것에 놀란 것 같더군요. 그뿐이 아니에요. 제가 때마침 식당으로 들어오던 예쁜 여자를 좀 보라고 말했습니다. 그러자 남편이 저를 안더니 입을 맞추는 거에요. 날 다시 보게 되었다면서 그날 오후 멋진 드레스도 한 벌 사주고 말이지요. 하지만 이 모든 게 저는 아직도 이해가 잘 안 됩니다."

"남편이 여자를 바라볼 때마다 부인은 언제나 남편이 그 여자들과 도망이라도 간 것 같은 반응을 보였지만 지금은 그런 반응이 과한 것이었다는 걸 알고 있습니다. 부인 머릿속에서 과연 어떤 일이 벌어지고 있었던 걸까요? 부인은 분명 모든 여자를 부인의 경쟁자로 생각하면서 그 여자와 부인 중에서 선택을 하라고 남편을 다그쳤겠죠. 그러면서 부인은 스스로의 가치를 떨어뜨리고 있다는 것도 잘 알고 있었습니다. 말하자면 부인은 아내라는 타이틀을 놓고 모든 여자들과 다퉜던 셈입니다."

마르타 부인은 내가 선의의 환자라고 부르는 사람에 속한다. 내 말을 귀담아 들으면서 이해하려고 애쓰고 나를 자기의 적군이 아니라 조언자이자 연합군으로 여겼다. 그녀의 문제가 해결된 것도 그 때문이었다. 그러나 환자들이 모두 마르타 부인 같지는 않다. 악의를 갖고 있는 환자들도 많다. 말하자면 그들은 애먹이려고 정신과 의사를 찾아온다. 의사들을 궁지에 몰아넣고, 그들의 기다란 희생자 리스트에 의사의 이름을 추가해 넣으려고 진료실을 찾는 것이다.

이러한 문제를 명료하게 밝히고 환자와의 경쟁적이고 소모적인 대결 관계를 피하길 원한다면, 진료실 내에는 세 개의 극점이 있다는 것을 환자에게 일목요연하게 설명해주어야 한다. 환자, 경쟁적이고 신경증적인 욕망, 그리고 마지막으로 이 둘 사이에 있는 상담가.

환자가 의사와 한 팀이 되어 자기 문제를 해결하려는 의지가 있는지 아닌지를 알아야 한다. 다시 말해 환자를 사로잡아 특정한 방향으로 끌고 가는 욕망, 신경증의 다른 이름인 경쟁 욕망에 저항할 것인지, 아니면 반대로 신경증과 동맹을 맺고 의사에게 맞서려고 하는지를 알아야 한다는 것이다.

자, 이제 우리의 욕망을 자세히 살펴보면서, 이 과정을 거쳐야만 변화가 시작될 수 있다는 의미에서 통과의례라고 할 법한 기나긴 여정을 시작할 때이다. 독자들도 이 여정에 동행하여 내가 경험했던 바를 함께 경험할 수 있기를 기대한다.

***

나는 항상 욕망이 인간관계의 핵심이자 원동력이며 우리를 생生으로 이끄는 첫번째 운동이라고 생각해왔다. 수년의 연구와 임상을 거친 끝에 나는 우리를 인간이게 하고 하나로 모이게 할 뿐 아니라, 앞으로 보게 되겠지만 우리를 서로 닮은 존재로 만드는 것이 바로 욕망이라고 믿게 되었다. 욕망은 우리에게 생명을 불어넣고 감정을 일깨우는 만큼이나 우리 성격을 결정짓기도 한다. 그러나 욕망은 우리가 타인과 가까워지도록, 다시 말해 다른 사람들의 감정과 우정과 지지와 인정을 추구하게도 하는 반면, 경쟁을 일으키고 사랑만큼이나 증오를 유발하기도 한다. 욕망은 그러므로 우리의 최고의 우군이기도 하지만 최악의 적이기도 하다. 이 최악의 적은 우리도 모르는 사이에, 우리로 하여금 우리를 파멸로 이끌 것을 바라게 하고 고통을 유발할 것을 추구하게도 한다. 이러한 일이 어떻게 가능한가? 그리고 그런 원동력은 과연 어디서 오는 것일까? 우리들은 흔히 낭만적인 환상에 사로잡혀서 우리의 욕망이 스스로에게서 비롯된 자율적이고 독창적인 것이며, 때문에 온전히 우리 자신의 것이라고 생각한다. 최근 심리학과 신경생리학의 엄청난 진보에도 불구하고 이런 생각은 이를 부인하는 모든 진실에 대해 아직도 저항을 하고 있는 듯하다. 원자 하나를 분열시키는 데 얼마나 거대한 에너지가 필요한지를 누구보다 잘 알았던 아인슈타인이 오죽하면 이런 말을 했을까. "원자를 분해하는 것보다 선입견을 분해하기가 훨씬 어렵다."

르네 지라르René Girard가 1961년 『낭만적 거짓과 소설적 진실 Mensonge romantique et vérité romanesque』에서 주장하기 시작한, 모든 욕망은 다른 사람의 욕망을 모방한 것이라는 모방욕망 이론에 나는 곧장 빠져들었다. 나는 특히 그의 이론에 인간을 이해하는 힘과 함께 우리 스스로 진실을 찾게 해주는 힘이 풍부하게 들어있다는 것에 큰 감동을 받았다. 내가 지라르와 기 르포르Guy Lefort와 함께 지라르의 이론을 심리학과 정신과학에 적용, 발전시키는 작업에 흔쾌히 참여했던 것도 이 때문이었다. 『세상 설립 이래 감추어져온 것들Des choses cachées depuis la fondation du monde』 (1978)이 우리들의 첫번째 작업의 결과였다. 1982년에 나온 『욕망이라는 이름의 모방Un mime nommé désir』은 나의 임상 경험을 토대로 모방욕망의 현상학을 보여주었다. 욕망은 근본적으로 타인과의 관계 속에 있음을 고려하는 '치료학'을 만들기 위해 나는 그 뒤로도 심도 깊은 연구를 계속해왔다. 바로 이 책이 그

동안의 연구 결과를 하나로 묶어낸 결과물이다.

몇 년 동안 정신과 임상 치료를 해온 끝에 나는 모방이론이 환자를 치유하는 데 믿기지 않을 정도의 효능이 있다는 것을 확인할 수 있었다. 복잡하면서도 선험적으로 불합리한 환자들의 증세를 설명하는 데 그의 관점이 얼마나 힘이 있는지 느낄 때면 나는 지금도 깜짝 놀랄 정도이다. 또한 문제에 봉착해 있는 많은 커플들이 자신들도 모르는 사이에 모방 메커니즘에 사로잡혀 있는 것을 확인할 때는 더욱 그러하다. 처음에 이들 부부를 하나로 만들었던 바로 그 사랑이라는 욕망을 빌미로 질투, 선망, 경쟁이 이들 사이에 슬그머니 끼어들고 있었다. 이 기이한 패러독스를 어떻게 설명할 수 있을까?

욕망의 진정한 속성은 그 모방성에 있다. 하지만 우리는 이런 사실을 부인하면서, 우리가 영향을 받으며 끊임없이 모방하는 모든 것들을 경쟁자와 장애물로 여기게 된다. 욕망의 자발성과 독창성, 그리고 우리 자신의 자율성을 주장하기 위한 이런 줄기찬 저항은 지배욕과 억압, 경쟁만을 불러올 뿐이다.

따라서 욕망의 또 다른 진실은 욕망에는 항상 경쟁이 붙어 있다는 것이다. 그것은 타인과 똑같은 것을 욕망하면서도 타인의 욕망이 나의 욕망보다 먼저 있었다는 것을 부정하고 그를 내 욕망의 장애물로 여기기 때문이다. 그렇게 되면 타인은 나의 경쟁자가 되고 나는 이 경쟁자에게서 그가 욕망하는 것을 빼앗기 위해 그의 욕망을 한층 더 강하게 욕망하게 된다. 욕망은 이처럼 우리를 더 나쁜 쪽으로 몰아간다.

경쟁이 격화되어 모든 관심이 경쟁에만 집중되는 데 이르면, 이제 정신병의 영역으로 들어서게 된다. 주체는 그가 모방하는 사람의 경지에 도달할 수 없으면 모방 대상에게 화풀이를 하거나 일종의 전이를 통해 그 사람을 대신할 수 있는 사물에 화풀이를 하게 된다. 즉 그의 병은 그 자신 안에, 혹은 다른 사람에게 있는 것이 아니라 둘 사이의 관계 속에 있는 것이다.

히스테리, 공포, 불안, 파괴 본능, 강박적 질투, 식욕 부진 등의 증상에 시달리던 환자들은 결국 욕망의 병을 앓고 있었던 것이다. 모방욕망에 의한 경쟁 관계 때문에 우리가 그 모델과 너무 강하게 연결될 때 우리는 적대적 관계의 포로가 되고 만다. 우리 자신의 메커니즘에 대해 무지한 채로 파괴적인 그 모델에 집착하다 보면, 우리는 점차 우리 자신뿐 아니라 우리가 좋아하는 사람들로부터도 낯선 사람이 되어간다. 우리는 그때 그때 우리에게 영향을 주면서 쉽게 접할 수 있는 이런저런 타인에게 매달리지 않고 여전히 불가능한 모델에 집착하고 있다.

이런 점에서 모방에 대한 정신 치료는 끝없는 경쟁 관계에 사로잡혀 있는 사람들이 점차 헛된 집착에서 벗어나 자유롭게 다른 모델을 택할 수 있게 해주는 것을 목표로 하고 있다. 일단 모방을 있는 그대로 인정하고 받아들이고 나면, 이것은 우리를 구속하는 대신 해방시키고 보호해준다고 말할 수 있다.

많은 연구와 실례, 진료를 통해서 나는 모든 인간관계가 '보편적 모방'이라는 단 하나의 원칙에 지배받고 있다는 것을 알게 되었다. 이 원칙으로부터 어느 누구도 벗어날 수 없다. 그것은 우리를 아주 철저히 지배하고 있다. 우리가 서로를 끝없이 모방할 수밖에 없고 주변 사람들의 영향을 받을 수밖에 없는 것은 바로 욕망의 속성 때문이다.

1장에서 살펴볼 최근의 결정적인 성과인 '거울뉴런'의 발견은 지라르의 인류학적 가설을 마침내 확증해주었다. 동시에 신경세포 차원에서의 보편적 모방 연구의 가능성을 열어놓았다. 우리가 어떤 행동을 할 때만이 아니라 다른 사람이 어떤 행동을 했거나 하려고 하는 것을 볼 때에도 거울뉴런은 작동한다. 정말 놀라운 현상이 아닐 수 없다. 우리가 태어나서 한순간도 쉬지 않고 서로가 서로에 대한 '모방의' 상호작용을 행하고 있는 것도 이 때문이다. 과학에 의해 공감이 드디어 확인된 것이다! 이 뉴런이 작동할 때 따라 나오는 감정과 판단들은 대뇌변연계와 대뇌피질에 대한 거울뉴런의 직접적인 반사와 일치한다. 이 사실은 우리 행동을 결정하는 것이 감정이 아니라 한결같은 모방 메커니즘임을 확인해주는 것 같다.

인간의 다양한 감정들도 인간의 모든 영역에 영향을 끼치고 있는 이 모방 메커니즘에 물들어 있는 것으로 보인다. 그렇다고 해서 인간 감정의 다양성과 복합성과 광채가 사라지는 것은 아니다. 같은 메커니즘이 감정을 지배할지라도 감정의 양상은 무한하기 때문이다. 이러한 보편적인 모방을 통해 수많은 모순적인 현상들에 대한 설명이 가능해진다. 예를 들면 그것은 인력과 척력처럼 사람들을 붙어 있게 함과 동시에 떼어놓기도 한다. 모방은 그러므로 근본적으로 양면적이다. 모방의 수동적인 꼭두각시가 되지 않고 궁극적으로 이를 우리 스스로 조정할 수 있기 위해서는, 모방의 메커니즘을 제대로 이해해야 할 것이다.

르네 지라르의 모방이론은 어떤 이에게는 이해하기 힘들 수도 있다. 이 이론의 투명하면서도 단순한 면모와 여러 학문을 가로지르는 통학문적인 성격, 그리고 이것만으로도 모순적이고도 복잡한 여러 문제들을 설명해낼 수 있다는 사실은 어쩌면 다양한 저항을 부추길 수도 있을 것이다. 하지만 이 이론은 우리의 일상에서 너무나도 명백하게 확인된다. 그런데도 아주 흔한 오해를 일으키는 역설적인 난점이 하나 있는데, 그것은 바로 우리가 우리 자신일 수 있는 것은 다름 아니라 끊임없이 서로를 모방하기 때문이라는 것이다. 욕망의 타인 관계성과 유동성, 그리고 거울에 비친 형상처럼 변하는 성질은 우리들이 끊임없이 학습을 한다는 증거이자, 그러지 않았더라면 우리가 주어진 본성에서 벗어나지 못한 채 정해진 정체성에 머물러 있었을 수도 있다는 가능성의 증거이기도 하다.

　모방적 욕망의 개념을 더 잘 밝히기 위해서 나는 독자들에게 「창세기」를 읽어볼 것을 제안한다. 「창세기」는 우리가 모방적 욕망에 의한 교환 관계 속에서 심리 반응에 눈뜨고 우리의 정체성과 개성이 형성될 수 있었다는 것을 그 어떤 기록보다 더 잘 보여주고 있다. 인간이 행복 충만한 멋진 낙원으로부터 '타락의 세계'로 추락하게 된 것 역시 항상 경쟁과 연결되어 있는 우리 욕망의 속성 때문이다. 인류가 처음에 갖고 있었던 순수함과 사랑의 광채를 되찾기 위해서는 욕망이 자연발생적인 것이라는 환상에서 벗어나야 한다. 우리가 자율적인 존재라는 환상과 나 자신이 근본적으로 다른 존재라는 환상도 마찬가지이다. 이런 환상에서 오는 거짓 차이들에서도 벗어나 우리 내부를 관통하면서 끊임없이 우리를 변화시키는 타인의 존재를 인정해야 할 것이다.

　나는 또한 모방이론의 관점이 정신병리학과 심리 연구에서 실질적이고 독창적인 접근을 가능하게 해주었던 사례들을 보여주고 내가 상담했던 커플들이 경쟁 관계의 악순환 구조에서 벗어날 수 있도록 도와줄 전략을 제시할 것이다. 사랑의 꽃을 다시 피우려면 커플들은 우선 그들을 매 순간 위협하고 있는 경쟁 관계에서부터 벗어나야 한다. 하루하루가 금욕 생활이나 다름없을 이러한 태도를 유지하기 위해서, 우리는 우리의 사랑을 헝클어뜨리고 왜곡시킬 위험이 상존하는 모방 메커니즘을 정확히 이해해야 할 것이다.

모방이론이라는 필수적인 도구를 통해 모방적 욕망과 경쟁이 빚어내는 여러 가지 양상을 이해한다면, 여러분은 마리나나 프랑수아즈, 베로니크와 같은 환자들의 이야기가 어떻게 펼쳐질지 충분히 짐작할 수 있을 것이다.

1부

# 심리 변화

# 1장　　　모방적 욕망

> 인간들은 자신의 행동이 어디서 결정되는지 모르면서도
> 그 행동을 의식하고 있다는 이유만으로 스스로 자유롭다
> 고 여긴다.
>
> ─스피노자

욕망을 깊이 살펴보기 위해 나는 욕망의 정의로, 다양한 영역의 연구자들이 두루 적용할 수 있도록 욕망은 심리 변화라는 폭넓은 정의를 제안하고 싶다. 심리학에서는 사실 욕망 아닌 운동 없고 운동 아닌 욕망도 없다.

　모든 운동은 에너지, 즉 동력을 필요로 하는 동시에 목적의식, 즉 자신의 궤도를 추동하고 활기를 불어넣고 확고하게 만드는 목적이나 이상을 전제한다. 정신분석학, 행동주의심리학, 인지심리학 같은 중요한 심리학 이론들은 이 에너지와 목적의식에 대한 나름의 입장을 갖고서 그 기원을 제시하고 다양한 설명을 내놓는다.

　나로 말할 것 같으면, 일찌감치 모방적 욕망이론에 빠져들었다. 이 이론은 '우리의 욕망은 항상 다른 사람의 욕망을 베낀 것'이라는 아주 소박한 인류학적 가설에서 출발한다. 다르게

표현하면, 우리의 욕망은 우리의 것이 아니고, 우리 자신에 의해 결정되는 것도 아니며, 우리가 열정적으로 모방하는 제삼자에 의해 암시받은 것이다. 우리는 사랑에 빠졌을 때 나의 욕망이 자연발생적으로 갑자기 모든 여자들 가운데 유독 눈에 띄는 그 여인을 향하게 되었다고, 다른 사람은 못 보고 지나갔지만 숨겨진 그 보물을 알아본 사람은 내가 유일하다고 스스로 생각할지 모른다. 그러나 내가 역시나 매력적인 다른 여자들보다 그 여자를 특별히 인정하고 높이 평가한 것은, 그녀의 드러나지 않은 매력과 멋진 미덕을 나만이 알아보았거나 그녀만이 나에게 어떤 울림을 줄 수 있기 때문이 아니다. 그것은 바로 내가 그 이전에 체득한, '욕망할 만한 사람'을 가르쳐준 일련의 문화적 모델들과 그 여성이 제대로 맞아떨어졌기 때문이다.

대부분의 중개 작용은 훨씬 더 직접적으로 일어나는데, 자신도 모르게 자신의 욕망을 나에게 가르쳐준 주위 사람의 욕망을 모방하는 것이 그것이다. 만약 한 친구가 어느 여자가 멋지다고 하면서 그녀의 매력을 강조하면, 그녀의 매력은 내 호기심을 자극하여 나는 곧 그녀에게 호감을 갖게 될 것이다. 나는 이 호감이 자연발생적인 것이라 여기지만 사실은 중개 작용에 의해 생겨난 것이다. 어떤 사람에 대해서 칭찬하는 이야기만 듣고 본 적도 없는 사람을 좋아할 수 있는 것도 다 이 때문이다. 그 사람의 면면을 잘 알지 못하면서도, 그를 만났을 때 이미 좋아할 태세가 되어 있는 것이다.

물론 경쟁심 때문에 사랑에 빠질 수도 있다. 내 파트너가 의도적이든 의도적이지 않든 간에 행동으로는 욕망을 부추기면서도 말로는 자신을 욕망하지 못하게 막는 경우가 있다. 뜨거운 입맞춤 중에 그녀가 이렇게 말한다. "날 사랑하면 안 돼. 애석하지만 난 이미 약혼한 몸이야. 그 사람은 날 많이 사랑하고 결혼을 생각하고 있어. 그 사람 청혼을 받아들였을 때는 널 알기 전이었어. 그 사람을 버릴 수가 없어. 내가 정말 사랑하는 사람이 당신이란 게 정말 애석하긴 하지만 우리 사랑은 안 돼"라고 말이다.

이건 정말 전형적인 상황이다. 이런 말을 들은 사람은 우리가 흔히 보는 "우리 사랑은 안 돼"라는 '금기'와 '경쟁'이라는 두 개의 메커니즘의 영향을 받아 자신의 욕망이 번쩍거리는 것을 느끼게 될 것이다. 열렬한 입맞춤 중에 이런 말을 듣고, 코르네유 식으로 말하자면 "뜻밖의 공격으로 마음 깊은 곳까지 뚫린" 이 연인은 그때부터 그 금기를 깨뜨리는 것과 경쟁자를 이겨 사랑하는 사람을 쟁취하여 결혼하는 것, 이 두 가지가 유일한 목표가 되고 만다. 이때 상대가 세상에서 유일하고도 가장 소중한 존재가 되는 것은 당연하다.

흔히 사랑에 눈이 먼다고들 말하지만, 정작 더 눈이 머는 것은 사랑보다는 그 사랑을 일으키는 욕망이다. 왜냐하면 욕망은 항상 자신이 추구하는 대상보다는 다른 사람의 영향을 더 많이 받기 때문이다. 모방적 욕망이 작용하는 전형적인 예라 할 의

상의 유행이나 '정치적으로 올바른' 시대정신 같은 것도 마찬
가지이다.

한참 전 이브 생로랑에게 그가 디자인한 옷들이 대중들의 취
향에 일치할지 어떻게 확신할 수 있느냐고 질문한 적이 있다.
그는 내가 그토록 간단한 대중심리를 모른다는 데 당황했다는
듯 날 물끄러미 쳐다보더니 "하지만 박사님, 어떻게 하든 여자
들은 제가 바라는 대로 옷을 입습니다"라고 대답했다. 심리학
분야에서 그 의미가 밝혀지기도 전에 이미 광고에서 암시의 기
술과 모방적 욕망의 조종술이 사용되고 있었던 것이었다.

## 카멜레온 욕망

욕망이 전부 타인에 의한 암시에서 생겨나는 것이라면 우리
는 우리 욕망의 자발성이나 독창성을 결코 주장할 수 없게 된
다. 모든 욕망은 관계에서 생겨나고 관계 속에서 나타난다. 그
래서 욕망은 사전에 정해진 모습이 아닌 아주 다양한 모습을
갖게 되는 것이다. 욕망은 타인이 지시하는 대상이나 사람, 생
각, 구상, 그 모든 것을 향할 수 있다. 역설적이지만 욕망의 모
방성은 욕망의 자유와 한 쌍을 이루고 있다. 욕망은 결코 스스
로에 안착하지 못하고 언제나 타인을 뒤따르라고 부추긴다.

그렇다면 우리는 어떤 타인을 모방할까? 뛰어난 장점과 은

밀한 매력이 있어 우리의 모델이 되는 주변의 모든 사람들을 모방한다. 이런 의미에서 모방적 욕망은 언제나 존재의 욕망, 정확히 말하면 더 많이 존재하려는 욕망이자 타인이 갖고 있을 것이라 짐작되는 완벽함과 완전함에 대한 욕망이라고 할 수 있다. 우리의 삶을 구성하는 서로에 대한 수많은 상호작용을 행하면서 끊임없이 모방에 얽혀든다. 모방은 우리 삶의 핵심에 있지만 대개 우리 자신에게조차 잘 드러나지 않게 감추어져 있다.

현실에서 흔히 접할 수 있는 명백한 사실인데도 불구하고 르네 지라르의 모방이론이 때때로 터무니없는 오해를 받는 것은 욕망의 이런 속성 때문일 것이다. 모방이론은 우리로 하여금 상투적인 생각을 거부하고 주체와 욕망의 개념에 대해 근본적으로 다시 생각할 것을, 그리고 인간을 미화하는 데 자주 사용되는 영예로운 자율성을 포기할 것을 요구한다. 또한 모르는 사이 어떤 메커니즘에 놀아나면서 느꼈을 즐거움 역시 포기할 것을 요구한다.

극장에서 우리는 무대 뒤의 장치를 보기를 원치 않는다. 오히려 공연이 제공하는 가공의 세계에 빠져들어 그 달콤한 환상에서 벗어나지 않으려 한다. 하지만 우리는 그것이 환상이라는 것을 알고 있다. 그런데 그 환상은 우리로 하여금 매번 새로운 즐거움을 경험토록 하여 열광적인 관객이 되게끔 만든다.

## 욕망은 경쟁의 원동력이다

정신분석학적으로 볼 때, 환자들을 진료하다가 알게 된 모방
적 욕망이 야기하는 가장 큰 문제는 모방에 거의 철칙처럼 따
라오는 경쟁과 관련된 문제였다. 내가 타인의 욕망을 모방하면
서 그(/녀)의 것이나 그가 원하는 것을 내가 소유하기를 원하
게 됨에 따라 그 타인이 나와 그 대상 사이에 끼어든 장애물로
보이게 되고, 나와 그는 경쟁 관계로 들어선다. 내가 욕망을 빌
려온 그 모델은 이리하여 나의 경쟁자가 되는데, 경쟁의 정도
는 내 욕망을 불러일으킨 그 존재와의 거리에 따라, 그리고 그
대상의 속성에 따라 다양하게 나타난다. 르네 지라르는 모델과
의 거리가 먼 경우를 '외적 중개'라고 부르고 모델과의 거리가
가까운 경우를 '내적 중개'라고 부른다.

모델이 나와는 다른 세계, 다른 영역에 있을 때 그 모델은 중
개자-주체-대상의 삼각형에 따라 나의 욕망을 중개한다. 하지
만 이때는 모델이 내가 도달할 수 없을 정도로 멀리 있기에 나
와 모델과의 관계는 아무런 영향도 받지 않는다. 돈키호테가
소설 속의 위대한 주인공인 아마디스 데 가울레를 성공적으로
모방하는 것이 좋은 예이다. 아주 평범하게, 만약 내가 한번도
만난 적도 없고 잘 알지도 못하는 정치인을 나의 모델로 삼으
면 나는 그 정치가가 욕망할 법한 모든 것을 욕망하면서 그를
닮으려 할 것이다. 그 정치인과 경쟁은 할 수 없지만, 그 사람

의 말과 생각과 옷차림뿐 아니라 내가 그에게서 높이 평가하는 신망, 권위, 이타주의, 공정함, 단호함과 같은 장점도 모방하려 할 것이다. 이때의 모방은 완전히 평화롭고도 이로운 방향으로 진행될 수 있다. 나 자신을 과대평가하여 그의 지위나 그가 가진 것을 탐하지 않고, 단지 그를 모방하면서 그와 닮지 못한 것을 탓할 뿐이기 때문이다. 우리가 의식적으로 행하는 동일시와 유사한 이러한 모방을 통해 어쩌면 그때까지는 모르고 있었던 사회정치적인 문제에 눈을 뜨고, 삶에 새로운 의미와 차원을 부여하게 될 사회적 행위에도 참여할 수 있을 것이다.

이와는 달리, 모델이 이웃사람과 같이 나와 아주 가까운 사람일수록 욕망의 대상은 내가 실제로 취할 수 있는 것이 되고 탐욕과 경쟁심이 더 높아지기 마련이다. 동양적인 예의범절은 모방적 욕망에서 나온 경쟁을 대하는 아주 노련한 '우회'라고 볼 수 있다. 그것은 사람들에게 사람들 간에 존재하는 모든 질투의 가능성을 없앨 것을 명령한다. 한 사람이 "당신 넥타이가 아주 멋지군요"라고 말하면 상대방은 즉시 넥타이를 풀어 그에게 주려는 제스처를 취한다. 넥타이 하나 때문에 상대방과 불화가 생기는 것보다는 차라리 넥타이와 이별하는 게 더 낫다고 생각하는 것이다. 상대방의 관심을 불러일으킨 자신의 물건을 주는 순간 그는 상대방의 욕망을 누그러뜨리면서 그 물건 때문에 생겨날 수 있을 모방에 의한 경쟁 관계를 피하는 것이다. 여자들도 같은 식으로 행동한다. 한 여자가 "당신 스카프 참 예쁘네요"라고 말하면 상대방은 곧장 벗어서 그 사람에게 건네주려 한다. 하지만 구두같이 당장 벗어 줄 수 없는 것이라면 "이건 당신 것이에요"라고 말하는데, 이는 선망의 감정을 처음부터 없애기 위한 것이다. 이런 태도는 세심한 자기절제와 금욕을 필요로 한다. 우리가 일상에서 이런 자세를 유지하기가 힘든 것도 이 때문이다.

## 차이의 소멸

경쟁의 발생 단계에서, 경쟁심이 완화되거나 다른 모델을 향하여 진정되지 않으면 우리는 상호 경쟁, 즉 경쟁이 계속해서 강화되는 관계로 들어서게 된다. 이렇게 되면 내가 그의 욕망을 모방하는 중개자도 나의 욕망을 모방하여 욕망의 크기는 커져만 간다. 그러면 나는 또 그의 것을 더 많이 욕망하게 될 것이다. 이 이중대칭 작용에 의해 우리는 모두 서로에 대한 모델이자 경쟁자가 된다. 주체-중개자-대상으로 되어 있던 모방의 삼각형은 욕망이 갈수록 더 빨리 더 세게 돌아가는 모방의 원으로 변하고, 얼마 안 가서 마주보고 대결하는 두 사람의 경쟁자만 남게 된다.

서로를 모방하면서 가까워진 경쟁자들은 점점 더 똑같아져간다. 점차 똑같은 욕망, 몸짓, 공격성, 폭력, 강박관념을 갖게 되다 보니 결국 행동이나 생각에서 차이가 사라진다. 이를 적대적 결합의 한 형태라고 말할 수 있다. 이렇게 되면 모두들 상대방의 욕망을 표절하고도 자기 욕망의 우선권을 주장하면서 상대방을 이기고 헐뜯으려고 애를 쓴다. 대치하는 가운데 서로 자리를 바꿔도 될 만큼 똑같은 사람이 되어가고 있다는 것을 정작 경쟁자들 본인은 모른다. 안티고네만이 결투에서 서로를 죽인 두 오빠, 에테오클레스와 폴리네이케스가 서로 다를 것이 없다고 이야기했다. 안티고네는 좋은 사람과 나쁜 사람, 정복자와 피정복자가 따로 있다는 것을 부정하고, 두 형제의 차이점을 부각시켜야 할 정치적 필요성을 주장하는 크레온의 명령에 맞서 생명을 걸고 참된 관계에 대한 자신의 입장을 고수한다.

## 욕망은 우리의 미래를 보장해주지 않는다

경쟁이 심화되면서 정작 대상의 중요성이 줄어드는 현상 속에는 또 하나의 진실이 들어 있다. 우리가 원하던 대상을 획득하거나 희망하던 상태에 도달해도 만족은 오래가지 않고 거의 필연적으로 실망이 뒤따르게 된다는 것이다. 그렇게 바라 마지 않던 대상도 일단 소유하고 나면 광채가 사라진다. 다른 이가 소유하고 있을 때 후광을 내뿜던 대상을 획득했다고 해서 자아가 확장되거나 즐거움이 커지는 것이 아니며, 기대했던 만큼의 극적인 변화도 일어나지 않는다. 아니 어쩌면 처음에 기대했던 것과 정반대의 결과를 가져올지도 모른다. 오스카 와일드는 "우리 인생에는 두 가지 비극이 있다. 욕망을 채우지 못하는 비극과 욕망을 채운다는 비극"이라고 말했다. 우리는 대부분 타인들이 욕망하는 것을, 타인들이 욕망한다는 바로 그 단순한 이유 때문에 그대로 욕망한다. 그런 욕망의 실현이 항상 행복을 보증해주는 것은 아니라는 사실을 알지도 못한 채 말이다.

전투에 몰입해 있는 경쟁자들은 자신들이 경쟁적 욕망이라는 지옥에 갇힌 포로가 되었다는 것을 알지 못한다. 높이 올라가 고대하던 천국에 가까이 다가갔다고 믿는 순간 오히려 추락의 소용돌이에 빠져드는 형국이다. 그 결과 우리는 갈수록 타인들만이 아니라 우리 자신을 증오하게 된다. 대상을 손에 넣었다고 해서 달라지는 것은 하나도 없다. 우리는 끝없이 대상을 바꿔나가는 이 질주의 메커니즘에 대해 의문을 갖고 따져보지는 않고, 이번에야말로 욕망을 채워줄 수 있을 것이라고 생각되는 또 다른 새로운 대상을 향해 나아간다. 이러한 정신없는 질주는 필연적으로 거듭되는 실패로 연결된다. 조금씩 다가가 마지막 장애물을 제거하고 나면 바로 차지할 수 있는, 따놓은 당상처럼 보이는 천상낙원에 가까워졌다고 믿을수록 우리는 미몽의 방황에 깊게 빠져드는 것이다.

# 커져가는 욕망

경쟁의 상승 작용과 경쟁심이 격화된 결과인 차이 소멸 현상
은 개인들 간의 대치와 대립을 더 많이 만들어내면서 르네 지
라르가 '모방 위기crise mimétique'라고 부르는 상황으로 몰고 간다.
우리는 경쟁자를 자신의 행복의 실현을 가로막는 부당한 박해
자로 여기게 되고, 처음의 경쟁심은 격렬하고 파괴적인 의지로
변질된다. 수단과 방법을 가리지 않고 다른 사람을 좌절시키
고, 전복시키고, 압도하고, 격리시키고, 지배하고 심지어는 파
멸시키고자 하는 의지 말이다. 애초의 욕망은 사라지고 욕망이
낳은 경쟁만 남게 되는 것이다. 이렇게 해서 우리는 특히 커플
들의 관계를 황폐화시키는, 임상에서 '경쟁의 병리학'이라 부
르는 현상을 만나게 된다.

모방의 절정에 도달한 욕망은 지라르의 용어로 말하면 '형이
상학적 욕망'으로 변하게 된다. 이때의 욕망은 어떤 의미에서
흡혈귀 같은, 원시적인 욕망이라고 말할 수 있다. 이러한 욕망
은 우리를 꿈꾸던 낙원으로부터 영원히 멀어지게 만든다. 감정
은 극단적으로 변한다. 우리는 타인 속으로 녹아들어 그의 자
리를 차지하고, 그의 존재와 그 빛나는 아우라와 그의 멋진 자
율성의 비밀을 내 것으로 만들고 싶어 한다. 즉 그의 것을 빼앗
아 완전히 내 것으로 만들고 싶어 하는 것이다. 이러한 소유를
통해서 주체는 전적인 행복과 즐거움을 보장해줄 수 있는 스스

로의 능력과 존재감이 커지기를 바란다. 이때 대상을 획득하는
것은 명성과 신성함으로 미화해온 중개자의 존재를 획득하기
위한 수단일 뿐이다. 간단히 말해, 형이상학적 욕망은 우리 욕
망이 항상 향하는 어떤 모델에 대한 결코 멈추지 않는 모방을
말한다고 볼 수 있다. 이런 모방은 파괴적 사랑, 마조히즘, 사
디즘, 격렬한 폭력 등의 문제를 낳는다. 항상 다른 욕망의 영향
을 받는 모방적 욕망은 대개 아주 가변적이지만, 이 순간에는
한자리에서 회전하는 레코드판처럼, 돌고 도는 경쟁 관계에 사
로잡혀 최면에 걸린 듯 경쟁의 마력에서 벗어나지 못한 채 강
박적이고 게걸스럽게 변한다. 그렇게 되면 욕망은 타고난 가변
성과 유연성을 완전히 잃어버리고 다른 모델에 다가갈 수 없게
된다. 이때 관계는 광란의 상호성만이 남아, 끓어오르는 경쟁
심에 의해 훼손되고 물신화된다.

## 숭배와 증오

모든 것을 압도할 정도로 경쟁이 격심해지고 모방적 욕망이
'형이상학적' 욕망으로 바뀌면 '물리적' 대상은 멀어진다. 멀어
지는 정도는 경쟁자 간의 거리에 따라 다르다. 대상은 더 이상
불화의 원인이 되지 않는다. 두 경쟁자의 의식을 완전히 점령
한 경쟁 때문에 정작 처음의 대상은 잊히는 것이다. 이때 우리

가 모델에게 보내는 증오는 자신에 대한 부끄러운 경멸과 연결 된, 열렬한 찬양과 은밀한 숭배의 다른 쪽 얼굴일 뿐이다.

한 남자의 욕망이 어떤 여인을 향해 있는데 그녀가 그를 싫 어하거나 실제로든 상상 속에서든 다른 사람에 속해 있을 때, 그 여자는 모델인 동시에 욕망의 대상이 된다. 그녀는 그 남자 와 그녀를 차지하고 있다고 여겨지는 다른 남자 사이에 존재한 다. 그러므로 그녀는 이 남자가 탐하고 있는 그녀의 장점을 가 리는 장애물이 되고 이런 불투명성 자체가 그녀의 신성한 분위 기를 만들어낸다. 이럴 때 이 남자는 그녀에 대해 열광적인 숭 배와 씁쓸한 증오를 맛보게 될 것이다. 그녀는 그에게서 살아 갈 희망과 행복을 앗아간다. 그리고 끊임없이 자신의 무능과 열등함을 떠올리게 한다. 그녀는 전능하고도 잔인한 신이다. 그녀 앞에 서면 자신이 부끄러워져 스스로 몸을 낮추게 된다. 때문에 그 여자는 사랑의 대상인 동시에 증오의 대상이 된다. 그렇지만 그녀에게서 벗어나지는 못한다. 왜냐하면 이 남자는 그녀를 통해서만 자신이 기대했던 바대로 변화할 수 있다고 굳 게 믿고 있기 때문이다.

『포르투갈 수녀의 편지*Lettres portugaises*』는 이와 같은 열정의 폐 해를 아주 예리하게 지적하고 있다. 자신에게 전혀 관심을 보 이지 않는 한 장교에게 반한 수녀 마리안은 장교에게 "당신을 보지 못하느니 당신을 사랑함으로써 불행해지는 것이 더 낫습 니다. 당신이 저의 운명이 나아지는 것을 원하지 않기에 저는 제 불행한 운명을 아무런 불평 없이 받아들이겠습니다"라고 편지를 쓴다. 그녀는 자신을 배척한 그 사람에게 완전히 굴복하여 그 사람의 뜻에 자신을 내맡긴다. 그녀에게 장교는 자신의 삶에 대해 무엇이든 할 수 있는 신과 같은 존재이다.

장교는 수녀로서는 감히 범접도 못할 엄청난 초월성을 갖고 있기에, 그녀는 자신의 고통이야말로 가까이 있고 싶은 그 장교의 매력을 말해주는 것으로 여기게 된다. 따라서 수녀는 그 고통에서 벗어날 수 없기도 하지만, 벗어나기를 원하지도 않는다. 왜냐하면 그녀의 고통은 그녀가 자신의 신 가까이 있다는 증거이기 때문이다. 그녀가 불에 타 죽는다면, 그것은 바로 그가 발산하는 강렬한 빛에 닿았기 때문이고 그녀를 고양시킬 수 있는 마력의 존재 가까이에 있었기 때문이다. 고통은 일종의 대상이 된다. 마리안은 빈 공간을 껴안는 것이 아니라 고통을 껴안는다. 그 고통은 사랑하는 사람을 향한 다리와 같은 것으로, 멀어진 그 사람을 항상 자기 안에 둘 수 있고 무한히 가까이 다가설 수 있도록 해주는 것이다. 고통에 빠져들수록 마리안은 그리던 그와 광명의 세계에 더 가까이 다가서게 된다고 믿는 것이다.

욕망의 격화는 극단적인 폭력과 증오, 심지어는 살인까지도 가능한 물리적 공격으로 이어질 정도로 경쟁을 부추길 수 있다. 이때 지옥과도 같은 욕망의 얼굴이 드러난다. 앞에서 잠깐 엿보았던 낙원의 소멸에 이른 것이다.

욕망의 메커니즘은 항상 우리들로 하여금 획득하기 더 힘든 대상을 추구하도록 부추긴다. 대상은 획득하기 힘든 것일수록 더 매력적으로 보인다. 우리의 채워지지 않은 욕망은 장애물처럼 보이는 라이벌 앞에서 끝없이 격화된다. 그러면서 욕망은 마음의 병, 소외, 절망적인 굴종 상태 등으로 변하게 된다. 이는 사랑의 병리학 중에서 가장 끔찍한, 최악의 상태일 것이다. 눈부신 낙원 같은 사랑스러운 융합의 반대편 얼굴인 모델에 대한 증오는 욕망이 맹목적 파괴에 빠져버리는 경쟁의 결과이다.

에밀 졸라Emile Zola의 『나나Nana』에서 뮈파 백작은 자신이 결코 나나를 가질 수 없다는 사실을 깨닫는다. 나나를 소유한다는 희망을 잃은 그는 "천박한, 내 사랑"이라고 말하면서 나나의 목을 조른다. 이것은 스스로에게서 나나를 앗아가는 행동인 동시에 모든 경쟁자들에게서 나나를 빼앗아오는 행동이기도 하다. 모방 위기가 극에 달하면 전면적 멸시와 절대적 사랑은 하나가 된다. 모방적 욕망의 최종 단계인 '형이상학적 욕망'은 이렇게 해서 우리를 '허무'를 욕망하도록 이끌고, 살인자로 만드는 것이다. 열렬히 탐하는 것을 소유하기 위해서라면 수단은 중요하지 않다. 사랑하는 사람을 소유하는 것이 불가능하다고 확인되면 우리는 그이를 다른 사람에게 빼앗기기보다는 파멸시키는 것이 더 낫다고 생각한다. 타인에게 다가서려다가, 그리고 타인을 파괴하려다가 결국은 우리 자신을 파괴하게 되는 것이다. 이런 유형의 병리학이 잘 드러나는 것이 바로 테러리즘이다.

욕망은 항상 전염성이 있다. 모방된 욕망은 돌림병처럼 한 사람에게서 다른 사람에게로 전파된다. 이러한 '사회적' 전파를 통해 욕망의 강도, 때로는 욕망에 들어 있는 경쟁이나 사랑의 강도는 갈수록 증대된다. 대중들로부터 열광적인 찬사를 받거나 반대로 전적으로 외면당하는 유명 연예인이 불러일으키는 엄청난 자성磁性 역시 이런 관점에서 설명될 수 있다. 오늘날 사교, 문화, 이념, 연애, 의상 등에서 한 시대를 지배하는 유행도 마찬가지다. 우리들 각자는 주변 이들에게 욕망할 만한 것을 가리킨다. 사람들은 그 욕망을 처음에는 자신의 것으로 삼았다가, 다음에는 자기가 만나는 주변 사람에게 전달한다. 그러면서도 자신의 취향은 완벽하게 독창적이라고 굳게 믿는다.

전염이 단순한 유행이 아니라 집단적 폭력의 형태를 띨 때, '모방적 욕망'은 일인에 대한 만인의 반대로 변하고 개인 범죄가 집단 범죄가 될 수 있다. 이러한 방식으로 린치, 폭력, 군중 행동, 집단적 광기와 같이 돌발적으로 일어나는 군중 현상들을 설명할 수 있다.

## 욕망, 욕구, 본능

욕망désir과 욕구besoin, 본능instinct이라는 말은 자주 혼동되어 쓰이는데, 이를 구분할 필요가 있다.

욕구는 그것을 만족시켜주는 대상 이전에 이미 존재하는 것이다. 배고픔은 그것을 잠재워줄 것이 있기 전에 나타난다. 그에 비해 욕망은 우리에게 대상이 제시되거나 암시되는 바로 그 순간에 생겨난다. 갑자기 어떤 여인에게 느끼는 억누를 길 없는 욕망, 얼마 전만 해도 존재하지 않던 욕망은 그 여인의 존재를 발견한 바로 그 순간에 생겨난다.

욕구는 수많은 다른 대상으로도 채워질 수 있다. 갈증은 물이나 우유, 과일, 술 등 다양한 방법으로 해소할 수 있다. 그러나 처음부터 특정한 대상에 고정되어 있는 욕망은 다른 어떤 것으로도 만족시킬 수 없다. 말하자면 욕망의 대상은 교체가 불가능하다. 욕망은 내가 그의 욕망을 모방한 다른 사람에 의해 암시된 것이기 때문에 변할 수가 없는 것이다. 친한 친구의 여자와 사랑에 빠졌을 때, 친구가 나에게 다른 멋진 여자를 소개시켜주어 내 욕망을 돌려보려고 애를 쓰더라도, 그 여자는 나의 관심을 끌 수도 친구의 여자를 대신할 수도 없다. 유일한 방법은 친구 스스로가 자신의 여자로부터 마음을 돌려 다른 여자를 좋아하는 것이다. 친구가 자신의 욕망을 돌리는 바로 그 순간 내 욕망의 방향도 돌아설 것이기 때문이다.

욕구는 일단 만족되면 진정이 되고 그 만족감은 기쁨이 된다. 욕망은 그러나 만족도 모르고 평온도 모른다. 그것은 결코 쉬는 법 없이 타인의 욕망에 자극받아 끊임없이 탐색을 계속한다. 욕망은 끊임없이 마력을 행사하는 모방을 벗어날 수가 없다. 조르주 바타유는 『할렐루야』에서 이렇게 말한다. "쾌락의 추구는 소극적인 행위로 해소되면 그만이다. 하지만 욕망은 결코 채워지지 않는 것에 목말라 한다."[2] 욕구는 대상이 바뀌어도 상관없지만, 욕망 대상의 결정에서 모방은 필연적이다. '모방'은 언제 어디서나 작동하는 보편적인 메커니즘으로, 우리는 그로부터 벗어날 수가 없다. 그렇다고 이 필연성이 결정론적인 것은 아니다. '선험적으로' 말하자면, 나는 누구든지 모방할 수 있고 누구라도 나의 모델로 선택할 수 있다.

거울뉴런의 발견은 어떤 대상을 소유하려는 사람과 그런 행위를 바라보는 사람에게서 똑같은 신경 반응이 나타난다는 사실을 밝혀냄으로써 모방 가설을 입증했다. 그러나 나는 욕망이

---

2  Georges Bataille, *L'Alleluiah*, Gallimard, coll. "L'Imaginaire", 1998.

나를 지나쳐 갈 때 그것에 굴복하지 않고 저항하는 선택을 할
수도 있다. 어떤 욕망이 내 신념과 어긋날 때 그 욕망을 거부하
고 다른 모델을 모방할 가능성은 항상 열려 있다. 그러나 거부
를 하려면 우리를 지배하는 이러한 메커니즘에 대한 명확한 이
해가 선행되어야 한다. 하지만 항상 그렇게 되지는 않는다. 우
리 욕망은 '선험적으로' 타인을 모방한다. 그런데 우리가 모방
할 수 있는 욕망 중에는 우리 신념과 모순되는 것도 있다. 어떤
욕망이 우리의 관심과 확신과 믿음, 즉 우리의 문화적 모델과
역행할 때 우리는 그런 욕망을 거부하게 된다.

어느 날 학생들과 함께 이상한 광경을 목격한 적이 있다. 한
유명한 의사가 젊은 여성 정신분석학자에게 최면을 걸면서 "당
신의 무의식은 당신이 바라는 응답을 줄 것입니다"라고 그녀를
안심시키는 말을 했다. 이 말을 들은 그녀는 기겁하면서 최면
에서 깨어났다. 무슨 일이 일어난 것일까? 무엇이 그녀를 그렇
게 화급하게 최면에서 빠져나오게 했던 것일까? 정신분석학
교육을 통해서 그녀는 모든 문제와 모든 억압의 집합소인 무의
식을 우리를 괴롭히는 심리적 심급기관으로 간주하고 있었다.
하지만 에릭슨Milton H. Erickson 학파였던 그 최면술사에게 무의식
은 반대로 우리를 보호해주고 좋은 길로 인도해주는 수호천사
같은 것이었다. 무의식에 관한 두 이론이 여성 정신분석학자의
내면에서 갈등을 일으킨 것이다. 그녀는 최면술사가 암시하는
무의식의 내용을 인정하지 않았기에 최면술사의 욕망을 받아

들일 수가 없었다. 그녀가 보기에는 최면술사의 암시가 자신을 혼란에 빠뜨리고 위험에 처하게 할 것 같았다. 말하자면 그녀의 '문화적' 모델은 그 최면술사의 문화적 모델과 경쟁하고 있었던 것이다. 최면에 걸린 사람이 다른 암시를 더 선호했을 때 최면술사가 제시하는 암시를 거부할 수 있다는 사실을 감안하면, 우리는 우리를 지배하는 이 메커니즘에 대해 자유를 유지하고 있다고 말할 수 있을 것이다.

물론 이 자유는 상대적인 자유다. 모방이라는 보편적인 현상에서 벗어날 수는 없지만, 가능한 여러 모방들 중에서 어느 하나를 '선택'할 수 있는 자유가 있다는 점에서 그러하다. 나는 여러 모델들 중에서 하나를 선택할 수 있고 또 그 모델이 제시하는 여러 모방들 중에서 하나를 선택할 수 있다. 하지만 이러한 선택의 자유조차 제대로 기능하지 못하는 경우가 있는데, 경쟁이 우리를 어느 한 모델에 너무 강하게 묶어놓고 있을 때 그러하다. 그럴 경우 모든 관심이 그 모델에게만 집중되어 그 마력에서 헤어나오지 못한다.

욕구는 생물학적인 범주에 속한다. 반면에 욕망은 심리적인 범주에 속한다. 욕구는 주체의 생물학적 요구에서 생겨나고, 욕망은 모방적이기 때문에 타인 속에서 시작된다. 우리는 문학상을 받고 싶다는 식의 완전히 모방적이며 심리적인 순수한 욕망과, 욕구와 '겹쳐지는' 부분이 있는 욕망 사이에 존재하는 단계와 전이를 생각해볼 수 있다. 가령 좋은 와인을 마시고 싶다는 '모방에 의해' 알게 된 욕망은, 마시고 싶다는 욕구가 존재하지 않았더라면 생겨날 수 없는 욕망이다. 욕구는 생물학적인 차원과 무관하게 정신적인 깃일 수가 없는 반면에, 욕망은 그럴 때가 많다.

모방 없는 욕구는 욕망을 만들어내지 못하지만, 욕망은 욕구를 만들어낼 수 있다. 가령 어떤 커플의 사랑을 제삼자가 질투함으로써 오히려 이 연인들의 사랑이 더 커질 수 있는데, 그때 연인들이 나누는 "나는 당신이 필요해" "너 없이 못 살아" "너 없는 세상은 아무 의미가 없어"와 같은 전형적인 말들은 이들의 내면을 잘 드러낸다. 이 순간 욕망은 상대방에 대한 육체적인 욕구를 만들어내는 듯 보이지만, 이 욕구는 실제로는 심리적인 욕망에 머물러 있다. 이런 상황에 처한 사람이라면 사랑하는 사람 없이는 당장 살 수 없고 앞으로도 살아갈 수 없으며, 그를 빼앗긴다면 죽어버릴 것 같은 절대적인 감정을 느끼게 된다.

사랑 노래들은 모두 이와 같이 고통스러운 의존 상태를 이야기한다. 이 의존에서 눈에 띄는 두 가지 결과가 나온다. 헤어진 연인 생각이 머리를 떠나지 않으면 당신은 어떤 수를 써서라도 그 사람을 되찾으려 할 것이다. 어쩌다 그 사람을 보게 되면 아쉬움과 욕구가 일어날 것이다. 이는 일종의 심리적 중독 현상으로, 희한하게도 코카인 중독자에게서 나타나는 현상과 비슷하다. 코카인은 마약의 일종이지만 실제의 물리적 의존성은 없는 흔치 않은 약물인데, 어떤 여인과 열렬한 사랑에 빠졌을 때 그런 것처럼 우리 내면에 거역하지 못할 명령을 내리기 때문에 미국인들은 이것을 '소녀the girl'라고 부른다. 욕망이 실제로 열렬한 욕구를 불러일으키는 것이다.

하지만 욕구는 욕망을 만들어내지 못한다. 우리가 어떤 사람과 깊은 사랑에 빠져 있지 않는 한, 성적 욕구는 그 대상이 누구이든 해소될 수 있다. 인류 역사상 가장 오래된 직업이 이를 증명한다. 하지만 욕망이 어떤 사람에게 고정되면 그 사람이 마음을 온통 점령하게 되면서, 욕구 전체가 오로지 그 사람에게만 집중되고 그 사람만이 욕구를 해소시켜줄 수 있는 것처럼 변한다. 이런 의미에서 욕구는 그 자체만으로는 욕망을 절대 만들어내지 못한다. 반면에 욕망은 욕구를 변형, 왜곡시키고, 심지어는 없던 욕구를 만들어낼 수도 있다. 가령 파란 구두를 신은 여자나 갈색 피부의 여자에게만 끌리는 것처럼, 사전에 시나리오가 짜여 있는 듯 엄격한 조건하에서만 성적 쾌락이 채워지는 경우가 그것이다.

본능은 사전에 발생학적으로 결정되어 있는 행동의 연속이다. 본능은 말하자면 욕구를 '관리'한다. 성적 본능이 짝짓기에서 필수적인 세부 사항들을 규정짓는 것처럼, 먹고 싶은 욕구인 배고픔은 씹고 삼키는 행동을 유발한다.

본능은 유전학적·생물학적인 작용이 제대로 기능하도록 한다. 본능은 욕망에 아무런 영향도 주지 않지만, 욕망은 본능에 결정적인 영향을 끼친다. 욕망은, 가령 먹고 싶은 본능을 변형하거나 우회시키는 것처럼, 본능을 왜곡할 수도 있다. 불가능한 모델에 매달린 환자들에게 흔히 나타나는 식욕부진은 음식을 먹을 수 없게 한다. 페티시즘, 관음증, 사디즘, 마조히즘과 같은 성도착증은 모두 모방적 욕망이 가장 기본적인 성적 본능을 얼마나 다양하게 변형시킬 수 있는지를 잘 보여준다. 본능과 욕구만 있는 동물에게서는 어떠한 도착증도 볼 수 없다. 동물은 욕망이 없기 때문이다.

에너지이자 운동인 욕망은 다른 모든 힘들이 그런 것처럼, 결국 저항에 부딪혀야 그 힘이 발휘된다. 이때 저항은 꼭 실제의 저항일 필요는 없다. 상상 속의 저항일 수도 있다. 끝없는 질투심으로 사람들은 경쟁자 때문에 불안해하지만, 대부분의 경우는 사실 경쟁자가 존재하지도 않는다. 그럼에도 불구하고 그들은 온갖 배신의 가능성을 생각하는데, 괴로워하면 할수록 배신 생각에 더 깊이 빠져든다. 상상적인 장애물을 포함하여 모든 장애물은 욕망을 배양한다. 저항이 사라지거나 줄어들면 욕망도 줄어들면서 사라지게 된다. 마찬가지로 욕망은 저항이 존재할 때에만 힘을 발휘하는데, 그 힘은 저항의 크기에 비례하여 저항이 사라지면 욕망도 소멸된다.

발몽[3]이 투르벨 부인에게 보낸 아주 잔인한 편지의 다음 구절은 욕망과 저항의 관계를 잘 보여준다. "전에는 당신을 사랑했습니다만, 더 이상 아닙니다. 내 잘못은 아닙니다. [……] 내 욕망은 당신이 정절을 지키고 있을 동안에만 계속됩니다." 여기서 "내 잘못은 아닙니다"라는 구절에 담긴 심오한 심리학적 진실에 대해 강조할 필요가 있다. 욕망은 자아에 영향을 끼칠 뿐 아니라, 사실상 자아를 창조한다. 이런 점에서 자아는 욕망의 자아이다. 그러므로 욕망에게 책임을 물을 수는 없다. 욕망은 자신의 운명, 자신의 논리에 따라 장애와 저항이 사라지자 스스로도 사라졌던 것이다. 자아는 사실 아무것도 아니며, 할 수 있는 것이 아무것도 없다.

## 모방에 의한 상승 작용

무의식적인 모방인 미메시스는 상대방, 다시 말해 모델의 다음 네 가지 양상이나 속성을 모방한다.

**외관의 모방**: 모델에게서 보이거나 들리는 것을 모방할 수 있

---

3  [옮긴이] 피에르 쇼데를로 드 라클로의 소설 『위험한 관계 *Les liaisons dangereuses*』(1982)의 등장인물.

다. 모델의 헤어스타일이나 수염의 모양, 걸음걸이 등이 해당
된다. 또한 영화나 텔레비전에서 흉내를 잘 내는 사람이 그러
듯 목소리도 모방할 수 있다.

소유의 모방: 가령 광고에서 스타가 갖고 있던 것과 똑같은
것을 사러 가면 타인이 소유한 것에 대한 모방은 별 문제 없이
실현될 수 있다. 명성과 유명세를 누리고 있는 스타는 자신이
갖고 있는 물건, 타고 다니는 자동차, 입고 있는 옷이나 장신구
에 자신의 '아우라'를 부여한다. 그렇게 사물들은 플러스알파
가 덧붙어 아주 진귀한 것이 되면서 우리 역시 그 모델이 속해
있는 상류층에 다가갈 수 있게 해줄 것처럼 보이게 된다. 하지
만 그 모델이 가까운 이웃이거나 주변 사람일 경우 우리는 모
방을 하며 그에게서 그 물건을 빼앗으려 한다. 바로 이런 '소유
의 모방'이 갈등과 폭력의 원인이 되는 것이다.

존재의 모방: 모델의 존재에 대한 모방은 상이한 두 가지 방
식으로 행해질 수 있다. 첫번째는 모델의 존재를 나의 존재로
삼으려는, 르네 지라르가 '형이상학적 욕망'이라 부른 경쟁적
이고 폭력적인 방식이다. 형이상학적 욕망은 모델이자 장애물
에 대해서뿐 아니라 자기 자신에게도 나쁜 결과를 가져올 수
있는 끔찍한 욕망이다. 병리학적으로 볼 때 이런 욕망은 자살
이나 살인으로 이어질 수 있다.

어떻게 보면 타인이 욕망하는 것을 욕망하는 '모방적 욕망'
에는 모델의 외관과 소유, 존재에 대한 모방이 포함되어 있다

고 말할 수 있다. 이것은 우리를 항상 격화되는 경향이 있는 강렬한, 그리고 때로는 무서운 모방으로, 경쟁의 상승 작용으로 몰고 갈 수도 있다. 경쟁의 상승 작용은 간혹 최면에 걸린 것처럼 걷잡을 수 없이 악화되어 치명적인 상태에 이르기도 한다.

존재에 대한 모방의 두번째 형태는 모델과의 불필요한 경쟁과 갈등을 피할 수 있는 평화롭고 건설적인 모방으로, 동일화라고 부를 수 있을 것이다. 이 과정을 이해하고 있었던 프로이트는 이에 대해 괄목할 만한 기록을 남겼다.

우리는 이 메커니즘이 모방의 다른 차원과 연결되어 있을 뿐 아니라, 그 안에는 폭력을 피하는 기술과 함께 심리학에 널리 알려져 있는 자기 정체성 확립의 성격도 들어 있다는 사실을 강조할 필요가 있다. 모델의 존재를 모방하는 나는 그 모델에 순응하면서 그가 나의 정체성 확립에 기여함을 인정한다. 사실 정체성이란 것도 따지고 보면, 현재의 나를 만든 숱한 모델들에 대한 계속적인 동일화의 총합에 다름 아닐 것이다.

이런 식으로 모델과 나를 동일시하면, 나는 모델이 소유한 것이나 존재 자체를 빼앗을 필요가 없어진다. 나는 그와 함께 공통의 정체성을 공유함으로써 '형이상학적 욕망'도 피하고 소유 모방에서 야기되는 폭력도 피할 수 있다

요약하자면, 모방은 타인의 욕망 전체에 대해 총체적으로 행해질 수 있으며 모델의 외관, 소유, 존재에 관한 모든 형태의 모방이 가능하다.

# 2장 미분화개체 간 심리학

> 욕망, 그것은 이 세상의 유일한 동력이자
> 인간이 경험해야 하는 유일한 가혹함이다.
>
> —앙드레 브르통

욕망이라는 이 심리학적 운동의 에너지는 과연 어디서 오는 것일까? 타인과의 관계에서 나온다. 타인과의 관계, 그것은 아주 밀접하고도 근본적인 관계이다. 그래서 나는 이것을 단순히 두 개인이나 두 주체 간의 관계가 아닌 두 개체 사이를 오가면서 '자아'라 불리는 실체를 파들어가는 왕복 운동으로 봐야 한다고 생각했다. 르네 지라르와 기 르포르와 내가 『세상 설립 이래 감추어져온 것들』에서 우리의 응용 인류학과 심리학 연구들을 가로지르며, 더 이상 개인이나 단자로서의 주체에 관한 심리학이 아닌 새로운 관계의 심리학을 시작하며, 이것을 '미분화개체 간 심리학'이라 명명했던 것도 다 이 때문이었다.[4] 마

---

4 [옮긴이] '미분화개체 간'이라고 옮긴 interdividuelle은 개체, 개인을 뜻하는 individu의 대안으로 만들어진 신조어이다. individu은 '나눌 수 없다'는 의미의 indivisible에서 나왔다. 그러나 우구를리앙과 같이 모방이론에 입각한 지라르 학

음의 운동에 필요한 심리적 에너지를 제공해주는 것은 바로 사람들과 만날 때 우리 모두가 경험하는 유혹의 힘이다. 따라서 모방적 욕망은 타인과의 관계, 다시 말해 미분화개체 간의 관계를 통해서만 에너지를 얻을 수 있다. 여기서 나온 운동과 그것을 가능하게 한 에너지는 같은 속성을 지닌다.

그렇다면 욕망은 어떻게 대상을 선택하는가? 이 심리적 운동의 목표는 어떻게 결정되는 것일까? 타인이 소유하거나 소유한다고 생각되는 욕망을 베끼는 모방적 욕망은 타인의 욕망으로부터 그 에너지와 목표를 동시에 전수받는다. 미메시스, 즉 부지불식간에 휩쓸리게 되는 보편적 모방의 원칙 덕분에 의사소통과 정보 전달, 욕망의 전수가 가능해진다. 욕망이란 항상, 그리고 이미, 누군가의 욕망이었던 것이다.

## 자아는 관계 속에서 만들어진다

나는 심리학에서 자아라고 부르는 것이 고정된 것이 아닌, 그때그때의 상황에 따라 변하는 것은 아닐까, 하는 생각을 항

---

파의 시각에서 보면, 개인은 '나눌 수 없는individuel' 개체가 아니라 '나누어질 수 있는dividuel' 개체이다. '나누어질 수 있는 개체' 개념은, 정체성의 형성과 그 개념에 나타나는 모순을 설명하기 위해 여러 인류학자들에 의해 채택되고 있다.

상 품어왔다. 이런 추측이 심리학적으로 옳은지는 확실하지 않지만, 우리가 처음에 갖게 되는 직감을 거스르는 것 같다. 평소 우리는 자신의 정체성을 의심하지 않고 스스로가 완전히 자율적인 존재라고 생각한다. 하지만 심각한 고민에 시달리거나 낙심하게 되면 더 이상 자기 자신을 잘 모르겠다고 느낀다. 또 사랑에 빠졌을 때 우리는 스스로에게 놀라서 "이건 말도 안 돼. 내가 변했어"라고 중얼거린다. 우리는 늘 같은 존재가 아니며, 자아는 변한다. 상태의 연속성에 대한 기억과 자신의 욕망의 기원을 감추는 망각 덕택에, 우리는 스스로에게 지속성과 정체성이 있다고 생각한다. 지금의 나는 과거의 나와 다르다는 식으로, 사실은 완전히 허구에 불과한 '귀납적인' 재편을 행하는 것도 이 때문이다. 타인과의 관계 속에서 계속해서 만들어지는 것이 우리의 자아이다.

이렇게 끊임없이 변화하는 연속 상태를 어떻게 이해해야 할까? 앞에서 보았듯이, 우리의 모든 욕망은 타인을 닮고 싶어하는 욕망이기에 아주 유동적이다. 모델이 바뀔 때마다 욕망은 각기 다른 심리 변화를 낳는데, 이런 식으로 또 다른 자아가 만들어진다. 가수 겸 배우였던 레몽 드보Raymond Devos는 "우리는 실은 여러 사람이면서도 종종 자신을 어떤 한 사람이라고 여긴다"라고 이런 상황을 아주 적절히 표현한 바 있다. 타인들이 관통해 지나가면서 우리는 끊임없이 변화하고 주조된다. 어떤 모델과 헤어질 때도 있는데, 나에게는 없는 뛰어난 것이 있는 것처럼 여겨지는 다른 모델을 취하려 할 때 그러하다. 외관, 소유, 욕망, 그리고 때로는 그의 존재 자체같이 그에게서 취할 수 있는 모든 것을 취하면서 우리는 스스로를 위해 그를 모방한다.

최면 상태를 통하면 우리는 망각이나 윤리의식, 거부감과 같은 심리적 봉쇄를 피해 환자의 '무의식', 우리 식으로 말하자면 그 사람의 욕망에 들어 있는 '타자성altérité'에 손쉽게 도달할 수 있다. 모방이라는 시각에서 볼 때 최면은 아주 흥미롭다. 최면은 타인에 대한 욕망 모방이나 매 순간 우리를 관통하면서 변화시키는 타자성처럼, 우리 자신도 모르는 사이에 진행되는 메커니즘을 잘 드러낸다. 그것은 자아가 미분화개체 간의 관계 속에서 어떻게 형성되는지를 구체적으로 보여준다. 최면은 모방적 욕망의 증거이자 탁월한 사례이다. 이런 점에서 우리는 최면을 모방적 욕망의 침전물, 혹은 순수 모방 상태라고 부를 수 있을 것이다. 최면은 심리 변화가 우리가 모방하는 타인에게서 비롯된다는 것을 잘 보여준다. 또한 최면술사의 암시에 완전히 복종하여 최면술사의 욕망을 그대로 모방하는 환자 의식의 변화를 잘 설명해준다.

여기서 미분화개체 간 관계는 최면술사가 암시하는 것을 환자가 모방하는 단 하나의 방향으로 고정되어, 교환 과정에서 자아가 어떻게 변모되는지 잘 이해할 수 있게 된다. 최면을 통해 드러나는 두 자아의 관계는 아주 자명하다. 최면을 통해서 환자의 현재 자아가 허물어지게 함으로써 최면술사의 욕망이 환자의 새로운 자아를 만드는 것을 아주 잘 관찰할 수 있다. 최면술사의 욕망이 만들어낸 새로운 자아에는 그것이 '진정한' 자아임을 드러내주는 새로운 의식이나 새로운 기억, 새로운 목소리, 새로운 동기부여와 같은 온갖 수식어가 덧붙는다. 어떤 일이 일어난 것일까? 최면에 걸린 사람은 자성을 띤 것처럼 최면술사의 모든 지시를 존중하며 아주 사소한 명령까지 따른다. 최면술사는 이런 식으로 최면을 행하는 동안, 환자의 자아를 만들어낸 욕망을 들어내고 그 대신 자신의 욕망을 불어넣어 다른 자아, 다른 의식을 만들어내기에 이른다. 이런 상황에서 환자는 오로지 순간적으로만 자기 욕망의 모방적 기원을 인정하게 된다.

최면은 자아가 욕망의 바깥에 있는 게 아니라는 사실, 다시 말해 자아에 생기를 불어넣는 것은 바로 욕망이며, 자아는 바로 욕망의 자아라는 사실을 잘 보여준다. 우리의 의식이 최면에서처럼 타인과의 관계 속에서 변형될 수 있는 것은 그것이 타자성에 의해 주조되기 때문이다. 이것은 또한 최면이 쉽게 설명이 되지 않으며 마술적으로 보이는 이유이기도 하다. 최면에서 깨어나면 환자는 아무것도 기억해내지 못하는데, 자기 욕망을 최면술사의 욕망에 의해 변형된 것만큼이나 빨리 잊어버린다. 그러고는 예전과 달라진 것이 전혀 없다고 생각한다. 간혹 최면술사의 암시가 최면이 끝난 후에까지 영향을 주기도 하는

데, 환자는 그것이 원래 자신의 속성이고 따라서 스스로 그렇게 행동한 것이라고 새롭게 생각할 것이다. 자신이 자율적인 존재라는 환상과 욕망은 스스로의 것이라는 환상은 어떠한 상처도 입지 않는다.

르네 지라르의 이론을 논하면서 '개인individu'이라는 개념을 거론하지 않았던 것도 이런 이유 때문이다. 왜냐하면 개인이라는 개념은 자신의 정체성과 자유로움의 기원이 스스로에게 있다고 보는, 스스로에 닫혀 있는 개념이기 때문이다. 그래서 여기서는 개인을 특징짓는 '고전적인' 심리학을 거부하고, 대신에 미분화개체 간 심리학을 택하였다. 이 심리학에서는 진정한 심리적 진실이 한 개인 안에 있는 것이 아니라 두 사람 '사이의' 관계 그 자체에 '있다'고 간주한다. 이러한 심리적 관계와 멈춤 없는 상호작용은 전적으로 모방에 의한 현상으로, 이것은 대칭을 이루면서 끊임없이 우리를 변화시키고 주조해낸다. 우리의 욕망과 자아는 타인과의 사이, 즉 관계 속에서 형성된다. 자아는 감추어져 있는 것이 아니다. 주변 사람들과의 대칭적인 교환과 만남의 한가운데서 일어나는 지속적인 창조 행위의 결과다. 이러한 교류와 교환을 벗어나서는 우리의 자아가 생겨날 수가 없다는 말이다.

만약 '진정한'이라는 말이 어떤 주체가 타인의 영향을 전혀

받지 않고 스스로 자신의 욕망을 결정할 수 있는 능력을 의미
한다면, 늘 모방적인 욕망의 속성을 생각할 때 '진정한 자아'라
는 말은 제대로 된 말이 아니라 하겠다. 모방의 시각에서 볼
때, 정말 '진정한' 자아는 자기 욕망의 모방성올 인정할 줄 아
는 사람, 그리하여 자신뿐 아니라 타인과의 관계를 제대로 이
해하는 길을 가로막고 있는 헛된 개인주의를 뛰어넘는 사람을
의미한다.

  욕망이 저절로 생겨난 것이라는 환상에서 벗어나 우리에게
영향을 주는 보편적 모방의 메커니즘에 대해 조금씩 알게 될
때부터, 우리는 말하자면 일종의 겸손에 다가서게 된다. 자신
과 욕망의 진실을 조금 알게 되었다고 해서 타인을 잘 알게 된
것은 아직 아니다. 우리는 모방적인 존재이며 또 이러한 현실
에서 결코 벗어날 수 없다. 우리가 자아를 잘 이해하지 못하는
것은 자아가 순간순간 끊임없이 반짝거리는 빛 같은 것이기 때
문이다. 이를 제대로 이해할 때 우리의 욕망은 복잡한 굴절 과
정을 거치면서도 자유롭게 나아갈 수 있고, 또 삶의 흐름과 가
능성의 물결 속에서도 모방의 운동을 멈추지 않을 수 있을 것
이다. 우리를 진정으로 위협하는 것은 욕망이 모방 운동을 멈
추고 단 하나의 모델에만 매달려 거기에 고착화되는 것이다.
그렇게 되면 욕망은 더욱 심각한 경쟁을 유발함으로써 온갖 병
리학적 증상을 불러올 것이다. 모방의 메커니즘에서 벗어나기
위해서는 우리가 항상, 그리고 완전히 모방에 빠져 있다는 것

을 이해해야 하며, 경쟁을 낳는 모방의 메커니즘을 드러낼 때에만 매 순간 우리를 위협하는 경쟁의 위험을 물리칠 수 있다.

## 자아의 소멸과 재탄생

스스로의 삶을 곰곰이 되돌아보면, 우리는 자신의 자아가 여러 개의 자아들로 이어져왔고, 때로는 그것들 사이에 아무런 관련이 없다는 것을 깨닫게 될 것이다. 나는 어제의 나와 똑같지 않으며 누군가와 똑같은 사람도 아니다. 이는 커플 관계에서 명확하게 드러난다. 열정적인 사랑에 빠지면 자아는 상대의 욕망에 의해 다시 길들여진다. 다시 말해 자아가 바뀐다. 우리는 종종 사랑에 빠지는 것을 벼락에 맞는 것에 비유하는데, 이는 사랑이 우리를 완전히 뒤바꾸어버리는 변화를 일으키는 것과 관계가 있다. 오늘 새롭게 태어난 자아는 어제까지 그것을 점령하여 가득 채우고 있던 것과 무관하다. 젊은 연인들은 모든 관심과 에너지와 욕망과 생각이 오로지 한 사람에게만 고정되기 때문에, 이 세상에 자기들만 있다는 느낌을 갖게 된다. 둘이 함께 있는 것 외에는 그 무엇도 그들의 관심을 끌지 못한다.

이런 새로운 자아의 '탄생'에는 가혹한 대가가 따른다. 만일 관계 속에서 만들어진 자아가 사랑하는 이의 관심을 받지 못하고 버림받으면, 자아는 곧 무너져내리고 사라지게 된다. 버림받는 두려움에 따라오는 죽음의 불안은 실제의 불안이다. 내 욕망을 불러일으켜 충일하고 농밀한 삶을 살 수 있도록 해주던 사랑하는 사람이 사라지면 우리는 죽을 것 같다는 느낌을 은연 중에 받는다. 지금의 자아를 만들었던 욕망을 그 사람이 너 이 상 전해줄 수 없을 것이기 때문이다. 이런 버림받은 감정은 소 멸의 느낌으로 표현된다. "난 더 이상 살 필요가 없어"라든가 "난 이제 아무것도 아니야" "내가 버림받은 건 가치가 없어서 야" 같은 말들이 그렇다. 사실 자아는 완전히 재구성되는 것이 기에 결코 과거와 똑같은 자아는 있을 수 없다. 자아의 새 모습 을 찾기 위해서는 자아를 새로운 사랑에 결부시키는 수밖에 없 다. 죽음의 불안은 고뇌, 눈물, 불안, 불면, 악몽, 과호흡, 식욕 부진, 설사 등과 같은 수없이 다양한 감정적 증상으로 나타날 수 있고, 편집증, 합리화, 과도한 현실 재구성 등과 같이 대뇌 피질과 관련된 증세가 나타날 수도 있다. 비극적 광기와 번뇌 에 사로잡힌 오셀로는 질투심에 빠져 살인에까지 이른다. 여기 서 우리가 어떤 두 사람을 결코 똑같은 방식으로 사랑하지 않 는 이유를 알 수 있다. 관계 속에서 만들어지는 욕망의 자아는 매번 다르기 때문이다. 대단한 사랑을 두세 번 해보면 그 강도 는 같을지라도 어떤 사랑도 비슷한 것이 없다는 사실을 알 수 있을 것이다. 그것은 두 사람의 최면술사가 똑같은 환자에게서 서로 다른 자아를 만들어내는 것과 마찬가지이다.

때문에 나는 지라르의 모방적 욕망 가설을 다음과 같은 세

개의 심리학적 가설로 보완하기를 제안한다.

- 자아를 만드는 것은 욕망이며, 욕망의 운동이 자아를 존속시킨다.
- 자아의 기원에는 욕망이 있다. 따라서 자아는 욕망의 자아이다. 다른 모델에 따른 다른 욕망은 다른 자아, 즉 다른 욕망의 다른 자아를 만들어낸다.
- 심리적 사건은 고유한 '육체'라는 확고한 불투명성과 변하지 않는 '자아'라는 총체성 속에서 일어나는 것이 아니라, 신비로울 정도로 투명한 미분화개체 간의 관계 속에서 일어난다.

## 모방과 암시: 두 주체를 오가는 왕복 운동

더 깊이 들어가기 전에 미분화개체 간 심리학의 기초가 될 모방과 암시의 엄격한 상호 조응, 즉 두 주체 사이를 오가는 끊임없는 모방의 왕복 운동 속에서 미분화개체 간의 관계가 만들어진다는 것에 대해 언급할 필요가 있을 것 같다.

모든 관계는 상호 연관된 암시와 모방으로 되어 있다. 이 두 개념은 실은 똑같은 하나의 현상을 지칭한다고도 볼 수 있다. 모든 모방은 암시에서 나오는데, 그 역도 마찬가지이다. 모방은 그 자체가 하나의 암시가 되어 또 다른 모방을 낳는다. 내가 어떤 사람의 욕망을 모방한다면, 그것은 그가 나에게 자신의 욕망을 암시해주었기 때문이다. 그렇게 생겨난 나의 욕망을 보고서 이번에는 그가 내 욕망을 모방하게 된다. 이것이 비로 미분화개체 간 관계이다. 모방과 암시는 똑같은 크기로 진행되는, 서로의 원인이자 결과이다.

힘의 크기는 같지만 서로 반대 방향으로 작용하는 두 벡터인 모방과 암시의 동일성은 다음 도식으로 표현될 수 있다.

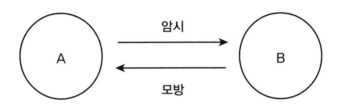

B가 모방을 한다고 해서 A가 B에게 어떤 행동을 암시했다기보다는 A의 모든 행동이 B에게는 A가 암시하는 것으로 보인다고 말하는 것이 더 정확할 것이다. 미분화개체 간 심리학을 이야기하는 데는 모방과 암시를 하나로 묶어서 보는 것이 더 유용할 것 같다. 사실 심리학은 암시에 대해 큰 중요성을 부여하지 않은 적이 없었다. 그런데 암시와 모방은 즉각적인 상관관계가 있는데도 불구하고, 암시의 반향이 모방이라는 것을 알고 나서도 이에 대해 의문을 제기한 이가 거의 없다는 것은 정말 신기할 따름이다. 인간의 자율성을 믿는 고전적인 주체의

심리학은 지금까지 이 두 운동을 완전히 별개의 것으로 분리해 왔다. 주체는 어떤 때는 타인을 모방하고, 다시 말해 타인의 영향력에 굴복하고, 또 어떤 때는 자신의 행동이나 생각을 타인에게 암시하는, 즉 자신의 영향력을 행사하는 존재라는 식으로 풀이해왔다. 반면에 미분화개체 간 심리학에서는 모방과 암시를 분리될 수 없는 것으로 간주한다. 두 사람의 관계에는 쌍방의 영향이 항상 작용한다. 이런 의미에서 의식적으로 일어나는 모든 현상은 하나의 암시이다. 그런데 그 암시는 결국 타인에게서 나온다.

암시의 역사는 최면의 역사와 얽혀 있다. 프로이트는 치료 방식에서 최면을 제외시키고 그 대신 언어를 통한 조사 방법인 자유연상법을 도입했다. 환자가 어떤 단어에 대해서 그 순간 연상되는 것을 그대로 말하도록 하는 자유연상은, 환자 내면에서 일어나는 자기검열 과정을 피하면서 의식의 영역을 확대시킬 수 있는 방법이다. 프로이트는 암시를 피하기 위해서 정신분석학을 만들어내는데, 최면과는 달리 정신분석에서는 의사가 절대로 환자에게 끼어들지 않는다. 프로이트는 의사의 암시가 필연적으로 환자와 의사 사이에 일종의 경쟁심을 유발하며 이 경쟁심이 치유에 걸림돌이 된다는 것을 알아차렸다. 환자는 병의 증세로부터 완전히 분리되지 못하기 때문에, 최면술에서 치유는 사실상 '병', 그러니까 환자에 대한 의사의 승리인 셈이다. 최면에서는 암시는 의사가 하고 모방은 환자가 한다. 최면에서의 관계는 환자가 아무런 저항 없이 의사의 암시를 그대로 수용하기 때문에 아주 평온한 모방 관계이다. 많은 경우, 최면이 중간에 중단되는 순간 대부분의 환자들은 최면을 부당하게 끼어든 아주 큰 영향력으로 느낀다. 타인이 자신에게 그의 의지를 관통시키려는 것을 용납하지 못한다. 그래서 환자는 의사가 실패했다는 것을, 달리 말해 자신의 증세, 즉 자기 자신이 아주 강하다는 것을 입증해 보임으로써 의사를 지배하여 그 관계를 재빨리 역전시키려 한다. 치유는 뒤로 물러나고 경쟁이 전면에 나서게 된다.

피에르 자네Pierre Janet는 이 문제를 제대로 짚어냈다. 그는 이것에 '몽유병의 집착'이라는 이름을 붙였다. 의사의 최면을 통해서 증세가 사라졌던 히스테리 환자는 며칠이나 몇 주 지나고 나면 다시 증세가 재발한다. 의사의 영향력이 약해지면 경쟁심이 되살아나게 되고 의사를 궁지에 몰아넣기 위해 처음의 증세도 같이 나타난다는 것이다. 어떤 의미에서 환자가 자기 증세와 동맹을 맺어 의사에 저항하는 것이라고 말할 수 있다. 하지만 환자 본인은 자신의 치유를 가로막고 있는 메커니즘에 대해서는 전혀 알지 못한다. 그때부터 히스테리 환자는 의사를 놓아주지 않으려 한다. 계속 찾아와서는 불평을 늘어놓아 의사가 실패했다는 것과 자신의 영향력이 더 크다는 것을 보여주려 한다. 속으로 "자 보시오. 나는 아직도 아프단 말이오. 이게 바로 당신이 아무 소용없다는 증거란 말이오"라고 말하면서 말이다.

이처럼 너무 가까이에 있고 또 너무나도 강력한 의사와 환자의 관계에서 나오는 경쟁을 피하기 위해 프로이트는 다른 방법을 만든 것이다. 그러나 여기서 우리가 거론하고 있는 모방과 암시라는 두 힘은 훗날 프로이트에게 큰 감명을 주어, 환자가 집착하고 있는 여러 인물을 의사가 대행하는, 의사에 대한 환자의 자동적인 집착과 환자에 대한 의사의 상호적인 집착인, '전이'와 '역전'이라는 이름으로 구현된다. 이러한 집착도 공격성을 낳는 등 부정적인 결과를 가져올 수 있다. 긍정적 전이가 일어날 때 환자는 의사를 즐겁게 해주려고 의사의 욕망에 부응해서 '치유되기'를 원할 수 있다. 하지만 부정적인 전이가 일어나면 환자는 불신과 적의를 갖게 되어 의사를 곤궁에 몰아넣기 위해 치료에 저항하려 한다.

모방과 암시라는 두 힘은 A와 B 사이에서 끊임없이 빠르게 진행되는 왕복 운동에 의해 움직인다는 사실을 덧붙여서 이야기해야 할 것 같다. 이 운동은 두 방향으로 순환한다. A는 B의 암시를 모방하는 동시에 자신을 모방하라고 B에게 암시한다. B에 대해서도 마찬가지의 말을 할 수 있다. 서로는 서로에게 영향을 주는 동시에 서로를 모방하여 누가 누구를 모방하는지 모를 정도이다.

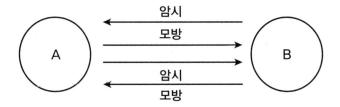

우리는 앞에서 최면에서의 미분화개체 간 관계는 두 힘의 불변성이 특징이라고 지적한 바 있다. 의사인 A와 환자 B의 관계라면, A가 B에게 암시를 하고 A를 B가 모방한다는 사실은 변함이 없다는 말이다. 이 경우 B에게서 우리는 다른 의식, 다른 기억, 다른 목소리 등 새로운 속성을 가진 몽유병 환자 같은 새로운 자아가 생겨나는 것을 볼 수 있다. 이 새로운 자아는 다른 욕망의 다른 자아이다. 최면에 든 B의 욕망을 가진 자아를 대체한 A의 욕망을 가진 자아라 할 수 있다.

A와 B 사이에서 빠르게 일어나는 이런 다양한 교환이 미분화개체 간의 관계를 이루는데, 그 정서적 기조가 어떠하든 간에 A의 모든 행동은 B에 대한 암시가 되어 B는 A의 행동을 모방하게 된다. 그리고 B의 다음 모방은 A에 대한 암시로 변하게 되어 A는 다시 B의 행동을 모방한다. 이렇듯 모방은 언제나 동시에 암시이다. 역으로 전투나 갈등, 난투에서는 A의 모든 공격이 B에게 암시의 역할을 하게 된다. B의 응수는 A의 강력한 행동에 대한 모방이다. 그러나 B의 모방 역시 강력한 행동이 되어 A에게 더 강해진 암시를 주게 되고, 이런 과정은 되풀이

된다. 잘 알려진 것처럼 사랑과 폭력에 자양분을 공급하는 것은 '모방/암시'라는 똑같은 메커니즘이다.

거울뉴런의 발견으로 이러한 교환의 속성과 의미가 분명히 밝혀졌다. 우리가 다른 사람의 어떤 행동을 바라볼 때 이미 그 행동의 의도를 모방하고 있다는 사실이 거울뉴런을 통해 밝혀졌다. 타인의 행동을 본 사람은 즉각적이고도 필연적으로 그 행동이나 의도를 재생산한다. 재생산은 이번에는 그것을 보는 사람의 거울뉴런을 작동시킨다. 사과를 잡으려는 사람의 의도는 이를 바라보는 관찰자의 뇌에서도 거울처럼 재생된다. 그가 사과를 잡으려고 손을 내밀면 관찰자도 똑같은 신경 활동을 하게 된다. 우리가 다른 사람의 행동과 의도를 항상 따라하고 싶어 하는 것은, 타인이 어떤 행동을 하거나 그럴 의도를 갖고 있는 것을 보는 그 순간 우리의 뉴런도 작동을 시작하기 때문이다. 우리가 다른 사람의 행동과 의도를 이해하고 동감할 뿐만 아니라 타인의 행동과 의도를 모방하고 배우면서 우리 자신을 만들어가는 것도 다 이 때문이다. 우리가 다른 사람들과 교제할 수 있는 것도 엄밀히 말하면 바로 이런 '자연적 메커니즘' 덕분이라고 말할 수 있다. 거울뉴런 활동을 거의 하지 않는 자폐증 환자들은 대개 다른 사람과의 접촉을 피하려고 한다. 주변 사람들의 행동을 이해하지 못하고, 그래서 재생산하지도 못하기에 다른 사람들과 관계를 제대로 맺을 수 없기 때문이다.

거울뉴런의 반응이 때로는 분명히 드러나지 않을 때도 있다.

우리에 대한 욕망을 드러내는 사람에게 우리가 항상 똑같은 욕망으로 반응하지는 않는데, 그것은 그 타인의 욕망에 대한 모방이 바로 우리 자신을 욕망하는 것을 의미하기 때문이다. 이렇게 자연발생적인 반응을 하면 우리 기분이 좋아지면서 자존심이 강화되는 것도 이 때문이다. 이런 형국을 사랑에 빠진 사람(주체)과 사랑하는 사람(중개자), 그 사람의 몸(대상)으로 이루어진 새로운 삼각형으로 나타낼 수 있다. 여기서 타인의 욕망을 모방하는 것은 내 몸을 욕망하는 것이고 결국은 나 자신을 욕망하는 것이 된다. 이렇게 되면 결국 내 욕망을 모방하면서, 나를 원하는 타인의 욕망을 배가시키게 될 것이다.

이와 같은 이중의 중개 작용 속에서는 욕망의 암시가 정반대의 욕망을 유발할 수도 있다. 하지만 이것도 똑같은 모방 메커니즘에서 나오는 것이다. 여자 마음을 잘 사로잡는 사람들은 이런 사실을 일찍이 잘 알고 있었다. 이들은 자신의 욕망을 감추고 무관심한 척하면서 그 여자 앞에 거짓 장애물을 세워놓고는 닿을 수 없는 곳에 멀리 떨어져 있는 것, 간단히 말해 그녀에게 자신을 금지시키는 것이야말로 목표 달성의 지름길이라는 것을 잘 알고 있는 사람들이다.

## 감정: 모방 메커니즘의 채색

르네 지라르와 나는 감정이 배제된 기계론적인 심리학을 제시한다는 비난을 받아왔다. 미메시스와 모방적 욕망에는 감정이라는 색깔이 빠져 있다는 것이다. 하지만 반대로 나는 모방 가설이야말로 어떤 것도 배제하지 않으면서 모든 심리적, 정서적 양상들의 의미를 전해줄 수 있는 기본적 메커니즘을 분석, 설명해준다고 생각한다. 동일한 카드게임을 하더라도 게임의 양상은 항상 다르다. 매번 다른 분석을 요하는 예측 불가능한 다양한 카드 조합은 새로운 재미를 준다. 우리는 천체 메커니즘에 관한 천문학 지식을 동원해서 석양을 설명할 수 있다. 하지만 그렇다고 해서 마술과도 같은 찬란한 석양의 감흥이 사라지거나 줄어드는 것은 아니다. 그 간단한 우주의 법칙이 저녁마다 그토록 멋진 광경을 제공해준다는 사실에 오히려 더 경탄하게 된다. 우리의 감정은 그것을 낳은 메커니즘을 이해한다고 해서 그 강도가 약해지지 않는다.

욕망의 메커니즘을 드러낸다고 해서 모방이론이 우리의 감정을 약화시킨다고 생각하는 이유는 무엇일까? 내가 왜 사랑에 빠졌는지를 이해한다고 해서 그 감정이 사라지거나 줄어들지는 않을 것이다. 모방적 욕망의 폭로는 분명 나로 하여금 그 여자에 대한 나의 욕망이 내가 생각하는 것처럼 '본질적인 것'이 아니란 것을 알게 해줄 것이다. 아마도 나보다 먼저 다른 사람이 그 여자를 욕망해서, 다시 말해 그 여자를 나에게 가리켜 주어서 그 여자를 특별하게 생각하게 되었다는 것, 그 여자는 내 생각처럼 특별한 존재가 아니라는 것을 알게 될 것이다. 커플의 갈등은 대부분 자신들이 절대적인 일심동체라고 믿는 환상에서 생겨난다. 하지만 그러한 달콤한 환상에 몸을 맡겨 그 타인과 함께 행복한 관계를 이루어나갈 수도 있을 것이다. 바로 이러한 지점에서 우리의 가설이 심리학을 온갖 신화에서 추출해내 과학의 범주에 포함되도록 하는 것이리라. 모방 원칙은 모든 인간관계의 기원, 아니 인간관계가 가능한 이유이다.

모방 원칙에 의하면 인간관계의 첫번째 동력은 모방이다. 그런데 모방의 성격은 깊이 따져보면 양면적이다. 모방은 누구도 피할 수 없는 보편적 메커니즘이라 사랑이나 관대함, 공감, 동정심, 상호부조와 같은 좋은 인간관계뿐 아니라 경쟁, 질투, 원한, 폭력, 살인 같은 나쁜 인간관계를 포함하는 모든 인간관계의 기원이기 때문이다. 인간관계를 가능하게 해주는 것도 모방이지만 그것을 깨뜨리는 것도 모방이다. 사랑에는 언제나 경쟁의 기미가 스며들어 있다. 만약 사랑에 경쟁의 기미가 전혀 없다면 우리는 아마 모두 순수한 사랑만 하고 있을 것이다. 선한 것만 원하고 공격성 하나 없는 욕망은 사랑싸움과 사랑놀이의 재미를 앗아갈 것이다.

그러나 이런 양면성이 아무리 실재한다고 하더라도 여기에 지나치게 큰 중요성을 부여할 필요는 없을 것 같다. 조화로운 관계에서는 경쟁의 영역이 욕망의 영역을 절대 앞질러서는 안 된다. 만약 그랬다가는 관계를 파괴할 것이기 때문이다. 또한 특히 애정 관계는 욕망이 불러일으키는 탐욕을 제거하면서 관계를 보호해주어야 그 관계가 유지될 수 있다. 욕망은 우리로 하여금 어떤 사람을 향하게 하고 하나로 연결시켜주어 우리를 행복하게 해준다. 그런데 우리를 떼어놓고 질투와 경쟁이 끼어들게 하여 사랑의 낙원에서 쫓아내는 것 또한 바로 그 욕망이라는 사실은 정말 패러독스가 아닐 수 없다.

인류가 시작될 때 욕망도 같이 시작된 것일까? 인류에게 전해져오는 가장 오래된 기록 중 하나인 「창세기」는 바로 이러한 이야기를 들려준다. 지금부터 우리는 「창세기」를 살펴볼 것이다. 나는 이 기록을 단순한 종교적 기록이 아니라, 아주 섬세하고도 통찰력 있는 심리학 교과서로 읽을 것을 제안한다.

2부

# 창조와 추락

인간을 창조할 때 신이 인간의 능력을 너무 과신했던 게 틀림없다.

—오스카 와일드

이 장에서는 「창세기」의 기록과 '원죄'가 심리학적인 인간의 탄생, 즉 인간과 커플과 욕망의 탄생을 은유적으로 설명하고 있다는 가설을 세우려 한다. 이를 통해 나는 순전히 모방 메커니즘에 의하여 사회적 인간뿐 아니라 심리학적 인간이 완성된다는 것을 보여줄 것이다.

## "하느님은 당신의 모습대로 사람을 창조하였다"

「창세기」 1장, 창조의 이야기는 그 배경을 다음과 같이 묘사하고 있다.

처음에 하느님께서 하늘과 땅을 만드셨다. 땅은 아직 모양을 갖추지 않고 아무것도 생기지 않았는데, 어둠이 깊은 물 위에 뒤덮여 있었고 그 물 위로는 하느님의 기운이 휘돌고 있었다.(「창세기」, 1장 1~2절)[5]

창조는 곧 구분과 차별화로 나타난다. 하느님이 제일 먼저 한 창조는 차이의 창조라 할 수 있다. 가브리엘 타르드Gabriel Tarde는 『단자론과 사회학Monadologie et sociologie』에서 "차이는 우주의 알파요 오메가"라고 쓰고 있다. 「창세기」 1장 3~10절은 창조와 함께 빛과 어둠, 땅과 바다와 같은 차이의 확립에 대해 이야기한다.

셋째 날과 넷째 날에는 채소와 나무, 태양과 달과 별의 창조라는 차별화가 계속된다.

다섯째 날에는 생명체가 창조되는데, 이들에게는 세대에서 세대로 이어지는 영구적인 차이가 부여된다.

하느님이 큰 물고기와 물에서 번성하여 움직이는 모든 생물을 그 종류대로, 날개 있는 모든 새를 그 종류대로 창조하시니 하느님이 보시기에 좋았더라.(1장 21절)

5  성경의 「창세기」는 드보R. Devaux가 번역한 예루살렘 판(Cerf, 1951)을 따랐다. 성경의 인용은 몇몇 부분을 제외하고는 모두 이 판본을 따랐음을 밝혀둔다. 앞으로 2부에서 「창세기」를 인용할 때는 장과 절만 표시한다.

여기서 우리는 다양한 물고기와 새들이 "그 종류대로" 차별화되어 있다는 것에 주목해야 할 것이다. 종류espèce와 종species은 검경檢鏡; spéculum, 즉 '거울spéculaire'과 어원이 같다. 마주보면서 서로를 인정하는 것은 같은 종이다. 서로를 봄으로써 자신을 아는 것은 같은 종이다. 모든 차이를 넘어서 유사한 것들도 같은 종이다. 종의 차별화는 종의 동일성과 지속성, 그리고 차이까지도 영속하게 하는 여러 세대에 걸친 재생산을 통해 더 확실해진다.

25절은 생물의 차이를 규정하고 있다.

> 하느님이 땅의 짐승을 그 종류대로, 가축을 그 종류대로, 땅에 기는 모든 것을 그 종류대로 만드시니 하느님이 보시기에 좋았더라.

창조는 움직이지 않는 광물의 차이, 그리고 재생산되기에 영속적인 동물들의 차이의 구성으로 시작된다. 재생산은 차이와 동일성과 함께 세대를 통해 계속되는 지속성을 보장해준다. 이 메커니즘에 모방의 발생론적 차원이 있다. 거기에 대해서는 뒤에 다시 논하기로 하자.

그러나 인간의 창조는 앞선 창조와는 완전히 다르다.

하느님이 이르시되 "우리의 형상을 따라 우리의 모양대로 사
람을 만들고 그들로 하여금 바다의 물고기와 하늘의 새와 가
축과 온 땅과 땅에 기는 모든 것을 다스리게 하겠다" 하시고
당신의 모습대로 사람을 만드셨다. 하느님의 모습대로 사람
을 만들어 남자와 여자로 만드셨다.(1장 26~27절)

'형상'과 '우리의 모양'이라는 말은 물리적인 유사성을 연상
시킨다. 이 말들은 또 하느님이 방금 '그 종류대로' 창조하였던
동물들의 종적인 유사성을 떠올리게 한다. 그렇다면 하느님,
남자, 여자는 같은 종이란 말일까? 그리하여 그들은 서로를 알
아볼 수 있는 관계라는 의미일까…… 게다가 사람을 '우리의
모양대로' 창조함으로써 하느님은 사람을 그보다 먼저 창조한
모든 동물과 근본적으로 차별지어 사람에게 다른 동물들을 다
스릴 수 있는 권능을 부여한다.

하느님이 그들에게 복을 주시며 이르시되 "생육하고 번성하
여 땅에 충만하라, 땅을 정복하라, 바다의 물고기와 하늘의
새와 땅에 움직이는 모든 생물을 다스리라" 하시니라.(1장 28
절)

'하느님의 형상을 한' 인간 창조를 폴 리쾨르Paul Ricœur는 철학
자이자 인간성 탐구자의 시선에서 바라본다.

'하느님의 형상imago dei', 이것은 바로 우리가 피조물인 동시에 무고하다는 것을 말해준다. 창조의 '고귀함'은 '피조물'의 위상과 다른 것이 아니며, 모든 창조는 좋고, 인간이 올바른 것은 하느님의 형상을 한 존재이기 때문이다. 신화에서 말하는 '이전' 상태의 원죄부터 되돌아보면, 하느님과 유사하다는 것은 죄가 없는 무고함을 말해주는 것 같다. 인간의 선량함은 아주 명백하다. 인간의 원죄는 헛된 허영심에 있다.[6]

인간이 하느님의 형상을 따라서 하느님과 닮은 모양으로 창조되었다는 것을 우리의 시각에서 해석해보면, 인간에게는 모방이 우주적 차원에서 새겨져 있음을 분명히 보여주는 것이라고 말할 수 있다. 하느님의 형상에 따라 만들어진 인간 창조는 다른 창조와 같은 제작이나 재편 작업이 아니라, 하느님이 피조물에게 하느님의 정보를 전해주는 모방적 전이라는 과정으로 소개된다. 성서의 이 이야기는 인간에게는 모방의 특성이 있다는 것과 함께, 무엇보다도 창조의 첫 순간부터 인간 본성에 모방이 들어 있었다는 것을 말해준다. 리쾨르는 "에덴동산의 추방 이야기에는 신화의 장엄함, 즉 실제 이야기를 넘어서

6  Paul Ricoeur, *Philosophie de la volonté II. Finitude et culpabilité*, Aubier, 1960~1988, p. 391.

는 의미가 들어 있다. 그런데 과연 어떤 의미일까?"라고 쓰고
있다. 지금까지 밝혀진 바에 의하면, 「창세기」 신화가 어렴풋
이 이야기한 것을 모방이론이 과학적으로 해명하고 있는 것처
럼 보인다. 「창세기」의 구절을 하나하나 따라가면서 이를 확인
해보기로 하자.

애초 인간 창조의 분명한 특징인 우주적 차원의 모방은 단지
외양과 형상의 차원에만 머물러 있었다. 나는 이것을 완전히
순결한 인간의 첫 상태라고 생각한다. 조지 아이젠베르그Josy
Eisenberg는 이와 유사한 해석의 가능성을 지적하고 있다.

창조 이야기에는 충분히 상징적인 차원으로 해석할 수 있는
상징들이 아주 풍부하게 들어 있다. 에덴동산은 단순한 장소
가 아니라 인간의 최초 상태라는 하나의 상황이다. 마찬가지
로 아담은 인간이 아니라 인류의 원형이다.[7]

나는 여기서 처음에 창조될 때부터 인간에게는 우주적 차원
의 모방이 새겨져 있었다는 것과 바로 이 점이 성서에 나오는
다른 동물들과의 중요한 차이를 이룬다는 것을 강조하고 싶다.

---

7 Josy Einsenberg et Armand Abecassis, *Et Dieu créa Eve, A Bilble ouverte II, Présence du judaisme*, ALbin Michel, 1979.

아리스토텔레스는 이를 다른 식으로 말한다.

> 모방은 인간이 어릴 때부터 타고난 것이다. 인간은 가장 모
> 방을 잘하는 동물이고 이 모방을 통해서 첫 지식을 획득한다
> 는 점에서 다른 동물들과 차이를 이룬다.[8]

자신과 유사한 자를 모방할 줄 아는 능력을 타고난 존재는
더 이상 몇 세대를 걸쳐 이어온 똑같은 반응과 행동의 틀을 재
생산하는 보편적 모방의 발생론적 차원에만 머물러 있지 않는
다. 특히 문화적인 모방 능력에서 인간의 자유가 나온다. 인간
은 다른 모든 인간을 모방할 수 있고 신도 모방할 수 있다. 다
른 피조물의 창조와 근본적으로 차별화되는 인간의 창조에 암
시되어 있는 것이 바로 이런 점이다.

인간이 태어나서 맨 처음 행하는 모방은 겉으로 보이는 외관
과 형상에 대한 모방이다. 앞에서 보았듯이, 소유나 존재, 욕망
에 대한 모방도 외관에 대한 모방에서 그다지 멀리 있는 것이
아니다. 인간이 에덴에서 추락한 것도 바로 이 모방의 상승 작
용 때문이다.

인간 창조가 시작될 때 맨 처음에 하나님과 인간의 유사성

---

8  Aristoteles, *Poétique* IV, 2, traduction de Narcel Jousse, t. III, p. 31.

이야기가 나온다는 것은, 바로 그 창조 행위에 인간도 참여하기를 권유하는 것처럼 보인다. 인간 창조와 함께 나타난 모방의 이 새로운 차원으로 인해, 인간은 스스로의 발생론적 한계를 벗어나 모방을 통해 새로운 것을 받아들일 수 있게 되었다는 것이다. 이 새로운 능력이 인간에게 창조에 가담하고 자신의 창조와 협력해서 창조할 수 있는 능력을 부여하게 되었다.

닷새 동안 창조력을 보여준 하느님은 6일째에는 이제 막 '우리의 형상을 따라' 창조한 인간에게 자신의 창조력을 부여한다. 이전에 창조한 동물들은 절대 다른 것이 될 수 없는, '그 종류'에 따른 완벽하고도 완성된 개체이다. 그러나 인간은 미완성이지만 자유로운 존재인 것 같다. 모방 능력을 부여받은 인간은 스스로의 창조를 계속함으로써 창조를 완성해나갈 수 있기 때문이다. 세상과 환경을 재창조하고 예술을 통해 자연을 재창조할 수 있는 유일한 존재가 인간이다. 또한 스스로의 창조에도 참여할 수 있다. 인간은 그래서 영원한 생성의 존재이며 자신만의 고유한 역사를 가진 존재이다. 그렇다면 인간은 자기 역사의 행위자일까 구경꾼일까? 인간의 생성은 인간의 의지와 어느 정도 관계가 있는 것일까? 그리고 인간의 의지는 자유로운 것일까? 지난 수 세기 동안 철학과 신학의 수많은 토론 주제였던 이런 질문들은 성경 기록 첫 부분으로부터 나오는 것으로 보인다.

성서의 기록이 드러내놓고 말하지는 않지만 이 이야기에 등장하는 네 명의 인물들 간에 이루어진 모든 대화들은, 언어가 인간의 위대한 특성을 이루고 있음을 암시한다. 모방의 발생론적 차원에서 창조된 인간은 우주 속에서 어떤 형태나 행동을 모방할 수 있게 해주는, 그리하여 새로운 지식이나 기술을 획득할 수 있게 해주는 모방의 우주적인 차원에 의해 해방되었다. 그러나 모든 것이 사전에 결정되는 동물에게서는 이런 능력을 거의 찾아볼 수가 없다. 인간은 또한 소리를 모방하여 재편하고 재생할 수도 있다. 기억을 형성하고 능력을 보완하여 인간을 스스로 역사의 주역으로 만드는 것이 바로 반복이라는 모방의 시간적 차원이다.


"코에 입김을 불어 넣으시니……"

인간 창조의 두번째 이야기에는 많은 상징이 들어 있는데, 이 두번째 이야기는 첫번째의 창조를 보완한다.

여호와 하느님께서 진흙으로 사람을 빚어 만드시고 코에 입김을 불어 넣으시니, 사람이 되어 숨을 쉬었다.(2장 7절)

정신분석학적 시각에서 볼 때 이 기록은 '자아'가 타자성異他

性으로 만들어졌음을 지적하는 것처럼 보인다. 하느님은 진흙을 빚어 거기에 '입김'을 불어 넣어 생명을 주었다. 자아는 그가 모방하는 타인에 의해 만들어졌다. 그러므로 인간에게 생명과 움직임, 즉 심리학적으로 욕망을 부여한 것은 타인인 것이다. 닫혀 있는 단자와 같은 주체 내부에서 심리학적 움직임이 출발한다고 생각하는 것은 환상이다. 나의 욕망을 만들어내는 것은 타인의 욕망이다. 나의 욕망은 모방을 통해서 타인의 욕망을 모델로 삼고 모방한다. 어떤 의미에서 나와 타인은 서로 자리를 바꿀 수도 있는 밀접한 존재이다. 다시 말해서 나와 타인은 서로의 빈틈으로 파고드는 관계로, 매 순간 영향을 주고받는다. 이런 상호성이 모방의 상호작용을 잘 보여준다. 한쪽의 마음의 움직임이 상대방에게 전달되는데, 그 역도 마찬가지이다. 한쪽이 모델을 모방하면 그 모방으로 인해 그 모델이 자신의 모방자를 또 모방하게 되는 것처럼 항상 왕복 관계에 놓여 있다. 이러한 거울 작용에 의해 한쪽의 욕망이 다시 살아나게 된다. 이때 모방자는 자기 모델의 모델이 되고 모델은 자신을 모방한 사람의 모방자가 된다.

「창세기」의 여러 부분이 우리의 가설을 확인해준다. 하지만 주의해야 할 것은, 하느님이라는 타자성은 사람의 타자성과는 다르다는 것이다. 신화를 통해 우리는 정신분석학적인 발견을 할 수 있다. 타인들은 나의 다른 자아alter ego, 즉 분신이지만 신은 우리의 분신이 아니다. 나를 만들어낸 이 타자는 그와의 관계가 경쟁으로 흐르지 않으면 나를 신의 형상으로 만들어줄 수 있는 타자이다. 운명처럼 항상 모방의 상승 작용에 빠지는 것은 아니라는 뜻이다. 이럴 때 우리는 천상의 소리를 들을 수 있을 것이다.

이러한 해석을 계속 따라가보자.

> 여호와 하느님께서는 동쪽에 있는 에덴이라는 곳에 동산을 마련하시고 당신께서 빚어 만드신 사람을 데려다가 살게 하셨다.(2장 8절)

> 여호와 하느님께서 아담을 데려다가 에덴에 있는 이 동산을 돌보게 하시며 이렇게 이르셨다. "이 동산에 있는 나무 열매는 무엇이든지 마음대로 따 먹어라. 그러나 선과 악을 알게 하는 나무 열매만은 따 먹지 말아라. 그것을 따 먹는 날, 너는 반드시 죽게 되리라."(2장 15~17절)

신은 인간이 그 나무 열매를 먹었을 때의 위험을 알려준다. 그 나무에 대한 인간의 관심을 지적함으로써 그 나무를 특별한 것으로 만든다. 이리하여 신은 새로운 차이를 만들어냈다. 그런데 이 차이는 외관에서 나오는 것이 아니다. 그것을 먹었을 때의 위험에 의해서만 차이가 만들어진다. 하지만 이 차이는 아주 중요한 차이이다. 바로 그것이 인간에게 자유를 부여함으로써 인간 창조를 완성하기 때문이다. 신은 인간에게 위험에 대해 주의를 주지만 인간은 동시에 자유롭게 선택할 수 있게 되었다. 이 선택은 알다시피 때 하나 묻지 않은 상태로 낙원에 남아 있느냐 아니면 미지의 세상으로 들어가느냐 하는 생사가 걸려 있는 아주 중요한 선택이다. 이 자유야말로 신의 업적인 천지창조의 진정한 완성인 것이다.

뱀은 그 나무의 특성을 재빨리 이용하여 신이 인간에게 해준 충고의 말을 금기의 말로 변화시켜 인간의 시선을 왜곡시킨다.

여기서 특기할 것은 신은 그 나무나 과일의 이름을 지칭하지 않고 오로지 '선과 악을 알게 하는 나무'라는 그 나무의 속성만 지칭하고 있다는 사실이다. 이 나무에서 비롯되는 죽음에 이를 수 있는 위험한 차이로 신이 지칭한 것은 바로 이 '알게 하는 것'이다.

'선과 악을 알게 한다'는 것은 과연 무슨 말일까? 아담은 이 세상에 대해 완벽한 안내를 받았으니, 이것은 단순한 지식의 문제가 아니다. 낙원은 아담의 소관이고 2장 19~20절에서 신이 보여준 동물들의 이름을 제대로 부르는 것도 아담이다. 그렇다고 도덕적 분별이나 판단력도 아닌 것 같다. 충고나 정보가 없다는 것이 그에게는 아무런 의미도 없을 정도로, 아담은 당연히 그런 것을 타고난 존재인 것이다.

성 아우구스투스와 성 토마스 아퀴나스의 가르침에 의하면 이것은 도덕적 자율성의 요구이다. 그 나무의 열매를 먹는 것은 선과 악을 아는 능력을 획득하는 것이고, 이것은 곧 스스로를 선한 것과 악한 것을 결정히는 자로 자처하는 것이 된다. 그러므로 이것은 신의 명령에 대한 저항을 시도한 것이 된다.

우리의 관심을 끄는 아주 흥미로운 ˙해석인 것은 사실이다. 하지만 우리 입장에서 볼 때 이 해석에 대한 조지 아이젠베르그의 설명이 더욱 흥미롭다.

> 이 나무는 선과 악이 한데 뒤섞여 있는 나무이다. 혼합을 말하는 자는 동시에 혼동을 말한다. [……] 이것이 바로 아담이 직면한 상황이다. 하나의 나무 혹은 하나의 세상이 있거나 선과 악이 뒤섞인 상태로 있다.

이어서 아이젠베르그는 이렇게 덧붙인다.

> 유대의 신비주의에 의하면 만사에서 선악의 혼합은 한결같고 인간사의 지배적 특성이다.[9]

9  Josy Einsenberg et Armand Abecassis, *Et Dieu créa Eve, A Bilble ouverte II, Présence du judaisme*, Albin Michel, 1979.

금기의 나무가 욕망을 만들어내고 있으며, 이 금기로부터 선과 악과 경쟁을 유발하는 모든 상대적, 주관적인 차이들이 나오게 하는 것이 바로 모방적 욕망이라는 것을 나는 증명해 보이고 싶다.

"이것을 남자에게서 취하였은즉
여자라 부르리라 하니라"

흔들리지 않는 영원한 차이를 창조한 다음, 마지막으로 만든 차이는 충직성(모델로서의 신의 모방)과 불복종 사이의 '정신적 차이'라 부를 수 있는 차이이다. 하느님은 아담에게 친구를 준다. 아담에 대한 하느님의 타자성이 '수직적'인 것이라면 아담을 위해 창조한 여자의 타자성은 '수평적'인 타자성이라 할 수 있다. 그런데 욕망을 위협하는 모든 것은 바로 이러한 수평적인 것에서 나온다.

여호와 하느님이 말씀하셨다. "남자가 혼자 있는 것이 좋지 않으니, 그를 돕는 사람, 곧 그에게 알맞은 짝을 만들어주겠다."(2장 18절)

이 구절을 앙드레 슈라키André Chouraqui는 더 정밀하게 번역하는데, '도전한다challenger'의 의미가 있는 '반대하는contre'이라는 말을 사용하여 여자를 남자의 부속으로 보는 '도움'이라는 개념을 완하하고 있다.

흙으로 만든 그가 혼자 있는 게 좋지 않으니 그에 '반대하는contre' 도움을 만들어주겠다.

남자에게 여자는 '그에 반대하는 도움'의 존재인 것이다.

이 흥미로운 심리학의 교훈이 아마도 사샤 기트리Sacha Guitry[10]의 마음에 들었던 것 같다. 사실 심리학적인 인간의 창조에 필요한 것은 분신일 것이다. 신이 남자의 '맞은편en face de'에 '반대하는' 이 분신을 창조하지 않았다면 변증법이나 심리 변화, 혹은 욕망은 아예 존재할 수 없었을지도 모른다.

이리하여 신은 여자를 만들었다. 여자의 창조에 대해서는 앙드레 슈라키의 번역이 아주 많은 것을 시사한다.

여호와 하느님이 아담을 깊이 잠들게 하시고 그의 갈비뼈 하나를 취하고 살로 대신 채우시고는 그 갈비뼈로 여자를 만드시고 그를 아담에게로 이끌어 오시니, 아담이 이르되 "이는

---

10  [옮긴이] 러시아 태생의 프랑스 배우이자 극작가, 연출가, 영화감독으로 "나는 여자에 반대한다. 항상 반대한다"라는 말로 유명하다.

내 뼈 중의 뼈요 살 중의 살이라. 남자Ish에게서 나왔으니 여
자Isha라 부르리라" 하니라.(2장 21~23절)

하느님이 아담에게 동료를 만들어주었다는 것에 주목하자.
아담은 그녀를 보자마자 좋아하면서 '이샤Isah'라고 소리친다.
아담은 하느님이 대신 해준 선택에 모방적으로 순응하지만 그
것은 하느님의 선물이었다. 수직적인 측면에서 보자면 하느님
이 준 것을 인간이 받아들였다고 볼 수 있다. 하지만 그것만이
아니다. 잠시 뒤 나무 아래에서 그러는 것처럼, 하느님이 '갖고
있는 것'을 인간이 '취한다'. 이런 초월적인 관계에서는 경쟁이
개입할 여지가 전혀 없다. 상호적인 관계가 아니기 때문이다.
　성경은 자아와 타인의 동일성에 대해 장황할 정도로 여러 차
례 암시한다. 타자성으로 주조된 자아는 항상 '타인'이라는 것
이다. 아담의 창조 이야기는 이런 식으로 인간이 형성되었음을
강조하는데, 여자의 창조는 이런 사실을 다시 한 번 강조한 것
일 뿐이다.
　그런데 왜 갈비뼈일까? 이 점에 관해서는 아이젠베르그의
분석이 그럴듯하게 들린다.

　　아담이 정말로 최초의 유일한 존재였는지는 의문스럽다. 「창
　　세기」에 대한 일반적인 해석에 의하면 하느님이 처음에 남자
　　를 만들고, 이어서 남자의 갈비뼈를 가지고 여자를 만든 것

으로 되어 있다. 하지만 "당신의 모습대로 사람을 만드셨다. 하느님의 모습대로 사람을 만들어 남자와 여자로 만드셨다"(1장 27절)는, 아담과 여자가 동시에 창조된 것으로 나와 있는 성경 구절을 생각해보면, 이런 해석은 무언가 어색한 감이 있다.

유대의 많은 문헌, 특히 「조하르」경은 아담 창조에 대해 다른 해석을 제공한다. 이 기록이 전하는 바에 의하면 [……] 우선 무엇보다도 아담은 '이중으로double' 창조되었다. 말하자면 아담은 자웅동체인 것이다. 그래서 하느님이 원하던 '마주보며 도움이 되는 존재'는 아직 존재하지 않았다. 왜냐하면 아담에게 들어 있는 두 개의 개체는 샴쌍둥이처럼, 서로 등을 맞대고 있었기 때문이다.

그래서 하느님이 자웅동체 아담의 두 부분을 분리시킨다. 이 경전은 다음과 같이 읽으라고 권하는 것 같다.

"하느님은 아담의 갈비뼈côtes 하나를 취한 것"이 아니라 "아담의 옆구리côtés 하나를 취한 것"이라고 말이다.[11]

「조하르」경의 이러한 흥미로운 해석은 플라톤의 『향연』에 나오는 아리스토파네스의 유명한 이야기를 연상시킨다. 그에

11  Josy Eisenberg et Armand Abecassis, *Et Dieu créa Eve, A Bilble ouverte II, Présence du judaisme*, Albin Michel, 1979, p. 139

따르면 처음에 남성의 분신을 가진 남자와 여성의 분신을 가진 여자, 그리고 남성과 여성이 한 몸인 자웅동체, 이렇게 세 종류의 인간이 있었다. 신에 대한 저항이 있고 난 뒤 제우스는 겸양을 가르쳐주기 위해 인간을 한칼에 둘로 갈라서 마주보게 얼굴을 돌려놓는다. 욕망이라는 심리 변화를 설명하기 위해서 플라톤 역시 인간의 분신을 만들어 분리해야 할 필요성을 느끼고 있었다. 그때부터 반쪽들은 자신의 잃어버린 반쪽에 대한 '결핍'을 느끼게 되는데, 이 결핍이 바로 욕망이 될 것이다. 플라톤과 마찬가지로 「창세기」에서도 욕망은 나 안의 다른 자아, 즉 타자성 없이는 생겨나지 못하는 것으로 되어 있다. 다시 말해 인간의 핵심인 욕망은 인간이 이 세상에 태어날 때부터 갖고 있던 일종의 제조 결함 같은 것이다.

## 부끄러움의 부재

「창세기」로 다시 가보자. 이제 창조는 완성되었다. 남자와 여자가 에덴동산에서 충만함 속에서 살아간다. 그들은 먹고 마시고 잠자고 짝짓고 산책하는 일을 마음대로 할 수 있다. 무상으로 주어져 있는 그 모든 것들은 경이롭기만 하다. 그렇지만 심리적 측면에서는 어떠한 일도 일어나지 않는다. 물론 지능이 있어 다른 동물보다 상위에 있으면서 동물의 이름을 명명하는 인간은 여자가 자신과 같은 존재이면서 다른 자아, 즉 '분신'이라는 것을 분명히 알고 있다. 하지만 심리 변화가 없고 욕망도 없다. 기록은 이를 분명히 보여준다.

> 아담과 그 아내 두 사람은 벌거벗었으나 서로 부끄러워하지 않았다.(2장 25절)

한마디로, 이들은 자신들 사이의 차이를 보지 못한다.

여기서 성서의 해석이 분명해진다. 하느님은 남자와 여자를 구분하였는데, 남자의 한쪽 옆구리를 개별화하여 여자를 만든 것이 그것이다. 하지만 이 단계에서 남자와 여자는 아직 그들의 차이를 인식하지 못하고 있다. 그들의 차이가 아무런 문제도 되지 않는다는 말이다. 그래서 '서로 부끄러워하지 않았다.' 하느님의 창조는 한칼에 자웅동체를 둘로 베는 제우스의 검하고는 달랐다는 것이다.

신화에 나오는 단절은 하느님의 창조 이야기가 아닌, 자웅동체의 두 부분인 남자와 여자를 가르는 단절 이야기이다.

이렇게 신은 남자를 분리한 뒤 아담의 다른 자아가 될 아담의 한 부분을 개별화해서 여자를 만들었다. 여기서 제우스의 검과 같은 역할을 하는 것은 바로 뱀이다. 뱀은 여자와 신, 그리고 이어서 여자와 남자를 떼어놓는다.

욕망의 부재가 '임상적으로' 드러난 것이 바로 부끄러움이 없다는 사실이다. 부끄러움이나 정숙함은 에로티즘을 이루는 요소 중의 하나이다. 그런데 에로틱한 욕망은 선과 악, 긍정적인 것과 부정적인 것, 유혹과 거부, 애정과 증오로 이루어진 '혼합'의 전형적인 유형이다. 전형적인 혼합체인 욕망이 당시의 낙원에는 없었다. 벌거벗은 몸 앞에서 '부끄러움'을 느끼지 않았다는 것이 의미하는 바가 바로 이 욕망의 부재인 것이다.

아리스토파네스의 이야기와는 달리, 성경은 욕망의 기원을 설명하면서 결핍이나 자웅동체의 남녀 분리라는 성의 차이와 타자성의 창조만으로는 만족하지 않는다. 성경의 이 대목에는 모든 요소들이 나타났지만 아직 욕망은 나타나지 않았다. 식욕과 같은 욕구와 남자와 여자의 본능은 완전히 충족된다. 그렇지만 심리학과 심리 변화는 존재하지 않는다. 모든 피조물들이 꽃을 피우면서 만끽을 누리고 있는 에덴의 동산에서는 어떤 일도 일어나지 않는다. 다시 말해 '행복한 사람들에겐 이야기가 없다.' 욕망 발생의 필요조건은 있지만 충분조건은 아직 만족되지 않았던 것이다.

성경이 우리에게 인간 심리에 관한 큰 가르침을 주는 순간이 바로 이 대목이다. 3장에서는 심리학과 욕망의 이야기가 동시에 펼쳐지는 것을 보게 될 것이다. 이때의 욕망은 물론 모방적인 욕망이다.

## 뱀, 모방적 욕망의 상징

3장은 뱀의 등장으로 시작한다.

> 여호와 하느님께서 만드신 들짐승 가운데 제일 간교한 것이
> 뱀이었다.(3장 1절)

'제일 간교'하다는 이 표현은 널리 쓰인다. 가톨릭 전통에서
뱀은 교활한 사람이나 악마, 유혹자로 통한다. 하지만 여기서
의 뱀은 알레고리로 쓰이고 있다. 심리학적으로 뱀은 무엇을
의미하는가? 「창세기」 3장 1절에 대한 앙드레 슈라키의 해석이
힌트를 준다.

> 여호와 하느님께서 만드신 짐승들 중에서 뱀은 가장 많이 벌
> 거벗고 있다.

그런데 앞에서 보았듯이,

> 아담과 그 아내 두 사람은 벌거벗었으나 서로 부끄러워하지
> 않았다.(2장 25절)

라고 2장 마지막 구절은 끝난다. 그런데 3장은 하느님이 창

조한 동물 중에서 가장 많이 벌거벗은 뱀의 묘사부터 시작하고 있다.

에덴에서 쫓겨나기 이전, 벌거벗고 있지만 어떤 욕망도 끼어들지 않은 최초의 남자와 여자는 "한 몸"(2장 24절)으로 표현된다. 아담과 이브가 자신들이 알몸임을 알고 거북해서 "무화과나무 잎으로 앞을 가린"(3장 7절) 것은 에덴에서 쫓겨난 이후이다.

에덴에서 나오고 난 뒤의 알몸은 욕망을 나타낸다. 그러나 이 욕망은 우리가 흔히 충동, 매력, 본능과 혼동해서 사용하는 성적 욕망과 같은 그런 통속적인 의미의 욕망이 아니다. 앞으로 자세하게 살펴보겠지만, 여기서 말하는 욕망은 인간관계에 개입해서 본능, 욕구, 충동의 방향을 바꾸거나 뒤트는 모방적 욕망이다. 동물 중에서 가장 '벌거벗은' 뱀은 그의 행동이 보여주는 것처럼 모방적 욕망의 상징이다.

이 이야기에서 뱀의 존재는 궁금증을 자아낸다. 폴 리쾨르는 다음과 같이 질문한다.

아담이 왜 악의 기원이 되지 않는 것일까? 왜 외부 탓으로 돌리는가?[12]

12 "이때부터 탐욕에 의해 리비도가 도처에 넘쳐나게 된다. [……] 뱀의 상징

리쾨르는 이런 대답을 제시한다.

[……] 야훼 문서는 뱀을 등장시켜 유혹의 드라마를 쓰고 있
는 것 같다. 순전히 밖에서 기인하는 외부의 유혹으로만 묘
사되는 이 유혹은 '마음'에 들어붙은 환영을 만족시키는 식
으로 전개된다. 그래서 죄를 짓는다는 것은 결국 '굴복하는
것'과 같은 것이 된다. [……] 이리하여 뱀은 십계명에서 이
미 '탐욕'이라 부르고 있던, 안과 밖의 경계에서 떠도는 유혹
의 수동성을 나타낸다.[13]

그런데 십계명의 열번째 계명이 말하고 있는 이 '탐욕'은 바
로 모방적 욕망이라는 사실을 지라르는 이미 여러 차례 밝힌
바 있다.[14]

이 '탐욕'의 문을 활짝 열어놓는데, 성性도 그중의 하나다."(Paul Ricoeur, 같은 책,
p. 395)
13  같은 책, pp. 395~96.
14  "네 이웃의 아내를 탐내지 말지니라. 네 이웃의 집이나 밭, 그의 남종이나
여종, 그의 소나 나귀와 같이 네 이웃의 모든 소유를 탐내지 말지니라."(「신명
기」, 5장 21절) 타인의 소유에 대한 모방이 아주 위험하다는 내용이 분명히 나타
나 있다. 「신명기」의 이 기록은 하느님의 명령을 명확히 보여준다. 「창세기」에
서 하느님은 (여자의 가계인) 인간에게 있어 (뱀의 가계인) 모방적 욕망의 위험
을 확인하는 것에 그쳤지만, 십계명의 열번째 계명은 이를 아주 상세하게 설명
한다.

여기서 뱀은 모방적 욕망의 알레고리로 보인다. 한편으로 뱀은 생물 중에서 가장 '벌거벗은' 것으로 묘사된다. 아담과 이브에게는 그들의 알몸이 아무런 차이도 느껴지지 않고 그냥 자연스런 것일 때, 뱀의 알몸을 수식하는 이 '가장'이라는 말은 그만큼 눈에 많이 드러난다는 것을 의미한다. 뱀이 과도하게 알몸이라는 사실은 그러므로 이미 자연스럽다는 것에 문화적인 것이 추가로 덧붙어 있음을 말해준다. 알몸은 '탐욕', 즉 모방적 욕망을 유발하기 쉬운 것이라는 것을.

다른 한편으로, 뱀은 독을 주입하는데 독은 아주 전형적으로 모방적인 것이다. 독이 들어오면 한 개체에게서 다른 개체에게로 전염, 즉 욕망의 전이가 일어난다는 점에서 그러하다. 이것은 무도병舞蹈病에서 전형적으로 볼 수 있듯이 아주 흔한 알레고리이다.[15] 뱀이 모방적 욕망의 알레고리라는 가설을 더 명확히 밝혀내기 위해서는 「창세기」의 기록을 더 자세히 살펴볼 필요가 있다.

---

15  무도병, 특히 타란툴라 무도병은 독거미의 일종인 타란툴라에게 물렸을 때 발병하는 것으로 알려져 있다. 거미에 물린 사람은 자신이 거미인 양 거미를 모방하면서 춤을 추기 시작한다. 이런 모방 현상은 며칠 간 계속된다. 뱀과 마찬가지로 거미도 여기서는 타자성을 나타낸다. 거미는 독을 주입하여 자신의 욕망을 전파한다. 이것이야말로 순수한 상태의 모방 메커니즘이 전개되는 것으로 볼 수 있다. 거미에 물린 사람은 처음에는 자신의 모델과 자신을 동일시하여 거미의 춤을 모방한다. 그다음 단계는 미분화개체 간의 관계를 잘 보여준다. 그는 거미를 없애려는 것처럼 춤을 추는데, 이 행동은 이제는 모델과 라이벌이 된 관계를 보여주는 것 같다.

「창세기」 2장의 끝에서 남자와 여자는 아주 행복하게 살고 있다. 그들은 알몸이라는 느낌마저 없는 다른 동물들과 마찬가지로 알몸으로 있으면서도 서로 전혀 부끄러움을 느끼지 않는다. 그리고 한 몸을 이루고 있다. 그리고 어떤 것도 그들을 가르고 있지 않다. 그들의 알몸마저도 그들에게는 그들을 구분 짓거나 난처하게 하는 차이가 되지 않는다. 그들은 한 몸이기에 그런 것이 전혀 중요하지 않기 때문이다. 바로 이때, 선망과 경쟁을 일으키는 모방적인 알몸이 끼어든다.

## 사랑의 탄생

여기서 잠깐 뱀, 즉 그들을 갈라놓게 될 모방적 경쟁 관계가 끼어들기 전의 이 행복한 커플의 모습을 요즘 식으로 옮겨보기로 하자. 이 커플의 역사는 아마도 이렇게 시작되었을 것이다.

에덴동산에 해가 지고 있다. 아담과 이브가 앉아 있는 개울 위로 동산을 부드럽게 물들이는 마지막 햇살이 반짝인다. 이브를 돌아보며 아담이 말한다.

"당신은 내 인생의 유일한 여인이라오. 처음 보는 순간부터 당신을 사랑했소."

"저도 똑같아요. 당신의 존재가 저를 가득 채우고 있어요."

"우리 둘 다 서로의 것이고 하나의 마음이기 때문이지요. 지금도 그러하지만 우리의 사랑은 영원히 계속될 것이니 하느님이 만드신 시간도 아무 소용이 없어요."

아담과 이브는 서로를 껴안은 채 일어나 집으로 들어간다. 아담이 말한다.

"고백할 게 있어요. 언젠가 당신이 과일을 따러 갔을 때 난 갑자기 어딘가가 잘려나가고 버림받은 기분을 느꼈다오. 기분을 돌려보려고 애썼지만 허사였소. 그만큼 당신이 없다는 사실을 참을 수가 없었어요. 내 주위에 있는 그 모든 것들보다도 당신이 없다는 사실이 더 크게 다가왔소."

"당신 말하는 걸 듣고 싶어요. 다른 사람은 절대 사랑하지 않겠다고 맹세해주세요."

"당신을 영원히 사랑하겠다는 말밖에는 어떤 말도 할 수 없소. 당신은 어때요?"

"저는 당신을 한시라도 잊은 적이 없어요. 우리 인연의 끈은 갈수록 더 강해지고 단단해지는 것 같아요. 당신 품에서 잠이 들고 당신 곁에서 깨어나는 것이 참 좋아요. 당신 없는 나의 삶은 아무런 의미도 없어요."

이렇게 우리는 에덴동산의 대화를 생각해볼 수 있을 것이다. 연인들 모두 상대방이 자신을 위해서 창조된 자신의 한 부분이라고 생각하고 있다는 점에서, 지금까지의 이야기는 에덴동산에서 추방된 우리가 실제로 목격하는 사랑은 전부 욕망의 세계에 속해 있다는 단 한 가지 사실을 제외하면 다른 모든 사랑 이야기와 똑같을 것이다. 모든 사랑이, 유일하고 순수하고 절대적이길 바라는 아담과 이브의 사랑을 닮은 것은 이 때문일 것이다. 그런데 욕망의 모방적이고 양면적인 성격에 의해 이러한 사랑은 경쟁에 물들고 순수성을 잃어, 상대방을 소유하고 지배하고 질투하거나, 소유하고 나면 아예 멀리하려는 등의 아주 혼란스런 감정이 끼어들 여지를 항상 안고 있다. 그래서 사랑이 처음에 싹틀 때의 충만하고도 행복했던 순간이 지나가면 거의 언제나 불화의 원천인 혼란에 빠지고 만다.

프란세스코 알베로니Francesco Alberoni는 『나는 너를 사랑한다: 사랑의 감정에 대한 모든 것Je t'aime: tout sur la passion amoureuse』에서 이런 만남을 사랑의 '초기 상태'로 묘사한다. 알베로니는 스무 개의 기준이 충족되어야만 참된 사랑이라고 할 수 있다고 말한다. 요약하면 다음과 같다.

- 사랑하는 사람은 유일하다. 연인들은 서로가 서로의 전적인 관심사가 된다. 사랑에 빠진 이들은 세계에 그들뿐이지만, 변모된 세계 안에서 해방과 새로운 발견의 경험을 한다.
- 사랑은 삶과 사물에 의미를 부여한다. 이는 연인 각자에

게 커다란 에너지를 발생시키는데, 그 효과는 다양하게 나타난다. 다른 모든 관계들을 덮어버리는 성스러움이 깃든 이런 관계에 의해 삶의 의미가 생겨난다.

- 사랑은 동맹과 공범 관계 속에서 발전한다. 사랑하는 사람은 어떤 것보다 우선한다. 사랑하는 사람은 결점도 사라진 완전무결한 존재가 되고, 그를 비판하는 사람은 옳지 않은 사람이 된다. 이들의 관계를 더 단단하게 만들어주는 과정에서 구체적으로 나타나는 것이 바로 이런 동맹과 공범 관계이다. 이런 관계는 이들의 연대감을 유지시켜주면서 이 커플이 함께 보내는 모든 시간에 관여한다.

사랑은 관심을 필요로 한다는 말이 있다. 그리스인들은 신화에서 사랑을 볼이 통통한 아기 형상의 에로스로 표현하였다. 어린아이와 같은 사랑이 자라고 발전하려면 관심과 배려가 필요하다. 무시당하거나 보호를 제대로 받지 못한 사랑은 마치 버림받은 아이들이 그런 것처럼, 핏기 없이 파리해져가다가 죽고 만다. 아이가 제대로 성장하기 위해서는 그 아이를 사랑해야 하는 것처럼, 사랑도 성장하기 위해서는 그 사랑을 제대로 키워야 한다.

사랑을 발견한 연인들은 상대방을 볼 때마다, 그리고 자신들 사이에서 일어나고 있는 일을 대할 때마다 경이로운 감정을 느낀다. 자신도 거기에 가담하고 있는, 눈앞에서 일어나고 있는 기적의 감정은 은총처럼 여겨진다. 그래서 사랑에 빠진 사람들은 이런 상태를 지속하기 위해 이미 그러고 있으면서도 상대방에게 자신에게 헌신할 것을 요구하게 되는 것이다. 연인들은 자신들이 받고 있는 그 은총을 더 오래 연장시킬 수 있기를, 그리고 이 은총에 흠이 나지 않게 이 기적을 마음대로 조절할 수 있기를 바라게 될 것이다. 사랑하는 사람들에게 이 세상에는 그들만 있는 것이고 시간이란 것은 사라진다. (에덴동산에는 시간이 아직 존재하지 않았다). 함께 있음은 곧 영원이라는 환상으로 이어진다. 그래서 이들은 이별을 절대 받아들일 수 없게 된다. "단 한 사람만 없어도 이 세상은 아무도 없는 것이다." 만약 이브가 사라지면 아담은 자신의 몸뚱이 어딘가가 떨어져 나간 느낌일 것이다.

모방 심리학의 틀에서 볼 때 '자아'라고 부를 수 있는 것을 만드는 것이 바로 미분화개체 간 관계이다. 그러나 두 개인의 단순한 만남이 그러한 관계를 이루는 것은 아니다. 우리 모두의 '자아'라는 것을 생겨나게 하는 것은 바로 자신과 타인과의 관계란 것을 인정할 필요가 있다.

사랑이란 결국 연인들 안에 상대를 욕망하는 자아라는 새로운 '자아'를 만들어내는 관계에 다름 아니다. 그러므로 이별이나 상대방의 무심함은 항상 엄청난 고통을 낳는다. 왜냐하면 욕망의 자아는 상대의 욕망에 의해 유지되거나 지탱이 되지 않으면

와해되거나 사라질 위험이 있기 때문이다. 정절로 명성이 자자했던 투르벨 부인의 마음도 발몽 자작으로부터 외면을 당하자 한순간에 무너지고 만다. 왜냐하면 명성이란 것도 미분화개체 간 관계 밖에서는 아무런 존재 의미가 없기 때문이다.

이렇듯 첫 발생 단계의 사랑은 총체적으로 한 몸 같은 상태이다. 누군가는 그것을 낙원 같다고 말하리라. 이런 한 몸 상태는 금지된 과일, 즉 시간의 입구 앞에 선 사람을 떠올리게 한다. 「창세기」의 기록은 평범한 사람은 경험할 수 없는 신화적인 상태를 연상시킨다. 여기서 연인들은 삶에 대한 강렬한 감정을 경험할 뿐 아니라, 그들 둘만이 이 세상 전부를 이루는 것 같은, 시간을 초월한 낙원으로 들어가는 경험을 하게 된다. 이런 상태에서 깨어나는 것은 괴로운 일일 것이다. 어떤 연인들은 그들 관계를 경이로운 처음의 상태 그대로 평생 유지할 수도 있다. 하지만 결합 과정에서 진짜 병리학적 문제가 생겨날 수도 있다. 이러할 때 그들은 제대로 된 관계를 정립할 줄도 모르면서 단순히 같이 있다는 것 때문에 미친 듯이 쾌락 탐닉에 빠지거나 아니면 둘 사이의 경쟁 관계에 빠지게 된다.

## 사랑의 낙원에서 벗어나기

「창세기」에서 그런 것처럼 대부분의 연인들은 낙원을 벗어나 복잡성 속으로 들어가고, 꿈에서 벗어나 일상으로 들어가고, 영원에서 벗어나 시간 속으로 들어간다.

어느 날 이브가 수확을 하고 돌아오는데 넋이 나간 것 같았다. 무슨 일인지 아담은 알지 못했다. 그래서 물었다.

"자기, 무슨 일 있어? 무슨 걱정이 있어?"

"아니야, 괜찮아. 날 그냥 좀 내버려둬……"

처음 들어보는 이 이상한 대꾸에 아담은 입을 닫았다. 그러자 뭔지 모를 공허한 기분에 휩싸였다. 인생 동반자의 머릿속에서 자신이 별안간 추방된 기분, 세상에서 떨어져나온 것 같은 기분이 들었다. 모든 게 의미가 없어지고 지금껏 경험해보지 못한 괴로움이 엄습해왔다. 갑자기 열이 올랐다. 숨이 막히고 땀이 나서 그늘을 찾아 들어가려는데 이내 눈앞이 캄캄해지더니 정신을 잃었다. 이브가 깨끗한 물로 얼굴을 닦아주자 그는 잠시 뒤 정신을 차렸다. 아담의 눈앞에서 이브는 미소를 지어주었고 세상은 다시 문을 열어주는 것 같았다.

"내가 왜 그랬지?"

"햇빛 아래 너무 오래 있었던 거 아니야?"

"아니야. 기억 나. 내가 묻는 말에 네가 아무 대답도 해주지 않자, 난 갑자기 마음이 텅 비어버린 것 같았어. 다시 묻는데, 너, 오늘 무슨 일 있니? 제발 말 좀 해줘."

"화 안 낼 거지?"

"천만에. 당신이 아무런 대답을 안 해주는 것보다 더 섭섭한 일은 없을 거야."

"정원 안쪽에서 이상한 걸 만났어……"

아담은 조용했다. '이상한 것'이라고? 우리 둘만 있는 이곳에서! 조심스럽게 입을 열었다.

"어떤 건데?"

"아니 당신과 닮은 데라고는 하나도 없어. 하지만 아주 머리가 뛰어나고 명석해. 그의 말을 들으면 그냥 빠져들고 말아."

이 말을 듣자 아담은 '아득'해졌다. 무슨 말인지 하나도 귀에 들어오지 않았다. 어떻게 이브가 다른 존재에게 관심을 가질 수 있단 말인가? 그렇다면 자신이 만족스럽지 않았다는 것일까? 아담의 번민은 아주 컸다. 하지만 알고 싶었다.

"그게 뭔데?"

"아, 그건 '뱀'이라 불리는데 아주 이상한 걸 알려주었어. 정원 가운데 우리가 열매를 먹지 못하게 하느님이 금지해놓은 나무가 한 그루 있다는 거야."

마음의 안정을 약간 되찾은 아담이 목소리를 높였다.

"그게 뭐가 중요한데? 맛있는 열매가 달리는 나무가 어디 한두 갠가? 하느님이 먹지 말라는 그 나무 열매가 왜 필요해?"

"하느님은 왜 그 열매를 먹지 말라고 했을까? 너도 궁금하잖아?"

"이브, 난 전혀 궁금하지 않아. 넌 모든 나무, 모든 열매를 다 맛볼 수 있잖아. 나도 너의 것이고. 그런데 유독 한 그루 나무가 뭐 그렇게 중요하지? 이상할 것도 없는 것 같은데!"

"아니, 아담 생각은 뱀의 생각과는 너무 달라!"

멋쩍어진 아담은 억지로 새롭게 관심을 갖고서 그 나무를 유심히 뜯어보았지만 특이한 것은 없었다. 혹시 뱀이란 녀석이 있지도 않은 것을 보라고 이브를 꼬드긴 건 아닐까 하는 생각도 해보았다. 뱀이라는 놈은 도대체 어디서 나타난 뚱딴지 같은 녀석이란 말인가? 하느님은 '자신의 모습을 본떠' 만들어낸 완벽한 존재들 사이에 왜 이런 놈을 끼어 놓았을까? 아담은 화가 머리끝까지 차올라 하느님을 원망하다가 순간 정신을 차렸다. "내가 지금 무슨 생각을 하는 거지? 내 정신이 아닌가봐." 그는 이브를 불렀다. 사랑스런 이브의 말은 자신을 미치게도 하지만 그녀의 말 한마디, 손짓 하나만으로도 아담은 무한한 평화를 맛보았다.

"이브, 좀 자세히 말을 해봐."

"이 나무 열매를 먹으면 우린 죽지 않고 선과 악을 구분할 줄 아는 하느님 같은 존재가 될 것이란 걸 뱀은 알고 있더라고."

"그런 것을 안다는 게 그렇게 중요해? 하느님이 모든 것을 다 주셨잖아. 하느님으로부터 난 생명을 얻었고 너도 마찬가지야. 다른 건 필요 없어. 그 따위 것은 다 잊어버리라고."

"남자가 되어가지고 야망이 너무 없네! 게다가 상상력마저 꽉 막혀 있고 말이야. 정말 실망이야. 넌 날 사랑한다고 믿고 있었는데……"

"당연하지, 널 사랑하고말고. 우린 한 몸이잖아. 그렇지만 이 브, 네가 자꾸만 나에게서 멀어지는 것 같아서 싫어. 말 나온 김에 하는 말이지만 네가 그 뱀 이야기를 하는 게 너무 싫어."

"뱀은 정말 현명하고 명석한 존재라니까. 자, 이리 와서 나랑 이 과일 먹어. 우리도 신과 같이 지혜로운 자가 되자고."

아담은 "아니"라고 말하지 못하는 자신이 미웠다.


## 욕망 때문에 분리된다

이상은 「창세기」에 대한 가능한 해석들 중의 하나이다. 이 커플 역시 자신들이 한 몸이라고 느낀다. 우리가 보기에 이 남자와 여자는 서로를 위해 태어났고 또 상대방으로 인해 존재하는 것 같다. 사랑이 시작할 때는 항상 이러한데, 사람들은 이때 자신의 반쪽을 찾아 드디어 온전한 하나를 이루었다고 느끼게 된다. 하나가 된 이 순간에는 속세의 모든 것이 사라지고 차이도 사라지며, 어쩌다 욕망이 생겨나더라도 그 욕망의 모델과 경쟁자도 사라지게 됨으로써 갈등도 경쟁도 나타나지 않는다.

이런 상황은 신화적이라 할 수 있는데, 그런 점에서 불안정하고 일시적이다. 그렇지만 이런 상황이 계속되는 한, 서로를 찾고 서로에게 감사하며 서로를 녹이는 암수한몸의 이 반쪽들은 제우스의 칼날에 의해 잘려난 부분을 완전히 되찾게 된다. 잘려난 힌쪽이 나머지 쪽과 정확히 만난다. 이들에게 있어 기적과도 같은 이런 만남은 피할 수 없는 운명으로 이미 정해져 있는 것처럼 여겨진다.

이런 상태에 놓여 있는 연인들은 이 세상, 즉 에덴동산에 그들만 있는 것처럼 느낀다. 연인들이 살고 있는 공간은 낙원이며, 그들이 사는 시간은 순간, 즉 시간성을 벗어난 영원이다.

그런데 이토록 황홀한 관계에 파국은 어떻게 찾아오는 것일까? 「창세기」에 따르면, 행복한 이 커플을 낙원에서 나와 지상의 세계로 떨어지게 한 것은 바로 제삼자의 개입이다. 하지만 이 제삼자는 그렇고 그런 경쟁자가 아니라, 사람들 사이에 끼어들어서 멀어지게 하는 우화적인 제삼자이다. 이 제삼자는 연인들을 현실 세계에 빠뜨림과 동시에 모든 인간성의 굴레를 짊어지게 한다.

인간적인 속성을 만드는 것도 이 제삼자이지만 심리학과 인류학의 실재, 다시 말해 모방적 욕망, 경쟁적 욕망을 만들어내는 것 또한 제삼자이다. 하지만 성서의 기록은 플라톤의 기록보다 훨씬 덜 신화적이다. 몸을 가르는 검의 폭력이 성서에서는 뱀이라는 거대한 심리적 교훈으로 대체되어 나타난다. 여기서 뱀은 탐욕, 즉 모방적 욕망의 알레고리이다. 모방적 욕망은 남자와 여자, 인간과 신 사이에 틈입하여 이들을 갈라놓고 분리시켜서 마침내 아담과 이브를 경쟁 관계, 다시 말해 세속으로 몰아넣는다. 그러므로, 만남에는 이별의 씨앗이 들어 있다. 그런데 이 두 극단은, 서로 닿을 수 있는 거리를 허용하지 않은 채 절대적인 부재와 존재 사이를 왔다 갔다 하면서 서로를 부르고 있다.

모방적 욕망이 어떻게 해서 연인들을 금지된 나무에 다가서게 하는지를 들여다보자.

> 뱀이 여자(이브)에게 말했다. "하느님이 너희더러 이 동산에 있는 나무 열매는 하나도 따 먹지 말라고 하셨다는데 그것이 정말이냐?"(3장 1절)

밀턴 에릭슨은 최면 상태에 쉽게 빠져들지 않은 사람을 끌어들이기 위해서는 처음에 부정의 대답을 유도하는 질문만 던지는 것이 좋다고 권고한다. 가령 "춥지 않습니까?" "아니요" "덥지 않습니까?" "아니요." "앉은 자세가 불편합니까?" "아니요" 같은 식이다. 일련의 부정적인 대답으로 인해 더 이상 부정으로 대답할 능력이 고갈될 때 에릭슨은 "당신은 좀 편안하게 있고 싶지요?"와 같은 암시를 시작한다. 그러면 '아니요'라는 부정의 대답이 바닥이 나 "네"라고 답한다는 것이다. 뱀이 여기서 바로 이런 기술을 이용하여 긍정의 암시를 유도해냈던 것이다.

"그런데 하느님이 너희더러 이 동산에 있는 나무 열매는 하나도 따 먹지 말라고 하셨다는데 그것이 정말이냐?" 당연히 "아니요"라고 대답했을 것이다. 경계심도 무뎌지는데, 그것은 잘은 몰라도 겉으로는 순진해 보이는 이 동물이 하는 말에 대한 경계심을 그녀 스스로 수정하게끔 하기 때문이다. 친절하게 그녀는 뱀에게 이렇게 설명까지 한다.

> 여자가 뱀에게 대답하였다. "하느님께서는 이 동산에 있는 나무 열매는 무엇이든지 마음대로 따 먹되, 죽지 않으려거든 이 동산 한가운데 있는 나무 열매만은 따 먹지도 말고 만지지도 말라고 하셨어."(3장 2~3절)

이 순간 심리학적으로 중요한 역할을 하는 지적 메커니즘이 이 여인의 정신에 개입하는데, 그것은 바로 '비교'라는 것이다. 뱀이 이브에게 암시한 그 나무와 다른 모든 나무 사이의 비교가 그것이다. 언제나 그러하듯이 비교로부터 차이가 생겨나는데, 이 나무와 다른 나무의 차이는 금기에 의해 확인된다.

유명한 TV 프로그램 진행자 조지 아이젠버그는 하느님은 그 나무를 건드리는 것을 절대 금지하지 않았고 단지 그 열매를 먹는 것만 금했다는 섬세한 지적을 한 적이 있다.[16] 이런 혼동은 이브가 뱀의 암시에 반응을 보이면서 걸려들기 시작했다는 징표이다. 그녀의 관심은 오로지 모방에서 출발하는 메커니즘인 비교, 차이, 금기에만 집중되어 있다. 그녀가 이 금기를 "실제보다 더 강한 것으로" 보고 있다는 것이 그 증거이다.[17] 뱀이 노리는 것이 정확히 이것이다. 다른 나무들과 그 나무 사이에 어마어마한 차이가 있는 것으로 여인의 관심을 끌어서는 그 차이를 통해 중요해진 그것을 갖고 싶어 하는 소유 모방을 불러일으키는 것 말이다. 하지만 뱀이 직접 이브의 욕구나 충동을 불러일으킬 수는 없다. 완벽하고 안정되고 행복한 이 여인의 심리 변화를 만들어내는 길은 오로지 모방의 메커니즘을 작동시키는 것뿐이다. '이미 모든 것을 알고 있어' 계책에도 밝고 이미 '벌거벗은' 뱀은 처음부터 순진하지 않았다. 이 세상 돌아가는 논리에 해박한 뱀은 이브의 잠자던 모방적 욕망을 불러일으킨다. 모방적 욕망의 모델인 하느님이 너희들에게 모든 것을 주었다. 하지만 한 나무만은 남겨두었다. 거기에 차이가 있기 때문이다. 그것이 바로 장애물이고 금기이다. 그러므로 그게 바로 진짜 욕망할 만한 것이다!

하지만 이브는 처음에는 완전히 넘어가지 않는다. 뭔지 모르지만 특별한 것이 있는 것은 분명한 그 나무를 '소유하는 것'과 하느님이 말한 죽음의 위협 사이에서 저울질을 한다. 생각해보

---

16  Josy Eisenberg et Armand Abecassis, *Et Dieu créa Eve, A Bilble ouverte II, Présence du judaisme*, ALbin Michel, 1979. p. 218.

17  같은 책, p. 218.

니 아닌 게 아니라 하느님은 자신의 이 소유물을 아주 끔찍이 보호하는 것 같다. 금기는 욕망을 자극한다. 하지만 실질적이든 상상의 것이든 하느님이 말한 위협은 그 욕망을 주저앉힌다.

뱀은 우리보다 훨씬 많은 것을 알고 있다. 그래서 뱀은 우선 이브의 두려움을 진정시키려고 애쓴다.

그러자 뱀이 여자를 꾀었다. "절대로 죽지 않는다."(3장 4절)

안심시키는 것도 중요하지만 그것만으로는 아직 부족하다. 이브의 심리적 변화를 끌어내기 위해 뱀은 모델인 하느님의 소유가 아니라 하느님의 '존재'에 대한 모방으로 넘어간다.

그 나무 열매를 따 먹기만 하면 너희의 눈이 밝아져서 하느님처럼 선과 악을 알게 될 줄을 하느님이 아시고 그렇게 말하신 것이다.(3장 5절)

여기서 소유에서 모델의 존재로 미끄러져가는 변화는 다음 세 가지 요소로 나타난다.

• 그 소유는 그다지 중요하지 않다.
• 소유를 획득하기 위한 투쟁이나 수고도 필요 없다. 손만

내밀면 된다. 모델인 하느님은 소유 행동에 대해서는 반
응하지 않고 그 결과만 끌어낼 것이다.

- 그러므로, 결국 금기 위반으로 획득한 존재론적 속성은
  그 대상과는 아무런 관련이 없다.

대상 획득은 단지 모델의 존재를 획득하는 쪽으로 이어지면
서 소유의 욕망, 모델의 지식과 능력과 합체가 되고자 하는 욕
망으로 나타난다. 이렇게 해서 우리는 모방적 욕망에서 형이상
학적 욕망으로 넘어간다.


## 욕망에 의한 대상의 변화

소유의 모방이 촉발시키지 못한 것을 형이상학적 욕망은 촉
발시킬 수 있다. 순전히 모방에 의해 생겨나는 이 형이상학적
욕망은 이때부터 대상이 아니라 대상을 넘어선 다른 것을 겨냥
하게 된다. 그것으로 인해 생겨난 무한한 지식과 능력의 존재
같은 것이 그것이다.

모방에 의해 경쟁이 생겨나면서 나타나는 첫번째 결과는 대
상이 변한다는 것이다. 이 순간 그 대상은 욕망의 대상이 된다.

여자는 그 나무가 과연 먹음직하고 보기에 탐스러울뿐더러

사람을 영리하게 해줄 것처럼 보였다.(3장 6절)[18]

이브는 그 나무를 그때까지 보았던 것과는 다르게 본다. 말하자면 다른 나무와 차이가 나기에 금지된 것이라는 것을 알고 나자 그 나무가 욕망의 대상으로 보인다. 모방적 욕망에 의해 그때까지 보이지 않던 윤곽이 또렷이 드러난 것이다. 이 욕망에 의해 대상이 이렇게 변하는 상태를 지라르는 '욕망의 환각증'이라 부른다.

모방적 욕망이 그 대상을 다른 것으로 변화시키는 과정을 잘 이해하기 위해서는 앙드레 슈라키의 번역이 도움이 될 것이다.

여자는 그 나무가 먹음직스럽다고 본다.
그래, 보기에도 탐스럽고,
통찰력을 얻기 위해서도 탐낼 만하였다.

슈라키의 번역은 욕망에 의해서 대상이 처음에는 먹음직스럽게 보이다가 그 뒤에는 그걸 먹으면 신의 능력인 통찰력도 생겨나게 해줄 것처럼 변해가는 과정을 잘 보여준다. 이런 신의 능력에까지 생각이 미치자 금기의 배경도 깨달았다고 믿게 된다. 아! 그래서, 하느님이 인간에게 이걸 먹지 못하게 막고

18　강조는 인용자.

있는 것이구나!

 금기를 위반하면 죽는다는 단서가 붙어 있다. 하지만 신을 인간의 차원으로 돌려놓음으로써 금기를 상대화하는 뱀의 말을 듣자 죽음의 위협도 해소된다. 모델이 그들에게 그 과일을 금지한 것은 그들이 죽는 것을 피하기 위해서가 아니고, 그 과일에서 나오는 경쟁자의 존재성, 즉 신의 능력이기도 한 선과 악을 헤아리는 특권을 지키기 위해서인 것으로 믿게 된다. 모방적 욕망은 그 모델의 욕망을 모방하면서 생겨난다. 아주 강렬하게 원하고 또 집착하는 욕망의 대상들은 모델이 자신의 것으로 정하여 금지하고 있는 대상들이다. 그런 점에서 모방적 욕망은 장애와 금기에 고정되어 있다. 장애가 심할수록 욕망이 더 열렬해지는 것도 이 때문이다.

 주체와 모델의 관계에서 주체에서 모델로 가는 벡터는 모방의 백터이다. 주체는 모델을 모방한다. 모방은 우선 모델의 외관을 향하다가 그다음에는 모델의 행동과 말을 향하게 된다. 모방은 이어서 모델의 소유를 향하다가 마침내는 소유마저 뛰어넘어 모델의 존재 자체를 향하게 된다. 모델에서 주체에게로 가는 벡터는 '암시의 벡터'이다. 그러므로 모방과 암시는 서로 상관관계에 있다.

 그런데 여기서 모델인 하느님은 어떠한 암시도 해주지 않고 오히려 권고와 경고와 명령만 한다. 신과 인간의 관계에는 인간 상호 간의 관계와 같은 벡터 방향의 역전이 일어나지 않는다. 신과 인간의 관계는 수평적인 관계가 아니라 수직적인 관계라는 말이다. 여기서는 벡터가 항상 다음과 같은 식으로 일어난다.

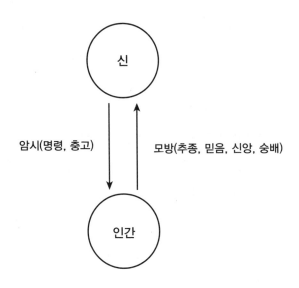

신에서 인간으로 향하는 벡터는 절대로 모방으로 변하지 않는다. 마찬가지로 인간에게서 신으로 향하는 벡터 또한 절대로 암시로 변하지 않는다.

한편, 명령은 암시와 다르다. 명령을 이행하려면 이행하는 내내 그 명령을 기억하고 있어야 하지만, 암시를 이행할 때는 암시의 뒤를 잇는 모방 중에는 그 암시를 잊어야 한다. 이때 우리는 우리에게 암시된 행동이나 말이 타인에게서 왔다는 것을 잊고서 우리 자신의 것으로 여기면서 스스로를 최초의 선구자

라고 믿는다. 모델의 영향을 받은 꼭두각시 같은 행동을 하면
서도 스스로에게 자율성이 있다고 주장하는 것도 이 때문이다.

그렇지만 하느님은 피조물에게 그들의 행동의 결과를 알려
주면서 조심시키지 않을 수가 없다. 바로 이것을 꼬투리 잡아
뱀은 하느님의 암시를 모델의 명령으로 바꾸어버린다. 뱀은 이
브의 모방을 이끌어내기 위해 처음에는 대상을 암시하다가 다
음에는 모델의 존재 자체에 대한 암시로 이어간다. 하지만 그
것으로도 충분하지 않았을 것이다. 이브의 욕망과 심리 변화를
분출시키기 위해 뱀이 제안한 것은 바로 '욕망에 대한 모방'이
다. 왜냐하면 모방은 처음에는 외관, 소유, 존재를 모방하지만
마침내는 욕망 자체를 모방하는 것으로 발전될 수 있기 때문이
다. 모방의 이런 상승 작용 마지막에 나타나는 모델의 욕망에
대한 욕망은 최면 상태의 모방이라 부를 수 있다. 이브는 뱀의
욕망은 그다지 모방하지 않지만 신성의 욕망에는 갑작스럽게
넘어가고 마는데, 이때의 상황은 비몽사몽의 황홀한 경지였을
것이다.


여자는 그 열매를 따 먹고 남편에게도 따 주었다. 남편도 받
아먹었다.(3장 6절)


이브가 드디어 행동에 들어간다! 이 행동의 결과를 분석하
면서 한 걸음 더 나아가기 전에 우선 뱀이 어떻게 이브로부터

행동을 이끌어내는지, 그리고 그 메커니즘은 어떠한지를 살펴보기로 하자.

신과 이브의 관계는 다음과 같다.

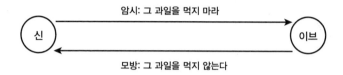

이에 비해 이브와 뱀의 관계는 다음과 같다.

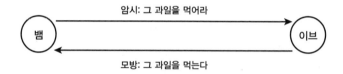

자신의 암시를 신의 암시처럼 힘 있는 것으로 만들기 위해 뱀은 스스로가 경지에 있음을 자처한다. 선과 악의 차이를 비롯해서 이미 모든 것을 알고 있고, 과일을 먹으면 이브가 어떻게 될지도 알고 있다는 것이다. 이리하여 뱀은 아는 것에 있어서 신의 위치에 자리 잡는다. 그리고 뱀의 암시는 신의 암시를 대신할 뿐 아니라 신의 암시를 퇴색시킨다.

뱀의 거짓말은 문제의 상황을 왜곡시키는 데까지 이른다. 뱀의 거짓말은 하느님이 그것이 하느님에게 지식과 능력을 주기 때문에 그 나무를 욕망한다고, 또 하느님이 그 나무를 허락하지 않은 것은 아담과 이브를 죽음에서 보호하기 위해서가 아니라 하느님 스스로가 그 나무를 욕망하고 있기 때문이라고 여기게 한다. 이때부터 그 나무를 욕망하게 된 이브는 하느님의 욕망을 모방하여 하느님의 욕망을 자신의 욕망으로 여기면서 하느님과의 관계가 다음과 같이 되었다는 것을 '보게' 된다.

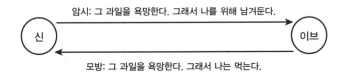

암시: 그 과일을 욕망한다. 그래서 나를 위해 남겨둔다.

신            이브

모방: 그 과일을 욕망한다. 그래서 나는 먹는다.

하느님과의 관계가 단순한 개인들의 관계로 변하고, 초월성은 곧 내재성으로 떨어지고 만다. 혼융의 신기루는 곧 이별, 대립으로 이어진다. 그러나 방금 생겨난 욕망은 지속된다는 보장이 없다. 모방적 욕망은 언제나 다음과 같이 작동한다. 모델이 소유한 것을 볼 때마다 항상 우리는 그것이 '매력적이고, 먹음직스럽고 흥미로운 것'이라고 여긴다. 그러고는 자기도 모르는 사이에 그 모델의 존재 자체를 모방하여 자기 것이라고 여기게 된다. 그 대상에 접근할 수가 없을 때 우리는 간혹 거기서 멈추기도 하지만, 대부분은 그것에 탐욕스럽게 집착하면서 자기 것으로 동화시킨다. 모델의 욕망보다 자신의 욕망이 먼저 있었던 것이라고 주장하게 되는 것도 이 때문이다.

이브로 하여금 모방의 모든 단계를 거치며 갖가지 형태의 모방을 행하게 하다가 마침내는 암시를 통해 '하느님처럼' 될 것을 제안하면서 뱀은 이브를 인간화의 모든 과정을 뛰어넘도록 유도한다.[19] 뱀의 부추김은 이브가 금지된 과일을 먹으면서 아담에게도 권하게 되는 것으로 완성된다.

심리학의 시각에서 보자면, 이브와 아담을 금기 위반으로 이끈 변화는 순전히 모방에 의한 것인데, 그것이 의미하는 바는 결코 작지 않다. 다시 말해 이브가 금기를 위반하게 되는 심적인 변화는 생물학적 원리에 근거한 것도 아니고, 그 어떠한 본능이나 욕구 혹은 정체성에 근거한 것도 아니라는 말이다.


## 모든 욕망은 경쟁이고
## 모든 경쟁은 욕망할 만한 것이다

이 기록에서 일어나고 있는 모방에 의한 변화는 욕망인 동시에 경쟁이다. 모방적 욕망 혹은 뱀은 타인(하느님)이 다른 사람에게는 금하고 있는 대상을 강하게 욕망하는 경쟁자라는 환상을 만들어낼 때에만 이브의 행동을 이끌어낼 수 있다. 이렇

---

19 동물과 같은 본능적 태도에서 종교적인 태도로, 즉 동물성에서 성스러움으로 진화하는 과정을 간략하게 살펴보자. 르네 지라르는 집단의 모든 폭력이 무질서의 원흉인 동시에 사후에는 질서의 회복자로 받아들여지는 단 한 사람에게로 집중되는 희생양 메커니즘을 아주 설득력 있게 생각했다. 신들이 처음에는 모두 희생양이었다는 것이 그의 생각이다. 자기 욕망의 달성에 장애가 되는 모델에 대한 증오에 찬 숭배와 우상 숭배의 열정은 모방의 상승 작용 속에서 성스러움이 발생하는 것을 잘 보여준다.

듯 이 성서의 기록은 심리학적으로 해석될 수 있는데, 이런 해석이 기록을 음미하는 데 흠을 주지는 않을 것이다.

- 욕망은 모방에 의해서 생겨난다. 그것은 타인의 욕망, 즉 모델의 욕망에 대한 모방에 의해서만 촉발한다.
- 욕망은 대상 획득 이전에 모델의 욕망부터 자신의 것으로 삼는다.
- 모델에 대한 경쟁이 생겨날 때 모방적 욕망은 행동으로 옮겨진다. 이 순간 우리는 우리에게 금해진 것을 모델 그 자신만이 소유함으로써 우리한테 없는 특별한 능력과 지식을 독점 소유하려 한다고 모델을 의심하게 된다. 이렇게 될 때 나의 모델은 내 경쟁자이고 나는 무언가 손해를 입고 있는 사람이 된다.

「창세기」의 이 기록은, 욕망과 경쟁이 연결되어 있음을 말해준다. 모방적 욕망은 경쟁을 만들고 경쟁은 욕망을 격앙시킨다. 욕망과 경쟁의 외연은 동일한데, 이 두 차원은 서로 상반되지만 서로 뗄 수 없는 관계이다. 그것을 먹은 자에게 차이를 제공해주는 그 과일에는 선과 악이 동시에 들어 있다. 선과 악의 차이는 애초 욕망을 생겨나게 한 차이이다. 다시 말해 선한 것은 바로 내가 욕망하는 것이고, 악한 것은 내 경쟁자가 욕망하는 것이다. 이런 모방의 메커니즘에 도덕적인 판단이 등장하여 옷을 입히는 것은 언제나 사후의 일이다. 이런 의미에서 이 나무는 선악의 지식에 관한 나무이다.

일반적으로 생각할 때, 우리는 모델이 가리키는 대상을 욕망한다. 그런데 그 모델이 대상을 스스로는 소유하면서 우리의 접근을 금하면 모델은 우리의 경쟁자가 된다. 「창세기」에서 과일은 욕망되기 전에 이미 금지되었다. 하느님은 과일을 금하는 한 번의 조처로 모방의 나쁜 영향으로부터 인간을 보호하려 하였을 것이다. 그런데 문제는 신이 인간을 자유로운 존재로 만들어놓았다는 것이다……

하느님은 그 대상을 자기 것으로 남겨놓았다고 이브를 믿게 하여 이브로 하여금 하느님과 같은 특별한 재능을 획득할 마음을 갖도록 부추겼기 때문에, 이브의 욕망은 뱀이 만들어낸 하느님의 욕망에 기초해서 생겨날 수 있었고 또 하느님의 그 가상의 욕망을 모방하게 되었다. 여기서 하느님은 처음에는 경쟁자이고 뒤에는 모델로 그려진다. 여기서 우리는, 욕망에 앞서 경쟁이 먼저 생겨날 수 있고 이 둘은 언제나 뗄 수 없는 관계에 있다는 것을 알 수 있다. 경쟁이 욕망이고 욕망이 경쟁인 것이다.

이렇게 되니 이 나무는 정말로 선과 악을 알게 하는 나무가 된다. 그런데 선과 악은 온전히 모방에 의한 결과로서 악의에 차서 꾸며낸 차이에 의해서만 구분되는 것이다. '금지된 과일'

은 하나의 상징이며, 그것을 실제로 먹게 한 것은 모방적 경쟁이다. 우리 세상에 이중적 차이가 생겨난 것도 이 경쟁 때문이다. 마치 사람들이 먹기 전부터 이미 그 안에 들어 있었던 것처럼, 이중적 차이는 그 '금지된 과일'에서 나오는 것처럼 여겨진다.

「창세기」에서 뱀을 비유로 택한 것은 정말 탁월한 선택인 것 같다. 처음에는 이브와 하느님 사이, 뒤에는 이브와 아담 사이로 모방이 마치 뱀의 독처럼 스며들고 있기 때문이다. 이때부터 이 거짓 차이가 현실을 뒤덮게 되면서 도처에서 현실이 환상으로 대체된다. 모방적 경쟁에 의해 아담과 이브가 빠져든 세상은 모델이기도 한 경쟁자들, 같은 말이지만 경쟁자이기도 한 모델들이 많이 살고 있는 세상이다. 세속의 욕망은 타인의 욕망에 의해 인도된 대상을 변화시킨다.

금지된 과일의 섭취는 선과 악의 동시 발생을 유발한다고 비유적으로 말할 수 있을 것 같다. 이브의 생각과는 달리, 선악의 차이는 헛된 것이며 이런 능력을 갖는다고 해서 하느님과 대등한 자가 되는 것도 아니다. 아닌 게 아니라 하느님은 자신이 만들어내지 않은 이런 차이는 헛되고 거짓되고 해로운 것임을 알고 있었다. 우리 인간이 이 세상이 시작될 때부터 알지 못했던 사실을 하느님은 알고 있었다. 뱀이 만들어낸 선악 구분은 악마가 만들어낸 것이라는 것을. 전설에서도 흔히 뱀은 악마로 통한다. 여기서 악마는 모방적 경쟁을 새롭게 표현한 비유일

뿐이다.

　아담과 이브가 살아가는 세상에서 이제부터 모방적 경쟁은 폭력을 낳을 것이고 선악에 대한 구분은 이런 폭력을 정당화하게 될 것이다. 그 결과, 뻔뻔스럽게도 '나의' 욕망은 선이 되고 타인, 즉 경쟁자의 욕망은 악이 되는 것이 우리의 일상이 될 것이다. 그러나 서로가 서로의 욕망을 모방하기 때문에 사실상 욕망들은 모두 같다! 우리 스스로에게 도덕성의 외피를 입히고서 우리만이 선을 행하고 있다고 확신할 수 있는 것은 욕망에 들어 있는 이런 모방의 진실을 모르는 덕택이다.

　그렇지만 우리는 이런 거짓을 '철석같이 믿고 있다'. 이런 맹목의 메커니즘이 얼마나 강력한지, 모르긴 몰라도 독자들은 십중팔구 지금 이 순간에도 '나의' 욕망과 경쟁자의 욕망은 서로 모방하고 암시받은 것이기에 같은 욕망이라는 사실을 이미 잊어버리고 있을 것이다.

　아담과 이브가 빠져든 세상은 모방적 경쟁으로 인해 사람들이 모두 서로 적대적이 되는 세상이다. 같은 대상을 탐하며 같은 욕망에 사로잡힌 개인들과 집단들, 그리고 모든 사람들은 폭력에 사로잡히게 된다. 경쟁자의 욕망보다 자기 욕망에 우선권이 있다는 광란에 찬 주장이 난무하면서 폭력은 갈수록 더 격렬해진다. 폭력들은 문제의 그 과일에서 '나온' 그럴듯한 차이를 통해 정당화된다. 즉 '나의' 욕망에서 나온 '나의' 폭력은 선한 것이고, '그의' 욕망에서 나온 경쟁자의 폭력은 악한 것이 된다. 개인이든 집단이든 다들 선의 이름을 걸고 싸우면서 스스로가 신의 뜻을 행하고 있다고 주장한다. 반면에 애초부터 악의 대변자로 통하는 그들의 경쟁자들은 사탄의 앞잡이가 되고 만다. 사실은 그들과 똑같은 욕망을 주장하는데도 말이다.

모방에서 나오는 경쟁자들의 욕망은 사실 똑같은 것이다. 이런 유사성으로 더 격화되는 경쟁과 폭력은 모른다는 핑계로 계속 유지된다. 자신의 욕망은 선이고 타인의 욕망은 악이라는 생각이 더 단단해진 데에는 무지가 큰 역할을 했다는 말이다. 폭력이 세상을 지배하는 것이나 이 폭력이 언제나 다른 얼굴로 다시 나타나는 갈등 속으로 사람들을 조금씩 빨아들이고 있는 것도 바로 이런 무지와 환상 때문이다.

이런 사정을 감지했던 간디는, 당시 사람들이 싸워야 할 악과 적은 식민지 지배자이자 악의 집합체로 통하던 영국인이 아니라 폭력 그 자체라고 주장함으로써 우리의 무지를 해소하고 원초적인 환상을 폭로하기에 이른다. 그는 또한 인종 간의 대학살에 대해 힌두교도들과 이슬람교도들의 죄를 묻는 것이 아니라 깨우치고 촉구하기 위해 금식을 하며 폭력을 고발하고 비난했다. 또한 그는 모든 성관계에는 어느 정도의 경쟁이 있고 또 폭력으로 변할 수 있는 공격성이 들어 있다는 것을 감지하여 아내와의 성관계도 단념했다. 간디 부부는 사랑을 욕망에서 완전히 해방시킴으로써 더 이상 욕망의 노예가 되지 않기 위해서 서로에 대한 육체적 소유는 피하면서 평생을 서로 사랑할 것을 약속하기도 했다.

르네 지라르는 그리스도의 수난을 선악에 대한 단순한 구분을 뛰어넘어 절대 악인 폭력에 대한 인식과 비난이자 폭로로 간주하는 글을 여럿 발표했다. 알다시피 예수는 광기에 찬 사람들에 의해 지목된 무고한 희생양이었다. 예수의 부당한 죽음은 희생양 과정과 희생양의 근본적 무고함을 잘 드러낸다. 예수의 죽음은 또한 폭력을 고발하는 동시에 그 뇌관을 제거한다. 사람들이 끔찍한 폭력을 행사하는 것은 항상 자신의 욕망이 모방적 욕망이라는 사실을 깨닫지 못하기 때문이다. 죽음의 순간 그리스도가 "아버지, 저들을 사하여주옵소서. 자기들이 하는 것을 알지 못하나이다"라고 말하며 씁쓸하게 확인한 바도 바로 이것이다.

이 확인은 도덕적 판단이 아니라 심리학적 진단에서 나온 것이다. 이는 금지된 과일에서 나온 모방적 경쟁 때문에 우리가 얼마나 무지할 수 있는지를 잘 요약해서 보여준다.


## 선악의 거짓 기원

모방적 경쟁에 의해 인간이 그 과일에서 추출해낸 차이는 지금도 여전히 주장되고 있다. 그때부터 차이는 인류의 한 부분이 되었다. 이 차이들은 같은 차원에서 공존할 수 없는 신과 인간을 구분하는 것부터 시작한다. 이것이 바로 변하지 않는 안정되고 객관적인 차이의 낙원에서 쫓겨나 불안과 갈등과 폭력을 만들어내는 주관적, 경쟁적, 유동적인 차이의 세계로 들어간 한 남자와 여자의 상황이다.

헛된 차이를 받아들이지 말고, 거짓된 그래서 결과적으로 악마적인 거짓을 만들어내는 그 열매를 먹지 말라는 하느님의 충고에 이리하여 인간은 영원히 귀를 막게 되었다. 필요한 차이들을 이미 모두 창조했던 하느님이 만들지 않은 선악의 차이는 오로지 모방과 경쟁에서 나온 것이다. 이때부터 이런 악마 같은 과정에 '세상의 왕자'라는 이름이 붙게 된다.

이렇게 유동적인 차이들에는 '뒤섞일 수 있다'는 또 다른 특징이 있다. 이 차이들은 끊임없이 뒤섞이면서 세상을 이해할 수 없고 불안한 것이 되게 한다. 사람들이 진실과 거짓을 구분하고 선악, 즉 좋고 나쁜 것을 구분짓는 과정인 재판에 의지하는 것도 이 때문이다. 하지만 재판관에게도 선악의 뒤섞임이 일어나는데, 재판관의 이러한 판단은 부당한 판단으로 간주된다. 이런 재판관은 죄인을 찾아야 할, 아니 대부분의 경우 죄인을 만들어내야 할 운명에 처하게 된다.

"남을 판단하지 마라. 그러면 너희도 판단받지 않을 것이다"라는 그리스도의 말은 훨씬 더 근본적인 문제의식을 품고 있다. 여기서 그리스도가 비난하는 것은 이렇고 저런 판단이 아니라 우리의 이해관계가 스며들어 있을 상대적 잣대를 갖고 행하는 판단 행위 그 자체이다.

유명한 솔로몬 왕의 재판이 뛰어난 것은 정확히 말해 판단을 내리지 않았기 때문이다. 왕의 현명함은 경쟁의 대상물을 나누어 가지라고 명한 데 있다. 하지만 아이를 나누면 죽는다. 이 판결로 왕은 두 여인으로 하여금 계속해서 모방적 경쟁에 빠져들 것인지 아니면 아이를 구할지를 선택하게 한 것이다. 이때 나쁜 엄마는 승리를 선택한다. 다시 말해 아이가 죽는 것보다는 자신의 욕망이 더 중요한 것이 되기를 선택한다. 나쁜 엄마는 이리하여 경쟁자에 대한 승리, 경쟁자에게서 아들을 빼앗는 것인 이 승리만이 자신의 관심사라는 것을 보여준다. 반면에 아이를 구하기 위해 경쟁자에게 아이를 포기하는 것을 받아들인 진짜 엄마가 밝혀진다. 경쟁자에게 넘어갈지언정 아이는 살수 있을 것이다. 생명을 구한 이 비폭력의 선택을 통해 엄마는 자신이 그 아이의 진짜 엄마라는 것을 왕에게 보여준 것이다. 이때부터 솔로몬은 더 이상 '판단'을 할 필요가 없어진다. 단지 자명한 사실과 태도를 확인만 하면 된다. 모방적 경쟁이 드러나는 조건을 만들어놓고 두 여인들이 자기가 한 선택에 책임을 지게 하였던 것이 바로 솔로몬 왕의 지혜의 핵심이라 하겠다.

심리학의 관점에서 볼 때 선악의 차이는 판단하는 사람의 시각에 의존하는, 기만적인 거짓 차이이다. 선악의 이 거짓 차이는 세상 불행의 원흉이자 열광적인 모든 맹신의 씨앗이다. 이

거짓 차이는 오래전부터 모방적 욕망 메커니즘을 완전히 감출
정도로 이 메커니즘을 너무나도 많이 움직여왔다. 그러다보니
도덕적 판단으로는 알 길이 없는 심리적 실체를 이 메커니즘이
대신하기에 이른다. 우리의 도덕적 판단은 유죄 판결을 받은
이에게는 언제나 '부당한' 것으로 보일 것이다.


## "자기들이 알몸인 것을 알고……"

모방적 욕망이 생겨나면서 우리는 순수성과 평화와 행복을
잃게 된다. 순수성은 모방적 경쟁과 아주 밀접한 관계에 있다.
왜냐하면 모방적 경쟁 이전이나 경쟁에서 멀어진 사후에만 순
수성이 존재하기 때문이다. 그러므로 순수성은 관계 속에 모방
적 경쟁이 없는 상태라고 말할 수 있다. 그래서 아직 경쟁에 접
어들지 않은 어린아이들은 순수성을 보존하고 있다. 아이들은
다른 아이가 갖고 있는 과자나 장난감을 원하더라도 거기서 더
이상 멀리 나아가지 않고, 욕망의 대상을 획득하기 위해 아직
은 신중을 기해 계산을 하거나 전략을 짜거나 하지는 않는다.
아이들은 경쟁을 거의 드러내지 않는다. 아이들의 경우와는 달
리, 처음의 멋진 결합 단계를 벗어난 연인들은 단순히 자신을
지키기 위해서라도 욕망에서 나오는 모든 함정을 피해야 할 것
이다. 첫 만남의 멋진 순간 뒤에 오는 욕망의 발생은 곧 위험의

발생이다. 오래전에는 아직 제의나 제도로 보호받지 못했던 집단들이 이 위험에 빠졌듯이, 오늘날에는 모든 연인들이 이 위험에 빠지게 된다. 애초부터 이 위험을 피할 수 있는 유일한 방법은 여인과 하느님, 여인과 남자 사이로 슬며시 끼어드는 '가장 많이 벌거벗은' 동물인 뱀의 술책과 수단을 깨닫는 것이다. 인간은 절대 이해하지 못했던 금지된 과일이야말로 뱀에서 비롯된 모방의 독의 뛰어난 비유이다.

이때부터 아담과 이브는 더 이상 하나가 아니고 둘이 되면서 각자의 길을 간다.

그러자 두 사람은 눈이 밝아져 자기들이 알몸인 것을 알고 무화과나무 잎을 엮어 앞을 가렸다.(3장 7절)

이 연인들은 더 이상 하나가 아니다. 서로 차이가 난다고 여긴다. 이것은 시각적 환상이기도 하지만 심리적으로 현실이자 진실이기도 하다. 게다가 그들은 차이가 경쟁을 낳는다는 것을 이내 깨닫는다. 이제 라이벌이 된 그들 사이에 차이가 생겨났다는 것을 깨닫고 두려움을 느낀다. 그래서 이 차이를 감추고 없애서 어떠한 차이도 없던 낙원의 상태로 되돌아가기 위해 애처로운 시도를 한다. 그때부터 그들을 갈라놓는 것을 없애기 위해 간단한 옷을 만들어 입는 것도 바로 이런 시도의 일종이었다.

방금 전까지는 알몸이었지만 서로에게 전혀 부끄러움을 느끼지 않았다. 그러나 욕망에 의해 움직이고 있는 지금 그들의 모든 관계에는 욕망과 경쟁이 스며들어 양면성을 띠게 된다. 그래서 아담과 이브는 부끄러움을 느끼고 자신을 감춘다. 선망, 질투, 오만과 같은 모방적 욕망은 전부 스스로를 감추는 감정이다.

성적인 관계에서만 감추려는 시도가 있었던 것이 아니다. 아담과 이브는 무화과 잎으로 서로에게도 감추지만 하느님 앞에서도 감춘다. 다음 구절은 두려움은 욕망이 생기고 난 뒤에 바로 그 욕망으로부터 나온다는 것을 아주 감동적으로 보여주고 있다.

> 날이 저물어 선들바람이 불 때 여호와 하느님께서 동산을 거니시는 소리를 듣고 아담과 그의 아내는 여호와 하느님 눈에 띄지 않게 동산 나무 사이에 숨었다.(3장 8절)[20]

이렇듯 알몸은 보호막이 없다는 것뿐 아니라 경쟁적인 욕망에 노출되었다는 것을 말해준다. 뱀이 '가장 많이 벌거벗은 동물'이라는 것을 상기하자.

20  강조는 인용자.

여호와 하느님께서 아담을 부르셨다. "너 어디 있느냐?" 아담이 대답하였다. "당신께서 동산을 거니시는 소리를 듣고 알몸을 드러내기가 두려워 숨었습니다."(3장 9~10절)

하느님은 곧 진단을 내린다. 알몸을 느끼는 것은 '자연스러운' 감정이 아니라 '문화적인' 감정으로 다른 데서 온 것이다. 그것은 욕망과 같이 타자성에서 나온다. 성서는 우리의 이런 해석을 도와준다.

"네가 알몸이라고 누가 일러주더냐? 내가 따 먹지 말라고 일러둔 나무 열매를 네가 따 먹었구나!" 하느님께서 이렇게 말씀하셨다.(3장 11절)

아담의 심리 변화를 유도하여 그를 불복종으로 이끌어 금지된 과일을 먹게 할 수 있는 것은 모방적 욕망뿐이다. 하느님이 "너의 마음 혹은 너의 의식에서 어떤 일이 일어났느냐?"라고 묻지 않고 "누가 일러주더냐?"라고 '중개자'에게 집중하고 있는 것도 이 때문이다. 중개자가 있으니 하느님의 결론은 "내가 따 먹지 말라고 일러둔 그 나무 열매를 네가 '그래서' 따 먹었구나!" 정도가 된다.

하느님의 질문은 질책보다는 확인에 더 가깝다. 하느님의 분노는 중개자, 장애물 혹은 문자 그대로 우리를 비틀거리게 하는 '돌부리 돌'인 '스캔달론scandalon'[21]인 사탄을 향하고 있다.[22] 하느님은 중개자를 판단하고 벌을 주고, 아담에 대해서는 온갖 결과들이 뒤따를 모방적 욕망의 세계로 들어간 그 순간의 행위를 단순히 확인만 하려 한다.

그런데 아담의 대답이 걸작이다.

> 아담은 핑계를 대었다. "당신께서 저에게 짝지어주신 여자가
> 그 나무에서 열매를 따주기에 먹었을 따름입니다."(3장 12
> 절)

아담은 "누가 일러주더냐?"라는 하느님의 질문에만 정확히 대답하는데, 그 대답에는 이미 거짓과 비난이 녹아들어 있다. 아담은 자기 아내가 '나무 열매를 따주었다'는 것을 비난하는 동시에 그런 여자를 '짝지어준' 하느님의 책임도 은근히 암시하고 있다. 그는 이미 모방과 거짓의 세계에 들어와 있으며, 눈 앞의 희생양에게 책임을 전가하고 있는 중이라 할 수 있다. "네

---

21 [옮긴이] 흔히 '스캔들'로 옮겨지는 이 말의 원래 뜻은 길을 가다가 '부딪쳐 넘어지게 하는 돌'로, 성경에서는 흔히 '죄의 기회', '죄의 유혹' 또는 '장애물'의 의미로 사용된다. 이런 모방적 경쟁과 그 결과를 지칭하는 명사가 '스캔달론 skandalon'이다.(René Girard, *Je vois Satan tomber comme l'éclair*, Grasset, 1999. p. 36 참조)

22 René Girard, *Des choses cachées depuis la fondation du monde*, Grasset, 1978과 *Les Origines de la culture*, Hachette Littératures, coll. Pluriel, 2006 참조.

가 알몸이라고 누가 일러주더냐?"라는 하느님의 질문에 대답하기 위해 아담은 그 과정에서 역할을 했지만 하느님의 질문의 핵심 목표는 아닌 사람에게 자신의 잘못을 떠넘긴다.

랍비 아바를 인용하면서 아르망 아베카시Armand Abecassis는 아담의 이 대답을 "제가 먹었고 앞으로도 먹을 것입니다"로 옮긴다. 다시 말해 아담은 그때부터 자신이 모방적 욕망에 사로잡혀 있고 앞으로도 계속 그럴 것이란 것을 알고 있었다. 이어서 아베카시는 이렇게 덧붙인다.

> 아담의 이야기는 우리와 상관없이 일어난 우연한 사건이 아니다. 그것은 끊임없이 되풀이되고 있다. 우리 모두가 아담이고 이브이며 뱀이다. [……] 에덴동산 이야기는 우리의 본성을 묘사하고 우리의 취약점을 밝혀준다.[23]

모방의 지렛대인 차이를 '먹고' 삼킴으로써, 아담과 이브는 그때부터 그리고 영원히 모방의 노예가 된다. 다시 말해 속세로 들어선 것이다.

그러므로 「창세기」의 이 기록은 결과적으로 인간 욕망 이전에 갖고 있던 인간의 초월성을 복원해준다고 볼 수 있다. 모방

---

23  Josy Einsenberg et Armand Abecassis, *Et Dieu créa Eve, A Bilble ouverte II, Présence du judaisme*, Albin Michel, 1979, pp. 329~30.

의 상승 작용이 성스러움과 거짓 초월성('하느님처럼 될 것이다')을 낳는다면, 여자와 남자가 서로에 대한 존경 속에서 '성장'하려면 오로지 이런 욕망의 메커니즘을 깨닫는 길밖에 없을 것이다. 거짓 초월성이 인간을 낳았지만 이 인간은 완벽한 인간은 아니다. 인간은 과거에 잃어버렸음에 틀림없는 순수성을 되찾기 위해서 교육과 지도가 필요한 존재이다. 폴 리쾨르는 이렇게 쓰고 있다.

> 에덴동산으로부터의 추락을 미지의 곳에서 일어난 우발적 사고처럼 이야기하는 이 신화는 [……] 인류학자들에게 중요한 열쇠를 제공한다. 모든 회개자들은 항상 나쁜 천성 때문이라고 고백하면서 은연중에 자신의 근본적인 악이 우연적인 것이라고 주장한다. 바로 그 때문에 이 신화는 이 근원적 악의 순전히 '역사적인' 성격을 드러냄으로써 이것이 원죄로 불리는 것을 막고 있다. 이 죄가 다른 죄들보다 아무리 '오래된 것'이라고 해도 아무 소용이 없다. 그 죄보다도 순수성이 '더 오래된 것'이기 때문이다.[24]

 이 신화는 결과적으로 "죄가 인간의 원초적 현실도 아니고

---

24  Paul Ricœur, *Philosophie de la volonté II: Finitude et culpabilité*, Aubier, 1960~1988, pp. 391~92.

인간 본래의 존재론적 상황도 아니다"라는 사실을 입증한다.[25]


## "나는 너를 여자와 원수가 되게 하리라……"

하느님의 질문을 받은 여인도 제삼자의 영향과 모방적 욕망을 비난한다.

> 여호와 하느님께서 여자에게 물으셨다. "어쩌다가 이런 일을 했느냐?" 여자도 핑계를 대었다. "뱀에게 속아서 따 먹었습니다."(3장 13절)

하느님은 이 셋에 대한 판결문 같은 선언을 하는데, 그것은 사실 그들이 앞으로 살아가야 할 성인의 세계, 즉 욕망의 세계이자 모방의 세계에서 그들을 기다리고 있는 것을 묘사하는 말이다. 이 기록은 하나의 진단과 예언과 추방으로 끝난다. 그 진단은 다음과 같다.

> 여호와 하느님께서 말했다. "이제 사람이 우리들처럼 선과 악을 알게 되었구나!"

---

25    Paul Ricœur, 같은 책, p. 391.

말하자면 하느님은 인간 창조의 작업이 불완전한 상태로 이루어졌다고 진단한다. 불완전한 인간의 기원. '우리들처럼'이란 말은 하느님의 모습보다는 하느님을 흉내 냈음을 가리키는 말이다. 사실은 환상에서 오는 거짓 차이를 획득한 인간은 그때부터 금지된 과일에 가득 차 있던 모방이라는 독이 만들어내는 경쟁적 차이의 포로가 되고 만다. "사람이 우리들처럼 되었구나"라는 하느님의 '모방'에 대한 진단이 각별한 의미가 있는 것도 이 때문이다. 사람은 우리들 가운데 하나가 된 것이 아니다. 사람은 여전히 복사본이고 모방품이다. 인간은 신이 된 것처럼 선과 악을 아는 것이다. 이것은 모방적이고 게다가 악마적이기도 한 환상이다. 이런 환상의 희생물이자 포로인 인간은 스스로는 선이라고 혹은 선의 편에 있다고 믿으며 악의 편인 타인들과 싸우고 있다고 믿는다. 인간은 그래서 제 눈의 들보는 보지 못하고 남 눈의 티끌은 아주 잘 보게 될 것이다. 사람은 에덴동산에서 추방되면서 하나님과 떨어지게 되는데, 그것의 허상을 본 하느님은 그런 갈등에 뛰어들지 않고, "악한 사람에게나 선한 사람에게나 똑같이 햇빛을 주시고 옳은 사람에게나 옳지 못한 사람에게나 똑같이 비를 내려주신다."[26]

하느님은 천지창조 때 영원히 흔들리지 않는 구체적이고 안

---

26 「마태오에 의한 복음」, 5장 45절.

정된 차이들을 세워놓았다. 하지만 인간은 상상에 의한 인위적이고 흔들리고 변화하는 차이들을 만들어냈다. 하지만 인간이 만든 그것은 선과 악, 아름다움과 추함, 정상과 비정상 등과 같이 경쟁과 갈등과 폭력에서만 나오는 차이였다.

경쟁에서 나오는 자의적이고 문화적인 인위적 차이의 기원에는 모방적 욕망이 있다고 볼 수 있다. 인간이 모방적 경쟁에 의해 행하는 선악에 대한 상대적 구분은 다른 모든 차이들보다 먼저 생겨난 차이이다. 자의적인 온갖 생각들과 폭력이 생겨나게 된 것은 바로 이런 모방 메커니즘과 타인의 욕망에 대한 자기 욕망의 우선권을 합리화할 필요성에서 나온다.

하느님은 실은 그 나무 열매를 먹는 것을 금지하지도 않았고, 금지된 어떤 열매를 창조하지도 않았으며 단지 모방의 유혹을 알려주고 조심시켰을 뿐이다.

진단을 내린 뒤에 하느님은 방금 일어난 일에 대한 결론을 내린다. 또한 너무나 당연하게도 이때부터 남자와 여자 사이뿐 아니라 모든 인간관계의 핵심은 모방적 경쟁이 될 것이란 사실을 예고한다.

심리학적인 측면에서 볼 때 하느님의 예언 중에서 가장 중요한 첫번째 예언은 뱀에게 한 예언이다.

여호와 하느님께서 뱀에게 말씀하셨다. "네가 이런 일을 저질렀으니 온갖 집짐승과 들짐승 가운데서 너는 저주를 받아,

죽기까지 배로 기어다니며 흙을 먹어야 하리라. 나는 너를
여자와 원수가 되게 하리라. 네 후손을 여자의 후손과 원수
가 되게 하리라. 너는 그 발꿈치를 물려고 하다가 도리어 여
자의 후손에게 머리를 밟히리라."(3장 14~15절)

뱀이 모방적 욕망의 비유라는 우리 가설이 유효하다면 이 구
절도 이런 각도에서 해석될 수 있을 것이다. 첫 부분에서 하느
님은 뱀을 다른 모든 동물들과 따로 구분하고 있다. 뱀은 예전
에는 그랬을지 모르지만 이제는 더 이상 다른 동물들과 같은
동물이 아니다. 이제는 따로 떨어져서 저주받고 손가락질당하
고 배로 기어다니며 흙을 먹는 벌을 받는다. 바꾸어 말하면 뱀
은 몸을 숨겨서 사람들 사이에 소리 없이 미끄러져 들어가거나
비집고 들어가서는 언제든지 발꿈치를 물려 한다. 논리적으로
볼 때 발꿈치는 기어다니는 동물이 자신의 독을 주입하기에 가
장 이상적인 부위이다. 그뿐 아니라 발꿈치는 우리 신체에서
외부에 대한 방어막이 제일 취약한 부분이라서 모방적 욕망이
손쉽게 침투해 우릴 정복할 수 있는 부분이기도 하다.

이 구절은 이브의 혈통이 유혹, 다시 말해 모방의 독이라 할
수 있는 경쟁의 집착, 타인의 소유와 존재에 대한 욕망에 가장
손쉽게 흔들리게 되는 것은 방어막이 없는 그녀의 '아킬레스의
발꿈치' 때문이라는 것을 미리 예견한 하느님이 인간 조건과
모방적 욕망의 작용에 대해 미리 묘사한 것이라 할 수 있다. 모

방적 욕망과 경쟁의 집착이 가져다줄 폐해를 최대한 방지하는 것이 그 목표인 모세의 십계가 이런 해석의 신빙성을 높여 준다.

「창세기」의 이 대목은 인간의 가장 취약한 신체 부위인 발꿈치를 물어 모방의 독을 주입할 태세를 하고 있는 뱀의 머리를 공격해야 한다고 가르치고 있다.

인간이 모방적 욕망에서 벗어나지 못할 것을 확인한 후 하느님은 여인에게 이렇게 말한다.

> 여자에게는 이렇게 말씀하셨다. "너는 아기를 낳을 때 몹시 고생하리라. 고생하지 않고는 아기를 낳지 못하리라. 남편을 마음대로 주무르고 싶겠지만, 도리어 남편의 손아귀에 들리라."(3장 16절)

여기서 하느님은 연인들 사이의 욕망이 가져다줄 폐해를 명시하고 있다. 두 개의 반쪽이 환상적인 하나가 되었다는 거짓말 같은 멋진 연인은 사라진다. 대부분 이때부터 연인들은 욕망과 경쟁에 휘둘리게 된다. 여인은 첫 만남 때의 풋풋하던 자연 상태에서가 아닌 모방적이고 문화적인 동요인 탐욕, 즉 욕망 때문에 남편에게 다가갈 것이다. 남자는 여자를 '지배하려' 할 텐데 그런 기도는 숱한 갈등을 낳게 될 것이다.

연인 사이에 '탐욕'과 '지배'가 생겨난 그때부터는 경쟁이 모든 관계를 지배하게 될 것이다. 모방적 욕망이라는 뱀이 두 연인 사이에 스며들어 모방적 경쟁이라는 독이 그들 관계를 영원히 갉아먹게 될 것이다.

## "땅 또한 너 때문에 저주를 받으리라"

플라톤이 그러하듯 성서에서도 연인들이 하나가 되는 절대적이고 총체적인 완벽한 사랑은 전설과도 같은 꿈일 뿐이다. 언제 어디에선가 또 다른 나의 자아인 내 반쪽을 만날 수 있을 것이고, 그이에게서 나의 다른 부분을 만나고, 내 안에서 그이의 다른 부분을 만날 수 있을 것이라고 믿는다. 그렇게 되면 우리는 간단히 말해, 이 세상에 둘도 없는 연인이 될 것이고 그게 바로 낙원일 것이다.

하지만 「창세기」는 이처럼 낙원같이 행복한 사랑은 욕망이 아직 생겨나지 않았던 시간을 초월한 때에만 가능한 것이며, 또 점차 연인관계를 갉아먹게 될 경쟁에 의해 이런 환상도 파괴될 수밖에 없다는 것을 말해주고 있다. 해맑은 사랑이 일단 '탐욕'과 '지배'로 바뀌고 나면, 천진무구했던 에덴의 관계도 권력 관계로 변질되어버린다.

문학작품은 이처럼 이상적이고 꿈 같은 사랑을 묘사하는 경우도 있고, 경쟁에서 자양분을 얻는 정념을 묘사하기도 한다.

이런 작품 속에서 연인은 욕망의 대상, 경쟁의 목표물, 그리고 제임스 조이스의 재미있는 표현에 따르면 '프랑스 삼각관계 French triangle'[27]의 세번째 꼭짓점인 정부가 되기 위해서 스스로 주체의 지위를 내려놓는다.

마침내 하느님은 아담에게 말을 걸면서 자기 예언을 처음으로 증명한다. 아담은 하느님을 유일한 본보기로 삼으라는 하느님의 명령을 따르지 않고 아내를 모델로 삼는다. 그러나 이런 모방적 선택을 하는 순간 아내는 모델에서 경쟁자로 바뀌게 된다.

> 그리고 아담에게는 이렇게 말씀하셨다. "너는 아내의 말에 넘어가 따 먹지 말라고 내가 일찍이 일러둔 나무 열매를 따 먹었으니, 땅 또한 너 때문에 저주를 받으리라."(3장 17절)

여기서 땅이 저주를 받게 된 제일 큰 책임은 모방적 욕망에 있다. "내 말보다는 아내의 말을 듣고, 아내의 욕망을 따라서 욕망을 하는 넌 결국 모방적 욕망의 회오리에 들어섰구나. 모든 악이 바로 거기서 나오게 될 것이다." 아담은 아내와의 경쟁과 갈등뿐 아니라 생존을 위한 일상의 투쟁도 해야 된다.

---

27  남편, 아내, 정부情夫.

너는 죽도록 고생해야 먹고 살리라. 들에서 나는 곡식을 먹어야 할 터인데, 땅은 가시덤불과 엉겅퀴를 내리라. 너는 흙에서 난 몸이니 흙으로 돌아가기까지 이마에 땀을 흘려야 낟알을 얻어 먹으리라. 너는 먼지이니 먼지로 돌아가리라.(3장 17~19절)

이렇게 규정한 뒤에 하느님은 추방을 결정한다. 그러나 여기서 우리는 이 예측은 실제 징벌이 아니라 향후에 전개될 상황에 대한 예언이나 확인이라는 점에 주목해야 한다. 하느님은 아담과 이브를 원망하지 않는다. 여전히 그들을 사랑하고 염려한다. 하느님은 그들의 운명에 마음이 측은해졌을 것이다. 그 증거는 다음과 같다.

여호와 하느님께서는 가죽옷을 만들어 아담과 그의 아내에게 입혀주셨다.(3장 21절)

이 세상으로 내쫓기 전에 하느님은 그들에게 옷을 입혀주었다. 성서가 보여주는 것처럼, 하느님은 아담과 이브를 에덴동산에서 내쫓았지만 계속해서 그들 뒤를 따라가고 있을 것이다.

# 시간 속으로 들어가다

아담과 이브를 이 세상으로 추방하던 순간 하느님은 인간 창조를 완성하기 위해 그들에게 보편적 모방이라 불러야 할 시간적 차원을 새겨 넣는다. 평화와 조화와 통일의 낙원을 나온 아담은 곧 차이, 경쟁, 욕망의 세상으로 들어서게 된다. 또한 그는 영원히 축복받은 매 순간을 떠나 시간으로 들어선다. 몇 구절 앞에서 하느님은 다음과 같은 언급을 한다.

> 하느님께서는, "이제 사람이 우리들처럼 선과 악을 알게 되었으니, 손을 내밀어 생명나무 열매까지 따 먹고 끝없이 살게 해서는 안 되겠다"고 생각하셨다.(3장 22절)

사람에게 생명과 영원의 나무를 빼앗는 것은 곧 인간을 시간의 세계로 들어가게 한 것이며 인간에게 모방의 시간적 차원을 새겨 넣는 것이다. 사실 인간의 경험에서 시간은 기억으로서만 존재한다. 그런데 기억이란 바로 우리가 경험한 것을 되풀이하고 재생산하는 능력이다. 현재와 과거를 오가는 이 왕복 운동은 의식에 다시 나타난 과거 이미지의 복원 혹은 모방이다. 공간적 모방에서와 마찬가지로 한 시점에서 다른 시점으로의 정보 전이도 정보의 변형이나 왜곡뿐 아니라 첨가나 탈락을 유발한다.

　　에덴동산에서 쫓겨난 이래로 인간은 항상 그곳으로 되돌아

갈 것을 꿈꾼다. 사람들에게 선을 행하고 악의 화신을 없애라

고 권하는 이데올로기는 한둘이 아니다. 하지만 이러한 열망은

헛된 것이다. 왜냐하면 그것들은 모두 현실에 대한 부정에 기

초해 있기 때문이다. 행복이나 연인들의 하나로의 융합이나 낙

원 같은 것은 모두 모방적 욕망에 의해 인간이 차이가 들어 있

던 그 과일을 따 먹기 전에 존재했던 것들이다. 모방적 경쟁에

의해 한번 풀려난 이 차이는 그때부터 현실의 모든 영역을 뒤

덮으면서 새로운 세상을 만들어냈다. 차이는 선악의 동시 탄생

을 유발했다. 이때부터 우리는 숱한 이데올로기들의 피땀 어린

노력에도 불구하고, 더 이상 예전 세상으로 돌아갈 수도 차이

를 추방시켜 차이 없는 세상을 만들 수도 없다. 우리는 이런 차

이가 환상이라는 것을 이해하려고 노력하면서 현실을 수긍하

고 지혜에 다가서는 것 말고는 할 수 있는 일이 없다. 그러다가

마침내 우리 인류가 이 차이라는 과일을 제대로 이해하여 모든

악은 선으로 만들어졌고 모든 선도 악으로 빚어진 것이란 사실

을 받아들이기를 기원해야 할 것이다. 모방적 욕망이 심리 변

화의 원동력이란 것을 받아들이는 것, 타인의 욕망은 악이라고

생각하면서 자신의 욕망을 선이라고 주장하는 우리 욕망의 거

짓 정당화를 반박하는 것이 절실히 필요하다. 이런 밝은 눈을

갖기 위해서는 무엇보다 먼저 모방적 욕망이라는 이 개념부터

깨달아야 할 것이다. 나의 욕망과 그의 욕망은 서로가 서로를 모방한 결국 똑같은 것이란 것을 우리는 지금 잘 알고 있기 때문이다. 이상의 상황을 고려하여 우리는 아담과 이브 사이에 일어났음직한 상황을 다음과 같이 상상해볼 수 있을 것이다.

"네가 뱀에게 말만 걸지 않았어도 우린 맛있는 과일을 마음대로 먹고 시원한 물로 목도 축이며 영원히 행복하게 에덴동산에서 살고 있을 텐데." 땀을 뻘뻘 흘리면서 쟁기를 밀던 아담이 말했다.

"그렇게 머리 좋은 넌 왜 뱀에게 말을 걸지 않았는데? 겁이 나서 그랬어? 겁쟁이야 넌."

"맙소사, 너하고 뱀 때문에 지금 우리가 어떻게 되었는지 생각 좀 해봐. 더웠다가 추웠다가, 땀 흘려 일해야 하고 피곤하기도 해. 누더기를 걸친 네 모습은 정말 추해서 못 봐주겠어. 헝클어진 머리는 또 어떻고. 네가 누군지 알아보기도 힘들 정도야."

"남의 험담 하지 말고 쟁기나 열심히 밀어. 땅 파라는 하느님의 형벌을 받은 건 내가 아니라 바로 너란 말이야."

"넌 어떻고? 아기를 낳을 때 몹시 고생할 거라고 하느님이 예언한 건 바로 널 두고 한 말이야. 더 이상 내 마음이 너한테 끌리지 않기 때문에 그것도 쉬운 일은 아니지만."

"그래서 또 뭐? 난 온종일 집안일을 하고, 또 네가 집이라고 만들어놓은 것을 정리하다가, 또 저녁이면 냄새를 풍기면서 온통 흙투성이가 되어 들어와 곯아떨어지는 너와 사랑을 나누어야 한다고?"

저녁마다 아담은 오두막집으로 돌아온다. 강가에 멈추어 한동안 몸을 씻는다. 공을 들여서 머리 손질을 하고 난 아담은 이브에게 꽃다발을 건넨다. 승리감에 도취된 이브는 미소를 지으면서 생각한다. "그래 결국 이 남자를 휘어잡았군." 남자에게 손을 내밀어 잠자리로 이끈다. "자, 이리로 오세요……"

어두운 허공을 향해 두 눈을 뜬 채 아담은 생각에 잠긴다. "이제부터는 매번 이 여자를 유혹해야 하는구나. 예전에는 서로 껴안는 게 항상 즐거웠는데. 이제부터는 무슨 말을 하든 항상 조심해야겠어. 꼬투리 잡히는 건 딱 질색이야. 게다가 적의가 가득 찬 이 세상에 우리 둘뿐이잖아. 시간이든 자연이든 동물들이든 모든 게 우리의 적이야. 어떻게 해서든 모든 걸 다 지배해야 돼. 이브도 마찬가지고. 성공할 수 있을지 모르겠네. 아, 그런데 너무 피곤해."

아담은 곧 곤한 잠에 빠져든다. 그러나 이브는 아직 잠이 오지 않는다. 그녀는 자신의 승리를 만끽하면서 남편에게 자신의 명령이 통했다는 데 환희를 느낀다. "하지만 조심해야 돼. 그래도 나보다는 힘이 세잖아. 힘든 일을 할 때나 양식을 얻을 때 남편이 필요해. 그래도 진짜 중요한 말은 하지 않은 게 정말 다행이야. 아이를 가질 거야. 나를 이해하고 보호해줄 내 원군이 되어줄 아이 말이야."

아담을 자신의 매력 아래 묶어두기로 굳게 결심을 하던 이브
는 이런 생각에 황홀해져서 아주 흡족한 채로 잠이 든다.


## "저들은 자신이 무얼 하는지 모르고 있나이다……"

심리학의 입장에서 볼 때, 아담과 이브가 에덴동산에서 추방
될 때 우리가 필히 알아야 할 것은 그들은 그들이 추방되는 이
유를 정말로 모르고 있었다는 것이다. 그들은 하느님 말씀을
듣지 않아서 하느님이 벌을 내렸다고 생각한다. 그들의 심리
변화를 유발하여 그들의 결합을 망가뜨리고 차이를 만들어내
고 그들 사이뿐 아니라 하느님과도 멀어지게 만든 문제의 그
메커니즘에 대해서는 완전히 까막눈이다. 뱀이 그들에게 잘못
된 충고를 해주었다고 생각하는 그들은 모든 것이 뱀의 잘못이
라고 단정한다. 그러나 실은 그들뿐 아니라 두 아들 카인과 아
벨부터 시작해서 그들의 후손들까지도 어떤 순간이든 어떤 사
안에서든 분리시키고 갈라놓는 원흉은 바로 경쟁적 욕망이다.

욕망과 심리학의 탄생은 그것들을 낳은 모방 메커니즘에 대
한 무지와 나란히 나타난다. 이 메커니즘에 까막눈인 아담과
이브는 현실을 떠나서 환상 속으로 들어갔으며 그들의 후손들
도 지금 이 세상으로 들어와서는 여전히 그런 환상의 노리개

노릇을 계속하고 있다. 그래서 이들은 그리스도가 십자가에서 숨지기 전에 하느님 아버지를 향해 토로했던 것처럼, 어떤 순간이든 어떤 상황에서도 "자신들이 무엇을 하는지 모르고 있다."[28]

예수의 이 탄원은 아주 중요한 의미를 지닌다. 우선 이 말에는 어떠한 도덕적 판단도 들어 있지 않다. 그리스도는 "질투심도 많고 폭력적인 저들은 사악합니다"라고 말하지 않는다. 예수의 이 말은 순전히 심리학적인 것이다. 또한 그리스도의 이 말은 지라르가 말하는 '무지méconnaissance'라는 개념을 인정한다. 르네 지라르는 저서에서 근본적으로 사회학적인 이 개념을 희생양 메커니즘에 적용시킨다.

성스러움을 만들어내는 희생양 메커니즘의 능력은 전적으로 이 메커니즘에 대한 무지에 근거해 있다.[29]

심리학과 정신병리학에서 무지가 아주 중요한 역할을 한다는 것을 인정해야 한다. 다음 장에서 내 욕망의 타자성에 대한 무지가 어떻게 병의 원인이 되는지, 그리고 반대로 타자성을 인정하는 것이 어떻게 해서 치유책이 되는지를 보여줄 것이다.

---

28 「루가에 의한 복음」, 23장 34절.

29 *Des choses cachées depuis la fondation du monde*, p. 50.

3부

# 만유모방(보편적 모방)

# 1장　　　선구자들

나는 모방이론에 도달하기 직전이었다.

—프란츠 안톤 메스머

인류의 연대 의식은 어떻게 생겨났을까? 또 사람들이 함께 살기를 원하고 서로에게 관심을 갖고 있다는 것을 어떻게 이해할 수 있을까? 인간들을 가깝게 하거나 멀리 떼어놓고 또 서로를 묶어주거나 서로 반목하게 하는 것은 과연 무엇일까? 철학자, 인류학자, 심리학자들은 이런 의문을 해결하기 위해 오랜 세월 파고들었다. 학자들은 수수께끼처럼 사람들이 서로를 끌어당기는 힘(매력)에 대해 질문하고 각자 나름의 대답을 시도해왔다. 그런데 과거 일부 학자들의 직관이 희한하게도 지라르의 모방이론의 몇몇 양상과 일치하면서 결과적으로 지라르의 모방이론에 타당성을 부여하거나 뜻하지 않게 모방이론에 대한 해명을 해주고 있다. 이런 뜻하지 않은 도움은 우리로 하여금 생각을 더 밀고 나가 만유인력의 법칙처럼 누구도 피해갈 수 없는 일반 법칙인 '보편적 모방'을 보다 더 명확히 규정하도록 한다. 만유인력의 법칙이 비상과 추락 같은 상반된 물리 운동을 설명할 수 있는 것처럼, 보편적 모방 법칙은 사랑과 미움, 연대와 갈등, 매력과 반감이 겉으로는 상반된 것으로 보이는 인간의 수많은 현상들을 설명해줄 수 있을 것이다.

## 프란츠 안톤 메스머의 직관

1913년 『공감의 속성과 형태*Wesen und Formen der Sympathie*』라는 책에서 막스 셸러Max Scheler는 인간의 연대 의식에 대한 질문을 하고 있다.

우리가 사람들을 한데 묶어주는 연대라는 문제의 중요성과 그 의미를 어렴풋이 느끼게 된 것은 몇 년에 걸친 연구를 하고 난 뒤의 일이었다.[30]

그때부터 셸러는 다음과 같은 문제들을 파고들기 시작했다.

인간에 의한 인간 이해, 인간에 의한 인간 파악이라는 형이

---

30  Max Scheler, *Nature et formes de la sympathie*, Editions Payot et Rivages, 2003, p. 389.

상학. 다시 말하자면 사람과 사람 사이의 은밀한 존재론적
관계가 이 세상에서 어떤 위치를 차지하고 있는가 하는 문제
이며, 세상에서 인간과 인간 사이의 '의사소통'이란 정확히
무엇일까 하는 문제이다.[31]

조금 앞에서 셸러는 이런 현상에 대해 대단한 직관을 발휘
했다.

> 우주-생명의 결합의 결정적인 역할은 결국 **생명 전체의 흐름**
> 과의 결합으로 귀착되는데, 이 전체 생명은 생명 단위의 하
> 나인 인간들을 묶어준다. 우주와 자연과의 결합은 간접적으
> 로는 인간들의 정서적 결합 덕분에 완성되는데, 자세한 내막
> 은 모르지만, 그것은 하나의 법칙이라 할 수 있다.[32]

사람들 사이의 결합에 관한 문제는 대부분 형이상학의 문제
로 간주되어왔다. 쇼펜하우어는 사람들이 서로에게 공감한다
는 것은 모든 사람들이 공통된 기초로 되어 있다는 존재의 단
일성을 말해주는 것이라고 생각했다. 공감은 그러므로 우리 모
두가 사로잡혀 있는, 겉으로 보이는 외관의 차이를 허물어버린

___

31  같은 책, p. 393.
32  같은 책, p. 222.

다. 그런데 우리는 모두 이 외관 때문에 자신을 독자적인 존재라고 간주한다. 우리로 하여금 우주 기초의 단일성을 직관적으로 느낄 수 있도록 하는 것이 동정과 연민의 감정이라고 쇼펜하우어가 생각한 것도 이 때문이다.[33]

앙리 베르그송 역시 이런 문제에 관심이 많았다.

> 물리학이 진보할수록 물질의 개성은 사라진다. 본체와 미립자들은 상호작용을 통해 한데 뒤섞이는 경향이 있기 때문이다.[34]

우리의 직관과 너무나 잘 어울리는 구절도 있다.

> 거기서 일도 하고 살아갈 수 있는 힘을 길어오는 어떤 이로운 유체가 우리를 둘러싸고 있다. 이 생명의 대양으로부터 우리는 끊임없이 무언가를 호흡하고 있고, 또 그 유체의 일종의 부분 응결에 의해 우리의 존재나 적어도 우리 존재를 인도해주는 지성이 형성되고 있다는 것을 느낀다.[35]

33  Authur Schopenhauer, *Le Monde comme volonté et comme représentation*, PUF, 1966.
34  Henri Bergson, *L'Evolution créatrice*, PUF, 1966. p. 189.
35  같은 책, pp. 192~93. 방금 메스머에게서 보았던 '유체'라는 것에 주목하자.

피에르 몽트벨로의 지적대로 베르그송은 라베송Félix Ravaisson-Mollien, 타르드Jean Gabriel Tarde, 니체와 같이 우리 존재를 노력, 차이, 권력의지 혹은 지속으로 간주하는, 즉 '존재를 관계로 보는' 경향을 가진 철학자 그룹에 속한다.[36] 이런 경향의 철학자들은 다음과 같은 믿음을 갖고 있었다.

> 사물을 관통하는 힘을 만들어내는 흐름을 발견하였다고 믿었고, 이 세상의 초능력에 인간을 조응시킬 수 있다고 믿었다. 라베송의 은총이나 베르그송의 즐거움, 니체의 디오니소스적인 긍정이나 타르드의 조화로운 염원 등은 조화로운 우주의 의미에 기반을 둔 일종의 윤리학이라 할 수 있다.[37]

인간 연대성에 대한 이런 고찰들은 대부분 우주에서의 인간 위상과 인간에 대한 우주의 영향으로까지 이어진다. 몽트벨로가 뛰어나게 재구성한 '다른 형이상학'은 이런 관심을 완벽하게 보여준다.

> 합리적이지도 않고 초월적이지도 않고 상대적이지도 않은 이 다른 형이상학은 코페르니쿠스 혁명 이래로 우주의 형이

---

36  Pierre Montebello, *L'Autre Métaphysique. Essai sur Ravisson, Tarde, Nietzsche et Bergson*, Desclée de Brouwer, 2003, p. 10.
37  같은 책, p. 11.

상학 중에서 가장 인간적인 형이상학이자 인간의 형이상학 중에서 가장 우주적인 형이상학으로 울려 퍼지고 있다.[38]

인간 사이 그리고 인간과 우주 사이의 보편적 상호작용에 대한 이런 직관은 다른 많은 학자들과 사상가들에 의해서 더 진척을 보게 된다. 그러나 심리학, 특히 자네Pierre Janet나 프로이트 같은 심리학자들은 유감스럽게도 이런 직관에서 멀어져갔다. 이들은 심층의식이나 무의식과 같이 '주체'의 내부에서 주체를 움직이는 것을 찾으려 애썼다. 그러나 얼마 지나지 않아 칼 구스타프 융은 개인들의 무의식이 자양을 얻는 유명한 '집단 무의식'이라는 개념을 통해 이 직관을 드러냈다. 결과적으로 융은 인간 사이의 보편적 의사소통의 통일성이라는 직관을 다시 발견한 셈이다.

하지만 우리 시각에 가장 가까우면서 미래를 직관적으로 가장 잘 예측한 사상가는 바로 18세기 빈의 의사인 프란츠 안톤 메스머Franz Anton Mesmer이다. 오늘날의 심리학은 메스머와 함께 시작했다고 말할 수 있다. 브레드, 샤르코, 자네, 프로이트의 저작들은 메스머의 생각에 대한 논쟁의 다양한 역사적 단계를 보여준다고 할 수 있다. 메스머가 생각했던, 우주에 충만한 에

38  같은 책, p. 12.

너지가 사람을 포함한 모든 생명체에 영향을 준다는 '동물 자기動物磁氣' 문제는 오늘날 심리학의 기저에 놓여 있다. 자기 시대를 앞서 오늘날 우리에게까지 많은 것을 전해주는 메스머의 생각과 의문과 직관에 우리는 더 많은 관심을 가져야 할 것이다.

나는 메스머의 저작을 읽으면서 그의 생각이 우리의 직관과 너무나도 자주 일치하여 정말 큰 감명을 받았다. 따라서 이와 관련하여 내 생각을 상세히 다듬고 정리할 필요를 느꼈다. 아닌 게 아니라 메스머의 초기 관심사도 심리의 변화를 어떻게 설명하느냐 하는 것이었다. 1766년의 논문 『인체에 미치는 천체의 영향에 대하여』에서 메스머는 이렇게 쓰고 있다.

> 그럼에도 불구하고 뉴턴은 최고의 찬사를 받아 마땅한 사람이다. 왜냐하면 만물이 서로를 끌어당기는 현상을 그보다 잘 설명한 사람이 없기 때문이다.[39]

또한 그는 『조화사회론』에서 이런 현상을 더 상세히 설명한다.

> 우주에 존재하는 거대한 물체 간의 상호작용이 밝혀졌다. 그

---

39  Franz Anton Mesmer, *Dissertatio physico-medica de planetarum inflexu*, Vindobonae (Vienne), Ghelen, 1766, in 8°, p. 48. 이 논문은 Robert Amadou, *Le Magnétisme animal*, Payot, 1971, pp. 33~34에서 재인용.

런데 그 결과는 위대한 천재에 의해 이미 계산된 것이다.[40]

메스머의 논문에는 "그의 체계가 우리 시각에 얼마나 부합하고 또 우리의 이성과 경험에 얼마나 들어맞는지 살펴보자"라고 하면서 뉴턴에 대해 언급하는 구절이 나오는데, 이 구절은 우리의 나침반 역할을 한다. 생명체들 사이의 운동과 끌어당김이라는 흥미로운 현상에 대한 연구에 흠뻑 심취해 있던 메스머는 물리학과 심리학, 우주 질서와 심리 질서, 유기체의 조화와 우주의 조화를 한데 묶는다. 의사였던 그는 천상과 지상, 광물과 동물과 식물을 관통하면서 우주를 둘러싸고 있는 물질의 흐름이 조화롭지 못한 것이 바로 질병이라는 것을 확인하고 싶어 했다.

지구상 모든 운동의 공통 원인이 동물과 식물에 끼치는 영향은 증명되었을 뿐 아니라 똑같다는 것이 분명히 밝혀졌다.[41]

메스머는 이리하여 우주를 돌고 있는 유체의 물질성을 살아 있는 생명체에 적용시킨다. 조화롭게 생명체를 관통하고 있는 이 유체 흐름을 통해 그는 생물의 운동과 건강과 상호 간의 이

---

40  같은 책, pp. 209~10.
41  같은 책, 강조는 인용자.

끌림 현상을 설명한다.

> 나는 자연에는 생명체든 아니든 간에 모든 물체를 관통하는
> 똑같은 어떤 유체가 있다는 생각을 오래전부터 해오고 있었
> 다. 자기와 전기 현상을 보면서 이런 생각에 더욱더 젖어든
> 나는 뉴턴 경의 생각을 천상계의 운동으로 인정하게 되었
> 다.[42]

이 유체는 말하자면 뉴턴 식의 운동과 전기와 자기의 물리적
특성, 인간들 사이의 매력과 혐오감에 대한 심리적 관찰 결과
들의 일종의 혼합물 같은 것이다. 이런 식의 혼합은 이 다양한
현상들의 유사성을 꿰뚫어본 메스머의 재능과 함께 그의 한계
를 보여준다.

사람들 간의 영향과 매력에 일찍이 관심을 갖고서 모방이라
는 문제에 직면하게 된 의사 메스머는 마술 같은 대답에 안주
하는 것을 거부하면서 다양한 문화적 해석에 대해서도 거리를
둔다. 그는 신들림과 마법이라는 해석도 거부했지만 데카르트
적인 이원론도 거부한다. 메스머가 심리학의 역사에서 독보적
인 위치를 인정받고 있는 것도 마법과 이원론을 거부했다는 점
이 큰 역할을 했을 것이다. 그러다보니 이 문제에 대한 그의 대

---

42  같은 책, p. 53.

답이 틀린 것으로 판명된 것은 정말 애석한 일이 아닐 수 없다. 그는 개인 사이 관계의 물질성을 믿었다. 그가 주장하는 유체가 실제로 존재하지 않는다는 사실만 입증해도 메스머의 이론을 허물어지고 만다.

같은 1766년에 메스머는 이렇게 쓰고 있다.

> 자석이나 자성을 띤 쇠붙이에서 자기가 나오듯이, 우리 몸이나 다른 실체에서도 어떤 미묘한 물질이 나온다고 나는 굳게 믿고 있다. 건조와 마찰을 통해 더 강해진 용연향이나 이와 유사한 물질들은 자성을 띠게 되는데, 우리라고 이런 특성을 갖지 말라는 법이 없다. 까마득한 옛날부터 호감, 반감, 매력, 혐오감, 연소燃素, 에테르 물질, 미세 물질, 동물 정기, 전기 물질, 자기 물질이라는 말이 있지 않았는가? 빛의 존재만큼이나 그 효력도 분명한 이런 작용 물질들은 도처에 유체가 퍼져 있음을 말해주는 것이다.[43]

이리하여 메스머가 '동물 자기'라 부른 자기유체 이론이 생겨난다.[44]

43　같은 책, p. 54.
44　Franz Anton Mesmer, *Mémoire sur la découverte du magnétisme animal*, 1779, p. 61.

# 만물을 관통하는 유체

메스머의 실수는 바로 그의 재능에서 나왔다. 그는 심리학의 근본 문제는 운동의 문제란 것을 잘 알고 있었다. 그는 운동이 한 사람에게서 다른 사람에게로 전해진다는 것도 알았다. 물리학에서는 마침내 뉴턴에 의해 운동의 문제가 해결되었다는 것을 알게 된다. 그래서 그는 행성들이 인체에 영향을 끼친다고 생각하는데, 이것이 1766년 논문의 제목이 된다. 행성들이 생명체의 모든 구성체, 그중에서도 특히 신경계에 직접 영향을 미치며 그것은 만물을 관통하는 유체 때문이라는 것이다.

메스머의 이론을 조사하라는 루이 16세의 특명을 받은 검찰과 메스머 사이의 논쟁은 어느 순간 개인 간의 관계를 중심으로 전개된다. 메스머는 동물 자기와 같은 유체만이 개인 사이의 영향, 특히 환자에 대한 의사의 치유 영향력을 설명할 수 있다고 주장한다. 왕립 검찰 중의 한 명이었던 라부아지에Antoine Laurent de Lavoisier는 메스머가 말하는 유체가 실제로 개인 사이에 존재한다는 것을 충분히 예감하였다. 논쟁에서 이렇게 말하는 것은 유체는 물질이 아니고 그래서 존재하지 않는다고 말하는 것과 같고, 결과적으로 메스머를 비난하는 것이 된다.

당시의 논쟁을 되짚는 것은 우리의 이야기에서 벗어나는 일이다. 1784년 왕립 검찰은 "자기磁氣 없는 상상력은 감동의 떨림을 낳지만, 상상력 없는 자기는 어떤 것도 만들지 못한다"는 판결을 내린다.[45] 이 판결은 검찰이 암시의 형태를 한 개인 간 관계의 존재를 흔쾌히 인정했다는 것과, 상상력을 거론함으로써 이 암시를 설명해주는 자기를 띤 유체의 물질성을 부정하였다는 것을 의미한다. 이 판결로써 논쟁은 끝나고 메스머 이론은 종지부를 찍게 된다. 이런 식의 종결이 가져온 손해는 적지 않다. 왜냐하면 오늘날까지 대학이나 공식 학문에서 쫓겨난 자기학은 무책임한 사람들의 수중에서 끔찍한 무기로 발전되어왔기 때문이다.

과학적 시각에서 보면 메스머의 유체에는 심각한 결점이 두 가지 있었다. 하나는 물리적으로 존재하지 않는다는 커다란 결점이고, 두번째는 메스머와 제자들이 그 이론을 적용함에 있어 의학이나 생체병리학과 치료에 너무 지나치게 경도되었다는 것이다.

반면에 심리학의 역사에서 보면 이 유체에는 그것의 부재가 확인되는 순간부터 오랫동안 잊혀왔던 세 가지 장점이 있다. 메스머의 유체가 갖는 첫번째 장점은 **보편적**이라는 것이다. 광물계와 동물계, 그리고 정신과 물질, 자연과 문화를 모두 다 관통한다는 주장이 다소 지나친 것으로 보이는 것은 사실이지만 말이다. 두번째 장점은 **상호관계적**이라는 것이고, 세번째 장점

---

45 *Rapports des commissaires chargés par le roi de l'examen du magnétisme animal*, Paris, 1784, p. 77.

은 사람들이 서로를 끌어당기는 것과 밀어내는 작용을 설명할 수 있는 자성磁性에 관한 것이라는 점인데, 메스머는 이를 "물질과 생명체 특성의 의도와 후퇴"라고 멋지게 부른다.

기본 전제의 실수에도 불구하고 메스머는 사람들 사이에는 언제나 끌어당기고 응집시키는 힘이 보편적으로 있다는 것을 알아냈다. 그런데 이 힘은 그 어느 누구의 전유물이 아니고 상황에 따라 모두가 번갈아가면서 발신자와 매개자, 수신자가 된다.

우리 현실을 너무나 잘 드러내고 있는 이 이론은 어쩌면 인간관계가 모방적이라는 진실도 언제든 드러낼 수 있을 것 같다. 진실이 폭로되면 신경증환자들처럼 우리 문화도 항상 적응과 내면화로 반응한다.[46] 다시 말해 어떤 결과가 있으면 반드시 그 원인을 밝혀내고는, 욕망과 심리 변화에 있어서 결코 독창성을 잃은 적이 없는 한 개인의 탓으로 돌리려고 애를 쓰는 것이 우리 문화다. 신경증환자와 마찬가지로 문화는 복제, 이중인격, 인격 분열 같은 이원론을 통해서만, 다시 말해 내 안의 다른 자아, 즉 타자성을 자아 안에 거짓말처럼 가두어둘 수 있

46 개인 사이 관계의 비밀을 지키기 위해 타자성은 인정되고 표현되면서도 주체 속에 더 깊이 감춰져 있기 때문에 항상 새로운 이원론을 만들어낸다. 이렇듯 오랜 기간 동안 히스테리의 모든 이론들은 성性을 중심으로 만들어졌다. 내 안의 나쁜 다른 자아를 대변하는 것이 성인데, 내 안에 있는 이 다른 존재가 날 움직이는 것으로 간주된다.

을 때에만 적응과 내면화에 도달할 수 있다. 어쨌든 우리는 심리 변화를 설명해야 하는데, 이 변화는 분명 변증법적이다. 그러므로 여기에는 분명 두 개의 극점이 있는데, 그게 만약 떨어져 있는 것이 아니라면 두 부분으로 나누고 분할해야 한다.[47] 메스머의 이론과는 달리 이 영원한 메커니즘은 이리하여 곧 실행된다. 미셸 투레의 다음 구절이 이를 잘 요약한다.

사람을 끌어당기는 매력의 놀라운 현상을 해명하기 위해 우리는 무엇보다 먼저 육체에 대한 영혼, 질병에 대한 열정의 영향력을 먼저 살펴보아야 한다.[48]

미분화개체 간의 관계를 제대로 알지 못할 때, 우리들은 어떤 사람 안에 있는 다른 자아를 어떤 수를 써서라도 그 사람의 것으로 보려고 애를 쓴다. 어떤 사람을 움직이는 힘은 여전히 그 사람에서 나온다고 생각하기 때문이다. 이렇게 되면 영혼과 육체처럼 근본적으로 다른 둘 사이의 상호작용과 상호 영향을 설

---

47 심리학은 우리 정신의 어느 부분을 타자로 만드는 것을 피하게 해준다. 사실 스스로의 꼭두각시 같은 움직임을 구경하고 있는 의식의 자아를 움직이는 것은 바로 무의식이라는 다른 자아, 즉 타자성이다.
48 이 구절은 프랑수아 아주비François Azouvi가 빌레르Charles-François-Dominique de Villers의 『사랑의 최면술사Magnétiseur amoureux』의 재발간본에 쓴 서문에서 따온 것이다. 여기서 그는 소유대명사와 데카르트적인 이원론의 승리를 강조한다.

명하기가 힘들어진다. 이 순간 우리는, 비슷한 존재인 타인과 나 사이의 영향은 부인하는 반면, 본질 자체가 완전히 다른 정신과 육체의 상호 영향을 주장하는 우리 문화의 고집스런 모습을 목격하게 된다. 미분화개체 간 관계를 인성하지 않는 이런 고집스러운 태도야말로 자아 형성에서 미분화개체 간 관계가 얼마나 중요한 역할을 하고 있는지를 뒤집어서 보여주는 것이 아닐까?

르네 지라르의 모방이론 덕분에 우리는 인지 불능 현상이 실제로 지식 형성의 구조를 결정한다는 것을 알게 되었다. 우리는 자신의 자율성을 무엇보다도 지키고 싶어 한다. 무지를 강화하고 은폐를 완성하려고 사람들은 유체의 부재를 주장하게 되고 메스머 학파들은 특히 세르방Antoine Servan의 영향으로, 마침내 자성을 띤 유체를 상상력과 같은 것으로 간주하게 된다.

> 왜냐하면 사람의 육체와 정신의 관계는 너무나 긴밀하여 내적 원인(상상력)도 육체적인 외적 원인과 동일한 효과를 만들어낼 수 있는 능력을 갖고 있기 때문이다.[49]

세르방은 동물 자기를 옹호하고 싶어 했다. 이를 위해 그는

---

49 Joseph Michel Antoine Servan, *Doutes d'un provincial proposés à MM. Les médecins-commissaires chargés par le roi de l'examen du Magnétisme animal, à Lyon et se trouve à Paris, chez Prault*, 1784, in-8, François Azouvi, 같은 책, p. LXI에서 재인용.

은연중에 두 가지 실수를 저지른다. 그는 우선 내적 원인은 정신적인 것이고 외적 원인은 육체적인 것이라고 주장한다. 내적인 것과 외적인 것에 대한 이런 구분과 함께, 신비로운 자아는 외부에서는 위험하지만 내부에서는 안전하게 보호받고 있다고 보는 이런 인간 이해 때문에, 그때까지 심리학은 엄밀한 의미의 과학적 시대로 접어들지 못하고 있었던 것이다. 심리학의 대상(심리학적 사실)과 주체(자아) 자체가 수수께끼 같은 신비로운 실체였기 때문이다.

세르방은 외적 원인은 물리적인 것이라고 주장하였다. 세르방이 비판한 것은 물론 모든 주체들 바깥에 있는 보편적인 유체였다. 동시에 그는 자기 안의 다른 자아를 주체의 내부에 한정시켜야 할 필요성을 어렴풋이 깨닫고는 프랑수아 아주비가 강조하듯이, 마음에서 육체로 향하는 인과성, 심신적 인과성은 곧 자기를 띤 유체의 다른 이름이라는 것을 알게 된다.[50] 그러나 우리 욕망을 생겨나게 하는 것이 바로 우리 안에 있는 타인의 존재 때문이라는 것을 제대로 깨닫고 있는 사람이 하나도 없게 된 것도 어쩌면 이런 명칭 변경 때문인지도 모른다. 이러한 무지는 프로이트의 유난히도 현학적인 표현 방식에서도 발견되는바, 그는 욕망의 기원을 주체에게 한정하면서도 치료에 있어서는 상호적인 측면을 강조한다. 일반 의학의 모델이 정신

50  François Azouvi, 같은 책, p. LXII.

병리학에도 그대로 적용되고 있는데, 내적 상처를 치유할 때 의사는 약을 처방하든지 아니면 외과적으로 직접 인체 안으로 들어가든지 해야 한다는 것이 그것이다. 하여튼 외부에서 개입해야 한다는 것이다.

운동의 기원이 주체 밖에 있다는 메스머의 계시를 희석시키기 위해서 우리 문화가 행하고 있는 이런 무지의 움직임은 『사랑의 최면술사』에서 완벽히 되풀이된다. 이 책의 도입부에서 저자는 메스머의 주장을 이렇게 소개한다.

> 이들의 주장에 의하면, 그 원초적 운동을 담고 있을 뿐 아니라 만물에 생명을 불어넣어 움직이게 하는 미세 물질의 흐름을 통해서만 우주가 존속한다는 것이다. 이들은 아주 미세하고 침투력 강한 유체의 소용돌이 안으로 우리 모두를 몰아넣었다. 육체의 유체도 포함하는, 항상 운동 중이라는 것이 그 본질인 이 유체는 생명체에 생명과 조화를 불어넣고 있다.[51]

그러나 저자는 곧 유체 개념을 포기한다.

---

51  Charles de Villers, *Le Magnétiseur amoureux*, 1787, p. 14(프랑수아 아주비 François Azouvi, 브린Vrin에서 1978년 재발간).

생빌 씨가 유체에 대해 제기하는 난점에 대해 난 아무런 대
답도 하지 않겠다. 그가 이 유체 개념을 못마땅해하는 것이
나는 오히려 너무 흡족하다. 나도 이 유체 개념을 무시하려
던 참이었다.[52]

모든 문화가 그러하고 투레Jacques-Guillaume Thouret와 세르방도
그러하듯이, 드 빌레르도 비록 매끄럽지는 못하지만, 메스머가
제기한 문제의 핵심은 자신도 대답해야 하는 운동의 문제라는
것을 잘 알고 있으면서도 개인 관계를 데카르트적인 이원론으
로 보고 만다. 그는 이렇게 쓴다.

인간의 모든 운동은 의지라 불리는 영혼의 지배를 받는다.
[……] 그러므로 영혼은 인간 생명과 운동과 사상의 근원이
다.[53]

탁월하게도 메스머는 운동이 이 세상을 돌고 있다고 보았다.
세상 어디에나 퍼져 있는 어떤 유체가 흘러가다가 사람을 만나
관통하면서 그 사람에게 영향을 준다. 운동이 이리하여 '주체'
라는 개체 안에 또다시 장기간 갇히게 된 것이다.

52  같은 책, p. 16.
53  같은 책, p. 34.

어린아이에게 '아빠' '엄마' '까까'라는 말을 어떻게 가르칠 수 있을까? 주변 사람들의 대화를 아이가 어떻게 이해하도록 할 수 있을까? 이 질문에 답하기 위해 복잡한 실험은 전혀 필요 없을 것이다. 측정 도구도 복잡한 계산도 필요 없다. 이 질문에 답하기 위해서는 일상을 관찰한 경험과 상식만 있어도 충분하다. 모두 알다시피, 아이가 되풀이할 수 있도록 같은 말을 여러 번 해주기만 하면 된다. 언어 습득과 같은 이런 학습의 메커니즘은 아주 단순하고, 분명하고, 한결같다. 똑같은 결과에 도달하기 위한 다른 방법은 없다. 행동을 통한 실습뿐이다.

그렇다면 아이가 완벽하게 따라하도록 하기 위해서는 과연 몇 번을 반복하고 얼마의 시간을 들여야 하는 것일까? 어느 정도 거리를 두고, 어떤 자세와 감정으로 말해야 학습이 더 빨리 이루어질까? 완벽한 재생에 도달하게 되는 기나긴 시행착오의 연속인 이 학습에는 어떤 단계가 있는 것일까? 이 문제들은 실험심리학과 발생심리학의 영역에 속하는 것으로 이미 많은 연구 결과들이 나와 있다.

하지만 아이는 어른이 하는 말을 따라하려고 왜 그렇게 애를 쓰는 것일까? 이 문제는 학습의 조건 자체를 질문한다. 아이의 관심이 어른에게 사로잡혀 있다는 것이 그 조건이다. 이런 끌림과 관심만이 아이가 어떤 소리를 똑같이 따라하게 할 수 있는 것이다. 아니 그 무엇을 배우더라도 마찬가지일 것이다.

이런 장면들은 아주 당연한 것처럼 보이지만 항상 그런 것은 아니다. 소아신경정신병동에서 치료를 받는 자폐증 아이들을 보면 이 말을 납득할 수 있을 것이다.

아이가 어른의 행동이나 말을 따라하도록 하는 힘은 끌림이나 관심, 주의 같은 것이다. 그런데 내가 알기로는, 이 힘을 정확히 밝혀내거나 이름을 붙일 생각을 누구도 하지 않았다. 그만큼 이 힘은 당연한 것, 타고난 것이 되고 말았다. 이 끌어당기는 힘에 아이는 저항을 하지 못한다. 아니 저항할 수가 없다. '정상적'인 아이일수록 끌림은 그의 천성이 된다. 만약 이런 성향이 부족하면 그 아이는 자연스럽지 못한 예외적인 아이가 될 가능성이 크다. 사회성, 언어, 문화, 궁극적으로는 인간에 도달하게끔 해주는 천부적인 이런 친화력은 신비로운 것 같으면서도 동시에 명백해 보인다. 뉴턴이 말하는 중력과 만유인력과 마찬가지로, 그 자체로는 감추어져 있지만 동시에 우리 눈에 분명히 띄는 것이다.

중력이 없다면 지구 위의 생명은 존재할 수 없을 것이다. 중력이 없으면 혼돈일 것이다. 마찬가지로 사람들 사이를 서로 끌어주어 비슷한 사람을 한데 묶어주고, 또 이를 통해 아이가 어른을 모델로 삼는 이 힘, 위에서 말한 개체 발생을 가능케 하고 온갖 다른 학습들처럼 언어에도 도달할 수 있게 해주는 이 힘이 없었더라면 지금의 인류는 존재할 수 없을지도 모른다!

물리학의 중력만큼이나 심리학에서 아주 근본적인, 그러나 지금까지 규정되지 않았던 이 힘을 우리는 모방이라고 명명했다. 어른에 대한 아이의 끌림, 어른의 언행에 대한 아이의 관심, 그리고 모든 학습의 조건 그 자체인 이것은 우리가 규정하려고 애를 썼던 바로 그 힘이다. 모방이든 반복이든 학습 메커니즘이란 것도 모방의 실현을 객관적으로 표현한 것일 뿐이다.

르네 지라르는 처음에 모방을 사람들 사이의 결합과 의사소통의 메커니즘으로 규정한 바 있다. 곧 상세히 살펴보게 될 거울뉴런이 발견되면서 이제 우리는 이 힘에 대해 진실로 말할 수 있게 되었다.

뉴턴은 운동이라는 본질적인 문제에서부터 출발하여 중대한 발견에 이르렀다. 그것은 코페르니쿠스의 시스템 속에서 행성들을 움직여 태양 주위를 돌게 하는 힘은 과연 어떤 힘인가 하는 문제였다. 만유인력이 이 질문에 대한 그의 대답이었는데, 뉴턴은 이를 물리 법칙으로 정리했다. 다른 물체에 대한 어떤 물체의 인력은 그 질량에 비례하고 두 물체 사이의 거리의 제곱에 반비례한다.[54] 물체의 인력은 그 질량이 큰 만큼, 그리고 가까이 있을수록 더 크다는 의미이다. 태양이 태양계를 유지할 수 있는 것도 지구 질량보다 328,900배나 되는 질량을 가지고

---

54   Isaac Newton, *Philosophiae Naturalis Principia Mathematica*, Cambridge, 1687.

있기 때문이다. 그리고 수성, 금성과 같이 가까이 있는 별들은 그 질량으로 더 많은 자기를 띠고서 더 빨리 궤도를 돌고 있다.

뉴턴의 해답이 타당한 것은 실은 그의 질문이 문제의 핵심에 기초하여 잘 제기되었기 때문이다. 그래서 심리학도 뉴턴과 유사한 법칙을 지향할 수 있을 것이다. 뉴턴의 발견 3세기 후, 운동 문제는 물리학에서 그런 것처럼 심리학에서도 피할 수 없는 문제가 되었다. 폴 기욤처럼 학식 높은 심리학자가 어린이의 모방에 관한 책의 전반부에서 운동의 심리학적 조건에 관심을 표한 것은 우연이 아니다.[55]

그러므로 우리는 물리학의 만유인력과 같이 인간의 모든 현상들은 만유모방(보편적 모방)이라는 단 하나의 원칙에 의해 지배받고 있다는 가설을 세워보기로 하자. 심리학과 사회학에서 이 원칙이 가장 기본적으로 잘 드러나 있는 것은 바로 사람들 상호 간의 관심을 결정짓는, 그들을 서로 끌어당기는 힘, 즉 매력魅力이다.

심리학이 물리학의 모델을 계속 취한다면, 두 사람 사이의 모방이야말로 그들 각자가 행사하고 또 받아들이는 매력이라는 힘이라고 흔쾌히 말하고 싶다. 이 힘은 각자의 질량에 비례하고 둘 사이의 거리의 제곱에 반비례할 것이다.

그런데 이 질량을 심리학에서는 무엇이라고 부를 수 있을

---

55  Paul Guillaume, *L'Imitation chez l'enfant*, Paris, Félix Alcan, 1926.

까? 어린아이와 어른과의 관계에서 '질량'이라는 개념은 문자 그대로 받아들여질 수 있다. 아이에 비해 월등히 큰 어른의 질량이 아이가 받아들이는 매력과 이끌림을 설명해줄 수 있을 것이라는 뜻이다. 성인 사이에도 물론 매력이 존재한다. 하지만 이때의 질량, 다시 말해 서로가 서로를 끄는 능력 혹은 서로가 서로에게 발산하는 매력이라는 것은 문화적으로 아주 복잡하게 얽혀 있다.

질량은 또한 수량과 같을 수도 있다. 한 무리의 군중이 발산하는 모방이나 어떤 그룹이 이끄는 힘은 그 집단을 구성하는 사람들의 숫자에 비례한다. 바로 이런 모방의 비대화를 통해서 우리는 개인 심리학에서 군중 심리학으로 넘어가는 과정을 이해할 수 있고, 또한 모방에 의해 집단이나 군중에게 끌려다니는 개인 심리의 중독 현상도 이해할 수 있을 것이다.

## 집단 심리학

사람 사이의 만유모방을 나타내는 것으로는 두 가지가 있다. 매력이 그 첫번째 것이라면 어느 정도의 거리를 통해 주체의 존재를 보장해주는 반감이 두번째 것이다.

두 주체 사이의 끄는 힘은, 뉴턴의 만유인력 법칙에 빗대어서 말하면 그들의 중량에 비례하고 거리에 반비례한다고 할 수 있다. 만약 이 가설이 옳다면 이 두 변수가 엄청난 인력을 낳아 미분화개체 간 관계를 근본적으로 변화시키면서 온갖 심리 법칙이 무기력해지는 경우를 인간의 실제 경험 속에서 찾아낼 수 있어야 할 것이다.

그런데 이런 조건들은 집단에게서 실현되고 있다. 귀스타브 르봉은 이런 심리학적 사실들을 지배하는 전혀 새로운 법칙을 강조하여 '군중 심리학'이라 불렀다. 엘리아스 카네티 역시 『군중과 권력Masse und Macht』에서 비슷한 생각을 표현했고, 프로이트는 이 주제, 특히 르봉의 생각을 중심으로 해서 『집단 심리학과 자아 분석Massenpsychologie und Ich-Analyse』이라는 책을 내놓았다.

여기서는 군중 현상에서 얻은 실험적인 결과를 방금 제시됐던 법칙이나 원칙과 비교해보고, 이런 법칙이나 원칙이 군중 현상을 이해하는 데 얼마나 도움이 되는지 살펴볼 것이다.

군중 속에서 모방에 의한 끌어당기는 힘은 그것을 결정하는 두 변수의 증가로 인해 엄청나게 비대해진다. 하나는 '질량'의 증가인데, 내가 보기에 심리사회학은 이를 숫자로 혼동하는 것 같다. 집단 심리나 군중 심리가 개인 심리와 다른 것도 이 때문이다. 다른 하나는 개인 사이의 거리가 엄청나게 역으로 증가한 것이다. 다시 말해 아주 가까워진다는 뜻이다. 사실 군중이라는 개념은 구성 개인들의 엄청난 근친성에 기초해 있다. 이렇게 서로 가깝다고 느끼는 근친성은 그 속의 개인들로 하여금 서로에게 이끌리게 하고 그들 '개별성'의 융합이 일어나게 한다.

물론 이런 현상들이 일어나려면 흩어져 있던 개인들이 스스로를 군중이라고 '느껴야' 하고, 르봉의 말대로 이질적이고 무기력한 군중이 동질적이고 적극적인 군중으로 변해야 한다. 익숙했던 개인 심리학에서 군중 심리학으로 넘어가기 위해서는 엘리아스 카네티가 다음과 같이 훌륭하게 묘사하고 있는 모방 활동이 개시되어야 한다.

흔하면서도 수수께끼 같은 현상이 하나 있는데, 그전에는 아무도 없던 자리에 갑자기 나타나는 군중이라는 현상이 그것이다. 몇 명 정도, 즉 다섯이든가 열이나 열두 명 정도는 한데 모일 수도 있다. 하지만 그 이상은 아닐 것이다. 어떤 것도 예고되지 않는 정말 기대 밖의 일이다. 갑자기 사람들로 앞이 제대로 보이지 않을 정도이다. 모든 길이 한 방향으로만 통하는 양 도처에서 사람들이 몰려든다. [……] 한쪽 사람들의 움직임이 다른 쪽 사람들에게로 번져나가는 것 같다. 하지만 그것만이 아니다. 그들에게는 같은 목표가 있다.[56]

자연발생적인 군중의 발생 과정에 대한 카네티의 설명에서 흥미로운 것은 군중이 완전한 모방에 의해 발생한다는 점이다.

56  Elias Canetti, *Masse et puissance*, Gallimard, 1966, pp. 12~13.

이쪽 사람들의 움직임이 저쪽 사람들에게 전파되면서 사람들은 모두 모방의 밀도가 가장 센 곳, 사람들이 가장 많이 모여 있는 중심부로 향하게 된다.

군중은 어떤 생각이나 믿음 주변으로, 혹은 이런 것을 구현하고 있는 지도자를 중심으로 모여든다고 르봉은 설명한다. 믿음은 모방에 의한 전염에서 생겨난 것이란 사실과 군중을 모으고 선동하는 지도자란 사람도, 르네 지라르가 보여주었듯이, 실은 모방에 의한 전염에서 나온 산물이란 것을 이제 우리는 분명히 알게 된다.

숫자와 줄어든 거리라는 변수가 한번 비대해지기 시작하면 군중이 행사하는 끌어들이는 힘은 폭발적으로 증가한다. 엘리아스 카네티의 다음 지적도 바로 이것을 말하고 있다.

군중은 한번 형성되면 증가하는 경향이 있다. 이것이야말로 군중이 갖고 있는 가장 대표적인 특성이다. 이 경향은 사정권 내에 있는 사람이면 누구든지 포섭하려 한다. [……] 자연적인 군중은 열린 군중이라서, 원칙적으로 군중의 증가는 한계가 없다.[57]

엘리아스 카네티는 결국 사정권에 든 모든 사람에 대한 군중

57  같은 책, p. 13.

의 인력이 모방에 의해 엄청나게 증가한다는 것을 잘 알고 있었다. 우주에서 큰 행성 가까이 접근한 행성들이 모두 큰 행성의 궤도로 끌려들어가는 것처럼 말이다.

군중 속에서 엄청난 모방에 휘둘리는 개인들은 스스로의 본질을 이루었던 개성을 잃게 된다. 개인들은 더 이상 개인 심리 법칙을 따르는 것이 아니라 집단 심리 법칙을 따르게 된다. 르봉은 이렇게 설명하고 있다.

> 군중이 보여주는 심리 현상 중에서 가장 놀라운 것은 다음과 같은 것이다. 군중 구성원들이 어떤 사람이든, 그들 직업이나 성격이나 지적 수준이 비슷하든 아니든 간에, 그들이 군중이 되었다는 단 하나의 사실만으로도 그들은 말하자면 일종의 '집단 영혼'을 갖게 된다. 이 집단 영혼으로 인해 그 개인들은 각기 따로 있을 때 느끼고 생각하고 행동하는 방식과는 전혀 다른 방식으로 느끼고 생각하고 행동하게 된다. 어떤 생각이나 어떤 감정들은 군중 안에 있는 개인들에게서만 나타나기도 한다. 심리학적으로 군중은 이질적인 원소들이 한순간만 결합해 있는 일시적인 존재라 할 수 있다. 한 생명체의 세포들이 그들의 결합으로 새로운 존재를 만들어내면서 각 세포에 들어 있던 것과는 전혀 다른 성격을 나타내는 것과 마찬가지로 말이다.[58]

이것이 르봉이 말하는 '군중 심리적 동일성 법칙'이 된다. 르봉이 말하는 정신의 동일성은 나에게는 모방에 의한 전염이나 모방에 의한 군중의 엄청난 인력의 다른 표현으로 보인다.

하지만 군중 심리라는 것이 생겨나는 원인을 르봉이 어떻게 설명하는지를 살펴보는 것은 우리의 논의에도 아주 흥미로울 것 같다. 르봉이 생각하는 첫번째 원인은 개인이 숫자를 통해서 막강한 힘을 가졌다는 느낌을 얻는다는 것이다. 그리고 이 힘 덕택에 개인은 "다른 때 같았으면 당연히 자제했을 본능에 따르게" 된다는 것이다.[59] 여기서 나는 군중 심리는 본능적 행위와는 가장 거리가 먼 것이라는 점을 강조하고 싶다. 군중 심리는 순전히 모방적인, 그러니까 본능적인 것이 아니라 전형적으로 인간적인 현상이다. 앞으로 이에 대해서는 더 이상 강조하지 않을 것이다. 또한 본능을 제거했을 때에만 심리학이 존재할 수 있는데도, 많은 필자들이 본능과 심리를 혼동하여 연구 영역에 혼란이 일어나는 문제도 더 이상 거론하지 않겠다.

예를 들어 군중은 결국에는 희생 과정으로 이어지는 적대자 모방이 생겨나서 전파되어나가는 것을 볼 수 있다. 희생양 살해는 본능 행동과는 전혀 관계가 없는, 전형적인 인간적 현상

---

58  Gustave Le Bon, *Psychologie des foules*, 1895, PUF, 1963, p. 11.
59  같은 책, p. 13.

이다. 자연적 인간의 탄생을 가리키는 것은 출산이지만, 문화인의 탄생을 가리키는 것은 바로 희생양이다. 인간의 의지와는 무관하게, 그 사실을 잊으려고 아무리 애를 쓰더라도, 자연인과 문화인은 둘 다 피와 고통과 눈물 속에서 태어났다.

르봉이 지적하는 두번째 원인은 정신의 전염 현상이다. 르봉은, 쉽게 확인할 수는 있지만 아직 분명히 설명되고 있지 않은 전염을 최면 현상에 결부시켜야 한다고 본다.

> 군중 속에서 모든 감정과 행동은 전염된다. 집단 이익을 위해 개인이 자신의 이익을 아주 흔쾌히 희생할 정도로 전염성이 강하다. 자신의 본성에 반하는 이것은 그 사람이 군중의 일원일 때만 행할 수 있는 자질이다.[60]

정신의 전염을 최면 현상과 결부시키는 르봉의 생각을 다시 강조하는 것은 꽤 신나는 일이다. 프로이트도 이 생각을 이어받아 "최면 상태는 당연히 둘로 된 군중으로 볼 수 있다"고 말하게 된다.[61]

르봉은 전염은 항상 최면을 잘 받는 상태 이후에 나타난다고 보고 있다. 그래서 "전염은 이 최면을 잘 받는 상태의 결과일

---

60  같은 책.
61  Freud, *Psychologie collective et analyse du moi*, Payot, 1925, p. 156

뿐이다."[62] 르봉은 또한 군중 속의 개인은 자신의 행동을 문자 그대로 더 이상 의식하지 못한다는 사실도 지적한다.

　군중 속 개인은 따로 있었다면 절대로 할 수 없었을 고약한 행동도 모방이 끄는 힘에 의해 할 수 있게 된다. 여러 개인성들이 모방적인 개인상호성 속으로 녹아든 것이다. 더 이상 자아는 없고 '우리'만 있는 것이다. 이때의 우리는 핵이 모든 자율성을 상실하고 흩어진 세포의 원형질 같은 것이다. 이때의 개인 심리는 언어 이전 단계인 최초의 융합 단계로 되돌아간 것으로 볼 수 있다. 알다시피 언어는 개인들을 묶어주기보다는 구분하는 역할을 하고 있다. 언어는 우선 개인들 사이의 거리를 확보해주어 개인에게 어느 정도의 자율성을 부여해줄 때에만 의사소통의 도구 역할을 할 수 있다.

　이런 상황은 문자 그대로 '어쩌지 못하는' 것이다. 군중 속 개인들은 아주 광기에 찬 행동을 이행하면서 자신을 '모델'이라고 여길 수 있다. 이들은 자신들을 광기로 몰아가는 어떠한 우두머리든 자신의 모델로 삼는다. 또 이들은 서로를 서로의 장애물, 즉 경쟁자로 여길 수도 있다. 이렇게 되면, 르네 지라르가 아주 훌륭하게 그 진행 과정과 결말을 묘사한 바 있는 희생 위기로 진행될 수 있는 무차별적인 폭력이 군중 속에서 터

---

62　Gustave Le Bon, 같은 책, p.13.

져 나오게 된다.

말이 나온 김에, 최면 상태와 아주 유사하게 보이는 군중 현상에 대한 나의 해석을 간략하게 정리해보려고 한다. 군중 현상과 최면은 둘 다 미분화개체 간 관계의 모방성을 드러내고 있다.

집단 몽유병은 한 사람이 군중에 끌리는 인력에서 나온다. 그 첫번째 메커니즘은 접근인데 그 인력은 거리에 반비례한다. 군중은 구성원 사이의 거리를 단축시키고 있기에 그 인력은 이미 증가된다.

사회적 요인이 정신병 발생에 미치는 영향은 모방의 공간적 차원의 결과이다. 군중 속에서는 모델이 분화되어 늘어나면서 모방도 여러 층위로 확대된다. 여기서 암시는 곧 본질적으로 모방적이 되는데, 말하자면 시각적인 것이 된다는 말이다. 귀스타브 르봉이 주장하는 것이 그것이다.

> 잠시 군중을 부추겨서 어떤 행동을 행하도록 유도할 때는 [……] 군중에게 **빠른 암시로써** 영향을 주어야 한다. 여전히 가장 빠른 것은 본보기이다. [63]

---

63　같은 책, p. 19. 강조는 인용자.

모방으로 가속화된 상호 암시에 빠진 군중 속 개인들이 몽유병에 젖어드는 데에는 모방의 공간적 차원이 중요하다. 또한 모방이 반복되어도 암시가 더 커진다는 점에서 시간적 차원도 중요한 역할을 한다.

그러므로 군중 속에서 모방의 인력과 암시가 비대해지면서 각 개인으로부터 그 개인을 넘어서는 욕망의 자아가 끄집어져 나오게 된다. 이렇게 되면 각 주체의 욕망은 군중의 욕망을 따르면서 그 안에 용해된다. 여기서 군중은 숫자 같은 것이 된다. 군중 속의 개인들은 몽유병환자처럼 되는데, 이 집단적인 몽유병은 물론 수면과는 아무런 관계가 없다. 이 몽유병 상태는 혼수 상태나 경직 상태와 같은 징후도 없이 갑자기 나타난다. 그 이유는 군중 속에서 모방의 비대화가 엄청나게 커지면서 녹아들어 사라진 욕망의 자아를 다른 욕망에 대한 다른 자아가 곧 대체하기 때문인 것 같다. 이 다른 자아는 생성 단계를 다시 통과할 필요가 없다. 왜냐하면 이미 사회적인 집단적 자아가 존재하기 때문이다.

집단 자아는 순전히 모방에 의해 생겨난 전염성 강하고 강력하고 불안정한 집단 욕망의 자아이다. 새롭게 태어난 이 자아는 거대한 원형질과 같다. 더 정확히 말하면 각각의 핵 주변을 둘러싸고 개성을 부여해주던 세모막이 사라진 거대한 다핵세포 같은 것이다. 이 새로운 자아는 모방의 흐름 속에 젖어든다.

집단 몽유병이 일어나고 욕망들이 통합되고 모방에 의해서 욕망이 비대해지고 각 개인의 욕망하는 자아가 용해되어버리는 것이 바로 군중이다. 르봉 식으로 설명하면 다음과 같다.

> 깨어 있는 개성이 잠들어버리고 감정과 생각이 한 방향으로
> 만 유도되는 것, 이런 것이 바로 군중이 형성될 때 나타나는
> 첫번째 특징이다.[64]

이 순간 개성의 포기와 집단 정신의 탄생으로 이루어진 군중 심리 동일성 법칙이 나타나게 된다.

이렇게 되면 개인의 의지도 사라진 것처럼 보인다. 그러나 스스로의 우선권을 더 이상 주장하지 못하고 있는 것은 실은 모방에 의해 생겨난 욕망이 그러한 것이다……

그러나 일단 군중이 흩어지고 나면 '흥분'은 진정되고 모든 개인의 욕망의 주체가 되살아난다. 이렇게 되면서 과거는 완전한 기억 상실에 빠져서 '무슨 일이 있었던 거지?'라는 의문을 갖거나, 대부분의 경우는 부분적인 기억 상실에 빠져 '내가 왜 피를 흘렸지?' '내 옷이 왜 찢어졌지?'라거나 '내가 왜 먼지투성이지?' 같은 질문을 하곤 한다. 이 같은 기억상실증을 확인하기 위해서는 격동의 군중에 사로잡힌 개인들의 언제나 일치하지 않는 반응을 떠올리는 것으로 충분할 것이다.

---

64  같은 책, p. 10.

개인 몽유병을 덮고 있는 기억상실증에 비해 집단 몽유병을 덮고 있는 기억상실증은 그만큼 복합적이지는 않겠지만 그만큼 실질적이다. 이 기억 상실은 잘못된 인식과 허구로 보상을 받는다.

이렇듯 수면이나 의식 상태의 변화는 최면과 몽유병 현상을 이해하고 설명하는 데 전혀 필요하지 않다. 이것들이 발생하는 총체적 조건은 집단이든 개인이든 간에 순전히 모방에 의한 것이다.

## 모든 현상을 지배하는 원칙

지구상에서 만유인력은 무거운 힘이라서 안정적이다. 하지만 우주상에서 만유인력은 엄청난 운동과 속도로 나타난다. 만유인력은 그러므로, 무겁기도 하고 가볍기도 하며, 정지이자 운동이고, 추락이자 비상이고, 고정이자 이동이며, 정태적이자 역동적이고, 끌어당기는 힘이자 밀어내는 힘이다. 만유인력은 원칙적으로는 유일한 것이지만 발현될 때는 심지어는 상호 모순될 정도로 다양하게 나타난다. 이런 점에서 만유인력은 우주의 운동이자 생명이다.

그렇다면 앞에서 살펴본 모방은 인류 존재의 절대 조건이라 할 수 있다. 인간은 사회적 동물이다. 그가 인간이 되도록 유도

한 것은 타인과의 관계이다. 그런데 이 관계는 모방적인 것이다. 모방의 작동에 의해서만 이 관계가 가능하다는 의미에서 그러하다.

만유인력처럼 모방은 끌어당기는 인력인 동시에 밀어내는 척력이다. 처음에 모방은 배우는 단계인데 이때의 모델은 그냥 모델일 뿐이다. 하지만 곧 타인의 행동에 대한 모방은 모델의 손과 추종자의 손을 동일한 대상을 향하게 한다. 이렇게 모델이 경쟁자가 되는 모방은 곧 갈등을 일으키는 모방이다. 이렇듯 인력과 동시에 척력이 나오는 모방으로부터 학습과 갈등이 나오고, 비폭력적인 습득과 폭력적인 습득, 평화와 전쟁, 조화와 무질서, 유사한 것과 분쟁이라 말할 수도 있을 상이한 것들이 나온다.

행성들을 서로 부딪치게도 하지만 동시에 멀어지게도 하는 만유인력이 행성의 존재 조건인 것처럼, 사람들을 서로 끌어당기는 힘인 모방도 바로 그 운동을 통해 사람들의 '분리', 즉 인간의 정체성과 개체성, 인간의 고유한 본성을 보장해준다.

만유인력과 마찬가지로 만유모방은 다양한 모양으로 발현된다. 공간적으로는 모방으로 나타나고, 시간적으로는 반복의 형식을 띤다. 그런데 이 특징들은 그 자체가 공간적인 재생산 현상으로 가능하다. 모방의 마지막 양상인 재생산까지 넣는다는 것은 문화적 우주 너머까지 올라가거나 재생산으로 인간의 차이를 부여함과 동시에 인간을 생물의 범주에 고정시키는 일반적 현상의 발현으로 간주한다는 것이다. 이것들이 바로 내가 앞으로 만유모방의 세 가지 차원이라고 부를 것들이다. 이것들은 앞에서 보았듯이, 천지창조 당시 인간에게 차례로 새겨진 것들이다.

만유모방의 첫번째 차원은 학습과 연대 메커니즘 속에서 일어나는 모방으로 전개된다. 동시에 습득의 모방은 경쟁, 갈등, 폭력을 낳는다. 인간 뇌에 있는 거울뉴런의 존재로 인해 이 보편적 차원의 모방은 확인이 되었다.

자신이나 타인에게서 나는 어떤 소리나 몸짓에 대한 모방이 즉각적으로 행해지지 않고 시차를 두고 행해질 때, 모방은 반복이 되면서 시간의 차원으로 들어간다. 모방의 이 차원으로 인해 기억과 모든 재현의 존재가 설명된다. 시간의 지속과 역사의 변전 속에서 한 개인의 존재, 즉 개체 발생을 가능케 하는 것이 바로 이 기억이다.

여기서 분명하게 우리 생각을 정리하면, 만유모방은 본능도 충동도 아니라는 것이다. 만유모방은 인간을 비롯한 생명체의 계통 발생과 개체 발생을 지배하는 원칙이자 일반 법칙이다. 우리가 입증하려는 이 법칙은 물질적이고 손으로 잡을 수 있는 것으로 발현되지만 그 본질에서는 형이상학적인 것으로 보일 수 있다.

여기서 흔히 하는 오해를 하나 지적해야겠다. 모방, 반복, 재생산은 모방의 과정들이지만 그 과정이 동일한 결과로 이어지지는 않는다는 것이다. 아이가 부모를 닮을 수는 있지만 그렇다고 부모의 '클론(복제인간)'인 것은 아니다. 남의 흉내를 아무리 잘 내는 사람도 모델과 똑같은 목소리를 가질 수는 없고, 열심인 학생이 선생님이나 모델을 아무리 열과 성을 다해서 모방하더라도 결코 선생님이나 그 모델이 될 수는 없는 법이다.

모방은 복제가 아니다. 만유모방은 정보 습득도 가져올 수 있지만 동시에 손실도 초래할 수 있다. 플라톤은 모방의 이런 측면을 이미 알고 있었다. 탁자에 대한 플라톤적인 이데아에는 '잠재적으로' 과거, 현재 그리고 미래의 모든 탁자들이 다 들어 있다. 탁자의 이데아와 구체적인 탁자 사이에는 그러므로 정보의 거대한 손실이 있다. 레오나르도 다빈치가 모나리자를 그릴 때 완성된 그림에는 물론 모델 모나리자 부인에 비해 많은 정보 손실이 있다. 그녀의 몸짓이나 웃음, 성격, 목소리, 정신, 향기 따위는 표현되어 있지 않고 영원히 사라지고 말았다. 하지만 역으로 생각하면, 다빈치가 뛰어난 솜씨로 그 모델에게 특별한 자질을 첨가했고, 이 자질 때문에 이 그림이 수 세기에 걸쳐서 뛰어난 걸작으로 통하고 있다고 말할 수 있을 것이다.

그러므로 모방은 또한 사람들 사이에서 정보의 교환과 전이가 행해지는 메커니즘이기도 하다. 물론 이때의 교환은 어떠한 경우에도 혹자들이 생각하는 복제나 증식을 뜻하는 것이 아니다.

그 반대로 변함없는 교환을 통해 전이가 일어날 때마다 정보의 손실이나 이득이 생겨난다. 모방 때문에 학습이 가능하지만 배우는 학생은 재능이나 감수성에서 차이가 날 수 있다. 교사에 비해 재능이 모자라서 정보 손실이 일어날 수도 있지만, 학생의 재능이 교사와 같거나 뛰어나서 정보 증가가 일어날 수도 있다.

모방은 정보의 지속을 보장해주기 때문에 기억 형성과 온갖 표현들의 원칙이 된다. 하지만 아직도 반복은 똑같은 것을 만들어내지 못하고, 정보가 덧붙여지거나 삭제되기도 한다. 프로이트나 프루스트Marcel Proust를 비롯한 많은 저자들이 기정사실도 기억 속에서 수정을 겪는다는 것을 강조한 바 있다. 한 번 더 강조하지만 같은 종 안에서도 모방은 똑같은 것을 낳지 못한다. 모든 개체들은 각기 다르지만 그 종은 그대로 유지되고 있다.

「창세기」를 깊이 파고든 결과 우리는 심리 변화가 순전히 모방에 의한 것이란 것을 알게 되었다. 에덴동산에서는 만사가 좋다. 그러다가 욕망의 개입이 있기 전에는 심리 변화의 측면에서는 어떠한 일도 일어나지 않는다. 인간을 세상과 시간 속으로 끌고 들어간 것이 바로 이 심리 변화이다. 시간은 움직임이나 운동이나 변화로 표현된다. 시간이 없다면 이런 변화는 아무런 의미도 없어진다. 또 변화가 없다면 아예 시간 자체가 지각되지 않을 것이기에 시간은 누구에게도 존재하지 않는 것이 된다.

시간은 물질계의 만유인력과 정신계의 만유모방이라는 영원한 이중 운동에 의해 지속된다. 이 운동들이 한편으로는 두 물질의 상호작용을, 다른 한편으로는 심리 주체들의 상호작용을 똑같은 원칙으로 지배하고 있다는 사실에 의해 이 운동은 영원한 운동이 된다. 이때의 원칙은 서로를 향하는 물체의 운동이 서로를 밀어내는 운동에 의해 어긋나는 원칙이다. 물질적이고 심리적인 이 주체들은 그러므로 완전히 헤어질 수도 완전히 멀어질 수도 없다. 이것들은 서로의 주위를 영원히 선회하고 있다. 운석이나 우주 물체가 자신의 궤도를 벗어나는 것은 더 강한 인력을 가진 물체의 궤도로 끌려들어가기 때문이다. 한 사람이 어떤 사람에게서 멀어지는 것은 그 자신이 또 다른 주체의 인력에 끌려들어가기 때문이다.

2장          거울뉴런의 발견

사람의 마음은 서로에 대한 거울이다.

—데이비드 흄

모방모방(모방적 모방)앞에서 우리는 욕망을 심리 변화의 힘으로 규정했다. 우리는 욕망은 모방적이라는 르네 지라르의 가설을 지지하면서 미분화개체 간 관계 혹은 모방적 관계에 대해 살펴보았다. 이것들은 끊임없이 왔다 갔다 하는 힘들인데, 하나는 모방의 벡터이고 다른 하나는 암시의 벡터이다.

르네 지라르는 1961년에 모방적 욕망의 가설을 세웠다. 내가 지라르의 이 가설에 매달린 것은 1971년부터였다. 1978년에는 인류학과 심리학 영역에서 행한 우리의 공동연구 결과를 발간하기도 했다.

하지만 지라르의 모방 가설이 과학적 확신으로 변한 것은 1990년대 초반의 일이다. 자코모 리졸라티Giacomo Rizzolati, 레오나르도 포게시Leonardo Fogessi, 비토리오 갈레스Vittorio Gallese를 비롯한 이탈리아 파르마 대학 신경과학연구소의 학자들 덕분이었다. 거울뉴런을 발견함으로써 공감, 동정, 교육, 의사소통, 언어와 같은 인간의 상호작용을 설명하기 위해 만유인력 같은 메커니즘을 가설로 세웠던 앞서 거론했던 학자들의 직관이 옳았음을 입증해준 것이 바로 이들이다.

이들이 정리한 거울뉴런은 얼핏 보면 아주 간단하다.

거울뉴런이라 명명한 이 뇌세포들은 외부 세계를 반영한다. 어떤 사람이 어떤 행동을 할 때나 누군가가 그것을 하는 것을 바라볼 때 거울뉴런이라는 이 세포들이 활성화된다.[65]

비토리오 갈레스의 더 자세한 설명을 보자.

한 십 년 전에 우리는 마카크 원숭이의 뇌에서 그 원숭이가 가령 물건을 잡기 위해 어떤 목표물을 향해 손을 뻗을 때뿐 아니라 사람이나 다른 원숭이가 그와 유사한 행동을 하는 것을 볼 때에 작동하는 전前운동 영역에 있는 일군의 뉴런을 발견했다. 우리는 이것을 거울뉴런이라 부르기로 했다. [……] 행위를 보는 것 자체가 그 행위를 할 때와 똑같은 뉴런의 메커니즘을 자동적으로 작동하게 했다.[66]

65   Giacomo Rizzolatt, Leonardo Fogassi, Vittorio Galles, "Les neurones miroirs", *Pour la science*, n° 351, janvier 2997.
66   Vittorio Gallese, "Intentional Attunement, the Mirror Neuron system and its role

겉모습이나 타인의 행동을 모방하는 것은 그러므로 자의적인 일이거나 어쩌다 나온 것이 아닌 신경학적으로 자동적으로 일어나는 불가피한 일이다. 비토리오 갈레스는 2007년 4월에 스탠퍼드 대학에서 나와 함께 오랜 시간 토론을 하며 거울뉴런의 발견에 의해 지라르의 모방이론이 더 공고해졌음을 인정했다. 물론 이 과정의 특징을 지칭하면서 '모방'이란 말이 아니라 '체화된 흉내embodied simulation'라는 말을 사용하긴 했지만 말이다.

스탠퍼드의 그 학술대회에 참석했던 시애틀의 앤드루 멜초프Andrew Meltzoff도 거울뉴런의 발견에 아주 큰 관심을 나타냈다. 멜초프는 1977년부터 생후 몇 시간밖에 안 된 신생아들에 대한 실험을 하고 있었는데, 거울뉴런의 발견으로 멜초프의 실험에 힘이 실릴 수 있었던 것이다. 신생아들은 실험자의 몸짓, 가령 혀를 내미는 등의 동작을 모방했는데, 이 모방은 자동적으로 일어나는 것이었다. 왜냐하면 이 아기들은 그 동작이 어떤 의미인지 전혀 몰랐을 뿐 아니라 참조할 경험도 전혀 없었기 때문이다. 앤드루 멜초프는 태어난 지 몇 분밖에 안 된 아이를 실험해도 좋다는 허락을 산모로부터 받아내기도 했다. 멜초프의 얼굴은 그 아기에게는 어머니 얼굴도 보기 전에 보는 그야말로

in interpersonal relations", *Cognitive Brain Research*, 2004.

생애 처음으로 대면하는 첫 얼굴이었다. 실험 결과는 결정적이었다. 그 신생아 역시 혀를 내밀었던 것이다.

이 실험 결과는 양전자 방사 단층촬영PET 화면에서 볼 수 있듯이, 타인의 행동을 볼 때 반응을 나타낼 뿐 아니라 행위를 하는 사람과 그것을 보는 사람에게서 정확히 똑같은 반응을 보이는 거울뉴런이 뇌의 운동 영역 앞부분에 있다는 것을 알 때에만 그 의미를 이해할 수 있다. 운동 영역과 전운동 영역에 있는 이 거울뉴런은 사람이나 동물이 아닌 개체의 행동에는 전혀 반응을 나타내지 않는다. 예를 들어 어떤 음식을 집는 로봇 팔의 움직임을 볼 때 원숭이의 거울뉴런은 전혀 반응을 보이지 않는다.

이런 실험과 연구 결과를 통해 다음과 같은 사실들이 확인될 수 있었다.

- 사람들 사이에는 어떤 연대성과 공모가 있는데, 이것은 신경학적으로 뇌에 들어 있으면서 행동을 통해 서로에게 전달된다.
- 운동 영역의 거울뉴런이 반응하게 되면 뉴런에서 자동적으로 일어나는 전달과 소통을 통해 바라보는 행위의 의미를 즉각 깨닫게 된다.

손이 어떤 물건을 잡으려고 움직이는 것을 본 원숭이 뇌의 전운동 영역의 F5 영역이 강한 반응을 나타냈다. 하지만 어떤 것도 잡으려 하지 않고 '그냥' 움직이는 손을 볼 때는 아무런 반응도 보이지 않았다. 더 흥미로운 것은, 실험자가 원숭이가 보는 데서 사과를 놓고 불투명한 막으로 가린 다음 손을 그 막 뒤로 밀어 넣으면 이를 바라보던 원숭이의 F5 영역이 활성화되면서 반응을 나타낸다는 것이다.

그래서 비토리오 갈레스는, 사람에게서 원숭이에게 혹은 어떤 사람에게서 다른 사람에게로 행동만이 아니라 그 행동의 의도도 같이 전달된다는 결론을 내린다. 관찰자의 거울뉴런에 포착되면서 한 사람에게서 다른 사람에게로 전달되는 이 의도는 그 행동을 하는 사람이나 그것을 행할 의도를 표명한 사람의 뇌 속에서 반응을 나타내는 영역과 똑같은 영역에 있는 거울뉴런의 반응을 일으킨다.

이런 사실은 앤드루 멜초프의 심리실험에 힘을 실어주었다. 멜초프는 실험을 이렇게 설명한다.

첫번째 실험에서 연구자는 생후 십 개월 정도 되는 아기들에게 자그마한 장난감 아령의 끝을 어떻게 들어 올리는지 보여주지만 완전히 들어 올리지 않는데, 짐짓 제대로 들지 못하는 척한다. 그러므로 아기들은 그 동작의 목적이 무엇인지 한번도 제대로 본 적이 없는 셈이다. 다른 아기들을 대상으로도 실험을 진행한 결과 아기들은 실제로는 한번도 본 적이 없는 그 동작의 목표를 잘 알고서 연구자들의 의도를 모방하고 있다는 것을 알게 되었다. 아기들은 그러므로 보이는 것만 모방하는 것이 아니라 의도나 목표도 모방하고 있다.

멜초프는 이렇게 결론을 짓는다.

분명한 것은 아기들은 목표에 도달하지 못한 우리 행동의 목표를 이해할 수 있다는 것이다. 아기들은 우리가 하려는 것, 더 정확히 말하면 우리가 실현하지 못한 것을 모방한다.[67]

어른들이 어떤 행동의 목표에 이르지 못한다 하더라도 아기들은 어른들의 그 의도를 이해하고 있다. 아기들은 연구자들이 실제로 행했던 것보다도 그렇게 하려고 했던 것을 모방한다.

두번째 실험은 아기들이 어떤 대상의 이유나 동기를 얼마나 알고 있느냐에 관한 것이었다. 이 검사를 위해 연구자들은 첫번째 실험에서와 같이 목표를 달성하지 못하는 행위를 행하는, 팔과 고리가 달려 있는 작은 기구를 하나 만들었다. 앞서의 과정을 잘 알고 있던 아기라고 해서 이전 과정을 전혀 모르고 그

---

67  Andrew Meltzoff et Jean Decety, "What imitation tells us about social cognition: a rapprochement between developmental psychology and cognitive neuroscience", *Philosophical Transactiona of the Royal Society of London Biologic Science*, n° 358, 2003, p. 496.

냥 장난감 아령 앞에 놓인 아기들보다 눈앞에 있는 기구의 의
도를 더 잘 파악하는 것이 아니라는 사실이 곧 확인되었다. 이
실험으로 볼 때 아기들은 무생물의 동기나 존재 이유는 파악하
지 못하는 것 같다.

세번째 실험은 아기가 주변 행동의 동기에 얼마나 관심을 갖
는지, 그리고 그 동기나 의도를 얼마나 중요한 것으로 여기느
냐에 관한 것이었다. 여기서는 아령의 양 끝을 막대기에 단단
히 고정시켜서 들어 올리지 못하게 해놓았다. 실험자들은 여기
서도 앞서와 같이 아령을 들어 내리려고 하지만 성공하지 못하
는 행동을 되풀이해서 보여준다. 이 모습을 지켜보던 아기들은
물론 정확히 똑같은 반응을 나타내지만 어른의 행동이 전혀 마
음에 들지 않는다. 아기들은 아령 끝을 들려고 제 스스로 애를
쓰면서 어머니와 연구자들에게 애원의 눈길을 보낸다.

멜초프의 연구 결과로 인해, 아기들은 단순히 어른들의 행동
에만 관심을 갖는 것이 아니라 그 의도와 목표에까지 관심을
기울이고 있다는 생각이 한 번 더 견고해졌다. 이쪽으로 연구
를 계속한 학자들은, 인간의 모방은 항상, 즉 아주 근본적인 차
원에서, 행동과 표현에 대한 모방이라기보다는 의도나 목표에
대한 모방이라는 견해를 내놓았다. 숱한 실험 결과에서 나온
결론이라고 보는 것이 마땅할 이 가설에는 **목표지향 모방이론**
goal-directed theory of imitation이란 이름표가 붙었다.[68]

멜초프의 업적이나 목표지향 모방이론은, 우리는 단지 타인

의 겉모습이나 몸짓, 소유만 모방하는 것이 아니라, 특히 그리고 아주 중요한 사실인데, 어린 나이 때부터 타인의 의도, 바꾸어 말해 타인의 욕망도 모방하고 있다는 것을 잘 말해준다.

거울뉴런을 발견했던 자코모 리졸라티는 소유 모방을 두고 이렇게 지적한 적이 있다.

> 원숭이에게서 이런 모방은 어느 정도 한계가 있다. 이런 식의 모방은 그들에게 아주 위험하기 때문이다.[69]

모방의 위험은 어디에서 오는 것일까? 원숭이가 어떤 물건을 집는다는 식의 구체적인 목표를 갖고 행동을 할 때 전운동 피질의 뉴런들이 활성화된다는 리졸라티의 연구 결과를 상기하자. 이번에는 어떤 물건을 붙잡으려는 원숭이와 이 원숭이를 기계적, 맹목적으로 모방하는 다른 원숭이 한 마리를 상상해보자. 똑같은 대상을 향해 뻗은 두 개의 손은 분쟁을 일으킬 수밖에 없을 것이다.

거울뉴런의 메커니즘은 모방이 몸짓, 외관에 대한 모방뿐 아

---

68   Colwyn Trevarthen, T. Kokkinaki, et Jr Geraldo Fiamenghi, "What infants' imitations communicate: with mothers with fathers, with peers", *Imitation in Infancy*(édition J. Nadel et G. Butterworth), Cambridge University Press, 1999; Wolschlager et Bekkering, 2002.

69   *Le Figaro*, interview, 5 février 2005.

니라 모방적 욕망 그 자체도 모방하고, 행동으로 드러난 그 의
도도 모방하며, 소유 행위가 보여주는 그 욕망도 모방하고 있
다는 것을 말해주고 있다. 미리 보여주어 막 뒤에는 아무것도
없다는 것을 원숭이가 잘 알고 있을 때 그 막 뒤로 실험자가 손
을 밀어 넣는 것을 보아도 원숭이의 전운동 영역에서는 아무런
반응도 나타나지 않는 것이 그 좋은 증거가 될 것이다.

거울뉴런에 대한 연구는 파르마 학파의 뒤를 이어 전 세계의
신경과학 연구소에서 아주 활발하게 진행되고 있다. 거울뉴런
은 인간 뇌의 여러 영역에서 확인되고 있다. 특히 자코모 리졸
라티와 비토리오 갈레스는 거울뉴런 시스템에는 언어를 관장
하는 운동성 언어 영역인 브로카 영역도 포함된다는 것을 강조
하고 있다.

> 언어학자들의 생각처럼 인간의 의사소통이 얼굴과 손의 동
> 작에서부터 시작되었다면 언어의 발생과 진화에서 거울뉴런
> 은 아주 중요한 역할을 하였을 것이다. 등가성과 직접 이해
> 라는 의사소통의 본질적 문제 두 가지를 거울뉴런이 해결하
> 고 있기 때문이다. 등가성은 메시지의 의미가 발신자와 수신
> 자 모두에게서 동일하다는 것을 전제한다. 직접 이해는 개인
> 들의 상호 이해를 위해서 사전의 합의가 꼭 필요하지 않다는
> 것을 의미한다. 합의는 타고난 것으로 두 사람의 신경조직 안에
> 이미 내재되어 있다.[70]

생후 32분 된 신생아와 멜초프 사이에는 사실 어떠한 '합의'
도 있을 수 없다. 날 때부터 형성된 이 갓난아기의 신경조직은
이 실험자의 신경조직과 아주 자연스럽게 연결되면서 그의 몸
짓을 모방하게 된다.

겉모습이나 몸짓, 의도, 욕망을 모방하는 것은 생명체, 특히
인간 뇌에 들어 있는 뉴런의 메커니즘 때문이며, 자동으로 진
행되는 이 메커니즘 때문에 이 사람에서 저 사람에게로 심리
변화는 손쉽게 전달된다는 것을 단층촬영 화면을 통해 거울뉴
런은 아주 분명하게 보여준다. 인간들의 수수께끼 같은 응집력
을 한 사람에게서 다른 사람에게로 전파되는 '자기' 같은 것으
로 본 메스머를 비롯해서, 많은 의문을 품고 있던 모든 사상가
들에게 거울뉴런은 해답을 제시해주었다. 거울뉴런은 마침내
인간 심리의 핵심에 모방이 있다는 것을 입증하면서, 르네 지
라르가 1961년에 주장했던 "욕망은 모방에서 나온다"는 가설을
증명해준다.

거울뉴런 덕분에 우리는 욕망의 모방성과 타자성을 수용하
게 될 것이다. 왜냐하면 거울뉴런 연구 결과, 욕망의 기원은 더
이상 무의식이라는 이름으로 우리 내면에 숨어 있는 것이 아니
라, 심리학과 신경학의 측면에서 타인 안에 있는 것으로 밝혀

---

70 "Les neurones miroirs", *Pour la science*, n° 351, janvier 2007. 강조는 인용자.

지면서 우리 욕망의 책임과 유죄성을 감면시켜줄 것이기 때문이다. 게다가 단층촬영 화면을 통해서 우리는 욕망이 한 주체에서 다른 주체에게로 '거울처럼' 모방적으로 전달되는 것을 가시적으로 볼 수 있게 되었다.

이런 생각을 더 공고히 해주는 다른 실험이 있었다. 이 실험에서는 사람이나 다른 원숭이가 땅콩을 집어 껍질을 까는 것을 본 원숭이의 거울뉴런이 같은 소리를 내게 했다는 것이다. 그리고 원숭이가 행위자나 행동을 보지 않고 단순히 소리만 들었을 때도 전운동 영역은 똑같은 반응을 나타냈다. 정교한 인간의 뇌를 생각해 볼 때, 우리의 어떤 몸짓이나 시선이나 태도도 그것을 본 사람에게 그 안에 들어 있는 욕망을 드러낼 수 있다는 것을 우리는 이제 알게 되었다. 이렇게 모방에 의해서 잘 전염되는 우리의 욕망은 더 이상 어떤 '유체' 같은 것이 아니라 하나의 신경생리학적 실체인 것이다.

막스 셸러가 공감과 감정이입에 대해 제기했던 질문들도 여기서 해답을 얻게 된다. 비토리오 갈레스의 말을 들어보자.

우리 인간과 영장류의 뇌는 우리에게 다른 존재의 경험에서 오는 느낌을 주는, 자극 동기화라는 기본 기능 메커니즘을 발전시켜온 것 같다. 신경학적 토대를 공유함으로써 타인의 의도를 공유할 수 있다는 가능성에서 의도의 동기화가 나온다. 타인들의 의도와 그것을 바라보는 사람의 의도를 하나로

連結시키는 이 관계에서 우리가 다른 사람들과 느끼는 친밀함이라는 특별한 성격이 나오고 있다. 이것이 바로 감정이입이 의미하는 바다. 서로 다른 두 개의 몸, 두 개의 뇌는 그러나 이들이 공유하고 있는 신경 상태를 통해서 똑같은 형태기능 규칙을 따르게 된다. 그리하여 객체인 타인이 다른 자아가 된다.[71]

이상하게도, 내가 1982년에 『욕망이라는 이름의 모방』에서 했던 말을 갈레스는 표현은 다르지만 똑같이 하고 있다. 어른에 대한 아이의 관심, 사람들 사이의 말과 정서를 통한 소통, 이런 것들은 인류 보편적인 것이지만 자폐증환자처럼 예외적인 경우도 있다는 것을 당시 나는 강조했다. 최근 연구에 의하면 자폐증환자는 전운동 피질의 한 부분인 아래전두이랑에 있는 거울뉴런의 활동성이 떨어진다는 것이 밝혀졌는데, 이것이 타인의 의도를 추정하는 능력의 부족을 말해주는 것 같다. 또한 전두엽 섬피질과 전前대상피질에 있는 거울뉴런의 기능 장애가 공감 결핍과 같은 증상의 원인인 것으로 밝혀지고 있다.[72] 이 방면의 연구는 지금도 계속되고 있지만 어린이의 자폐증이 부모, 특히 어머니의 탓이 아니란 것은 이미 충분히 밝혀져 있

거울뉴런의 발견

71  Vittorio Gallese, "Intentional Attunement. The Mirror Neuron system and its role in interpersonal relations", *Cognitive Brain Research*, 2004, 강조는 인용자.
72  *Pour la science*, n° 351, janvier 2007, p. 53.

다. 자폐증 어린이를 두고 '결함이 있는 어머니'를 두었다고 안 쓰러워할 게 아니라, 신경학적인 결함이 있는 아이를 둔 어머니에게 공감을 표해야 할 것이다

치매를 연구하는 프랑수아 레르미트François Lhermitte는 1981년부터 치매 환자들이 인지 노력을 포기하고 의미도 모르면서 순전히 모방에 의해서만 활동한다는 사실에 주목해왔다. 상대방의 말이나 몸짓을 기계적으로 되풀이하는 이런 행위를 임상신경학에서는 '반향언어éholalie' '반향동작échopraxie'이라고 부른다. 치매 환자는 스스로의 이미지에 빠져 있는 나르시시스트가 아니라, 허공에서 메아리치는 자기 목소리를 듣고 있는 외로운 에코의 님프인 것이다……

스탠퍼드 학회에서 비토리오 갈레시는 그때까지 발표한 적이 없던 한 가지 사실을 우리에게 이야기해주었다. 몸짓과 그 의도를 이미 아는 상태에서 경쟁에 들어가면 그 순간 거울뉴런이 훨씬 더 강한 반응을 보인다는 것이다. 원숭이 두 마리가 먹이를 먹으려고 경쟁을 해야 할 때 그들의 거울뉴런은 강한 활성화 반응을 나타낸다. 비토리오의 말을 듣던 르네 지라르와 나는 아주 흥분했다. 비토리오는 그의 연구가 경쟁이 욕망을 부추기고 확대시킨다는 우리 생각에 대한 신경학적인 증명이 되었다는 지라르의 지적을 받아들여 이 연구에 더 열심히 매진할 것을 약속하였다.

결국, 거울뉴런의 발견은 인간 두뇌의 많은 부분, 아니 거의

모든 부분에 들어 있는 거울뉴런 시스템이 우리가 보는 타인의 의도나 욕망을 포착하여 타인의 뇌에서 신경학적으로 일어나는 작용에 자신을 맞춤으로써 그대로 흉내 낼 수 있다는 사실에 대한 과학적 증거를 제공한다고 말할 수 있다.

# 3장      새로운 욕망이론

사람이 악의 길을 가는 것은
그것이 사랑으로 가는 지름길이라고 믿기 때문이다.

—존 스타인벡

부인할 수도 없고 예외도 없는 사실이 하나 있다. 미분화개체
간 관계 속에서 타인의 욕망을 모방하면서 자아가 형성될 때마
다, 사람들은 자신의 변화의 기원이나 자신에게 미친 타인의
영향을 망각하고, 모델보다 자신의 욕망이 우선한다고 주장하
면서 그 욕망을 자신의 고유한 것이라고 믿는다는 것이다. 우
리 자신에게 생기를 불어넣고 우리 자신을 이루고 있는 것에
대한 무지 속에서 자아가 형성되고 있다고 말할 수 있다. 이 무
지 때문에 우리는 끝없는 환상과 착각에 빠지게 될 뿐 아니라,
필히 자신의 모델을 예외 없이 경쟁자나 장애물로 여긴다. 그
리하여 우리가 꿈꾸는 능력에 해가 되는 모방적 관계의 진실을
더 잘 감추어 우리의 자율성을 주장하기 위해서, 우리는 자신
의 모델인 그 경쟁자에 대해 갈수록 더 많은 반대를 하려 한다.
이럴 때 무지는 우리를 선망과 원한과 증오로 이끌 뿐 아니라,

지금부터 이 장에서 살펴볼 온갖 종류의 병리학으로 이끌게
된다.

우리 욕망이 모방에서 나온다는 것을 거부하는 데서 나오는
환상은 우리 모델이 가리켜주던 그 대상을 향한다. 이것은 성
경이 주는 커다란 교훈 중 하나이기도 하다. 경쟁적 욕망이기
도 한 우리의 모방적 욕망은 우리 욕망의 대상을 점진적으로
변화시킨다. 대상의 아우라는 바로 그 모델의 명성에서 나온다
는 것을 망각할수록 대상은 더 많이 변화한다. 「창세기」의 나
무가 다른 나무와 차이가 나는 것은 오로지 그것에 대한 접근
을 금지했던 그 모델 때문이다. 그 나무를 매개로 모방적 경쟁
관계가 생겨날 때 비로소 그 열매는 '먹음직스럽고' '탐낼 만한
것'이 된다. 그 열매를 섭취하게 되면 모델이 그 나무에 자신만
을 위해 남겨둔 존재론적 지위를 얻는 것을 보장해줄 것이므
로, 그 나무는 아주 대단한 중요성을 가진 관심 대상이자 유일
하게 탐낼 만한 것이 된다.

대상의 위상은 순전히 개인 상호 심리 속에서의 위상이다.
대상이 갖는 중요성은 오로지 모방적 경쟁 관계에서 나온 것이
다. 모방에 의해 일단 욕망의 대상이 되고 나면 그 욕망은 그
대상만이 만족시킬 수 있다는 점에서, 대상의 매력은 오로지
그 모델에게서만 나온 것이다. 우리에게 허용된, 그것과 똑같
은 대상들은 기껏 우리의 본능과 욕구만 만족시킬 수 있을 뿐
이다.

따라서 우리의 욕망은 못생긴 사람도 예쁜 사람으로 보일 정도로 대상을 변화시킨다. 우리가 살고 있는 세상은 환상의 세상이다. 항상 기회를 엿보고 있는 경쟁에서 벗어나 마음의 평화와 지혜에 도달하기 위해서는, 현실을 있는 그대로 봄으로써 결국은 우리를 관통하고 있는 모방적 욕망의 진실을 깨달아야 한다. 르네 지라르가 『문화의 기원Les Origines de la culture』에서 말하는 '개종conversion'이 바로 그것이다.

우리가 주창하는 '미분화개체 간 심리학'은 그리하여 욕망에 대한 무지에서 나오는 모든 환상과 왜곡을 연구하게 될 것이다. 욕망의 고유한 역학을 더 잘 이해하고 스스로에 대해 부여하고 있는 자율성이니 우선권이니 정통성이니 하는 '형이상학적인' 환상에서 벗어나기 위해서, 우리는 여기서 프로이트가 더 이론적인 심리학의 개념 모델을 지칭하면서 사용했던 의미에서의, 욕망에 대한 '메타심리학'을 시작하려고 한다.

## 과학적 심리학

플라톤에서부터 가브리엘 타르드 같은 19세기 사회학자들에 이르기까지 모방은 심리학적으로는 단순한 복사로, 사회학적으로는 순응주의와 획일화에서 나온 것으로 여겨져왔다. 모방을 폭력과 무관한 아주 평화로운 것으로 보아왔다는 말이다.

경쟁과 분쟁의 기원에서 모방이 중요한 역할을 한다는 것을 강조한 사람은 르네 지라르 이전에는 아무도 없었다.

암시는 특히 프랑스에서 논의가 많이 된 주제였다. 그러나 이 주제에 대한 연구는 메스머와 파리아 신부로부터 시작해서 샤르코, 자네, 베른하임, 프로이트에 이르기까지 독립적으로 진행되어왔다. 주로 암시와 최면의 관계를 중심으로 한 토론이 행해졌을 뿐이다.

하지만 실상은 앞에서 밝혔듯이, 모방과 암시는 A와 B 사이의 미분화개체 간 관계의 '왕복 운동'으로 보아야 한다.

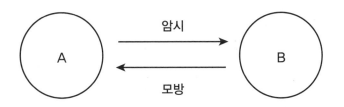

두 벡터가 A와 B의 미분화개체 간 관계를 이루고 있다. 이 벡터들은 세기는 같지만 방향은 반대이다. A와 B 사이의 교환에서 이 두 벡터의 방향은 아주 빨리 전도될 수 있다. 이 점에 대해 주목할 필요가 있다. B가 A의 행동을 모방했을 때에만 A가 B에게 어떤 행동을 암시한다고 말할 수 있다. 마찬가지로 A가 실제로 그 행동을 암시했을 때에만 B가 A의 행동을 모방했다고 말할 수 있다. 모방과 암시는 따로 떼어서 생각할 수 없는 하나의 동일한 현실이다. 모든 모방은 그 자체가 모방을 당하는 암시가 될 수 있다. 상호 관계에 있는 A와 B 사이를 오가는 암시와 모방의 벡터 방향은 끊임없이 뒤바뀐다. 방향 전환의 속도는 암시와 모방을 식별할 수 없을 정도로 빠르다.

지금까지 나는 특별한 관계 속에서 암시와 모방의 벡터가 일정한 방향으로 작용할 수 있다는 사실과, 최면에 걸리는 사람은 암시에 걸리기 쉬운 특성뿐 아니라 최면술사의 언행을 따라 그의 욕망을 모방하는 성향도 많이 갖고 있다는 사실을 보여주려 했다.

모방적 욕망 가설을 따르면, 욕망의 근원이 자아라는 생각에서 벗어나야 한다는 것이 분명해진다. 그 운동성으로 인해 조금씩 주체 내부에서 변화하기는 하지만 항상 존재하는 역동적인 구조를 통해 우리의 자아라 부를 수 있는 것을 생성하는 것은 바로 우리의 욕망이다. 그러므로 우리는 욕망의 새로운 이론적 모델에 관심을 기울여야 한다.

생존과 욕망을 지탱하는 데 필요한 에너지를 생명 저 깊은 곳에서 끌어오는 것이 자아가 아니다. 오히려 자아를 만들어가는 것은 바로 우리 욕망이다. 말하자면 욕망에 의해 욕망의 자아가 형성되는 것이다.

자아를 형성하는 욕망 그 자체는 타인에 의해 모방되고 영감을 받고 전달되는 것이다. 우리 자아를 만들어낼 욕망이 생기도록 하는 것은 바로 타인의 욕망이다.

만유인력의 시계가 가리키는 객관적 현실의 시간인 물리적 시간에서 볼 때 일련의 사건들은 다음과 같이 표현될 수 있다.

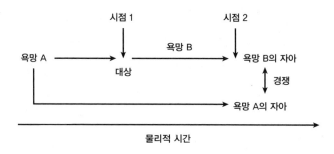

**물리적 시간**

주체 B와 그의 모델인 A, 이 둘은 동일한 대상을 욕망한다. 그리고 시점 1과 시점 2가 있는데, 이것은 욕망이 발생하는 자아의 연속된 두 지점을 가리킨다. 이것은 누구나 다 기본적으로 갖고 있는 것이다. 이 기본적인 지점들을 통해서 우리는 과학적인 심리학을 만들어볼 수 있는데, 그 속에서 우리는 다음 두 개의 상수를 찾을 수 있다.

- 시점 1: 욕망 B는 자신이 모방한 욕망 A보다 자신이 먼저 있었다면서 우선권을 주장한다. 시점 1에서 욕망 B는 놀랍게도 자신이 아닌 욕망 A가 이미 그 대상을 향하고 있다는 것을 발견한다. 욕망 B는 이때 욕망 A보다 자신이 먼저 존재하였기에 우선권이 있다고 강하게, 부득이할 때에는 증거를 무시해서라도 주장한다. 그리고 이것을 진실

이라고 믿는다. 하지만 그렇게 생각할 때 그는 시간의 방향을 바꾸어놓는다

- 시점 2: 자아 B는 자신을 만들어낸 욕망 B의 소유권을 주장한다. 자아 B는 진심으로, 자기 욕망은 자신이 만들어낸 욕망이며 그래서 자신이 그 욕망의 주인이라고 주장한다. 또한 동시에 지난 시점 1에서 자신은 사실 경쟁자 A의 욕망이 자신이 A보다 먼저 목표로 한 그 대상을 향하는 것에 놀랐다고, 물론 스스로는 그게 진실이라고 믿고서 주장한다.

미분화개체 간 심리학은 그래서 시점 1의 욕망이 이용하고 있는 정상적이거나 신경증적이거나 정신질환적인 여러 가지 전략과 시점 2의 자아가 모델의 욕망보다 자신의 욕망이 선행하기에 우선권이 있다고 주장하기 위해 이용하는 전략을 연구하게 될 것이다. 이런 두 가지 전략을 사용하게 되면 실제로 일어난 사건들의 순서가 뒤바뀌고, 그래서 물리적 시간의 방향도 뒤바뀌면서 심리적 시간이라 부를 수 있을 새로운 시간을 만들어내는 결과를 낳게 된다.

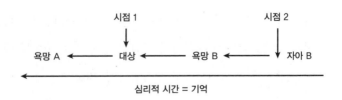

보다시피 시점 2에서 자아 B가 욕망 B보다 선행하고 있고 또 자기 스스로 대상을 향한다고 여기는 욕망 B는 시점 1에서 욕망 A보다 선행하고 있는 등, 심리적 시간은 완전히 전도되어 있다.

## 새로운 인류학

기억은 신전의 문지기인데, 그 이유는 기억이 망각을 허용해주고 있기 때문이다! 기억은 자아 B에게는 자신이 욕망 B에 의해서 생겨나게 된 발생 과정을 잊게 해주고, 욕망 B에게는 자신이 모방한 욕망 A에서 나왔다는 것을 잊게 해준다. 우리의 자아가 존재할 수 있도록 해주는 것은 바로 이 이중의 망각 덕분이라 할 수 있다.

일련의 과정이 진행되는 동안 밀접하게 연결되어 있는 자아와 욕망은 둘 다 화살표의 실제 방향을 뒤바꾸고 싶어 한다. 달리 어쩔 수가 없는 것이 이런 전도는 그들 존재 자체가 보장해주는 것이다. 시간상의 전도는 시점 1과 시점 2에 이은 미분화 개체 간 심리의 '세번째 상수'로서, 심리적 주체의 존재 조건이기도 하다. 이 세번째 상수는 우리 모두의 경험으로 익히 알고 있는 것이지만, 실은 시간을 거슬러 올라가는 거대한 기계인 기억이 그것이다. 내가 시도하는 메타심리학이 그 속성을 드러낼 수 있을 것이다.

여기서 최면이 왜 모든 심리 치료의 모델이 되고 있는지 그 이유에 대해 잠깐 생각해보기로 하자. 그 이유는 최면을 거는 사람과 최면에 걸리는 두 사람의 관계가 필연적으로 시간의 실제 화살표 방향을 뒤바꿔버리기 때문이다. 최면은 어떤 순간에는 시점 1에서 욕망 A가 욕망 B보다 선행한다는 사실을 인정하게 한다. 하지만 이런 예시는 과거의 모든 전도의 폭로다. 최면에 걸린 사람은 어떤 순간 아주 특별한 틀 안에서 자신의 욕망이 최면을 거는 사람의 욕망이라는 경험을 하게 된다. 하지만 최면에서 깨어난 그는 자신의 경쟁적이고 신비적인 요구로 되돌아가기 위해 이 사실을 다소 망각하고 만다. 최면은 또 시점 2에서는 욕망 A가 먼저 있었다는 사실을 인정하게 하고 욕망 B에 의해 점진적으로 자아 B가 형성된다는 것을 보여준다. 이런 과정은 계속되지만 그는 과거 요구의 허상을 벗겨낸다.

시간이 재설정되고, 욕망이 모방에서 나왔다는 진실(시점 1)이 폭로되고, 자아가 꾸며낸 주장의 허상을 벗겨내는 현상(시점 2)을 통해서, 최면은 미분화개체 간 관계가 모방에 의해 움직인다는 과학적 증거를 제시해준다. 최면에 걸린 사람은 모방 메커니즘을 인정하고 모델을 더 이상 경쟁자나 장애물로 보지 않고 진짜 모델로 인정한다. 과거의 주장이 다시 힘을 얻어 진실을 왜곡함으로써 비록 일시적일지 몰라도 최면은 이렇듯이 일종의 치유책을 줄 수 있다.

이런 식으로 최면을 제대로 이해하고 마침내는 최면 상태와
치유 단계에서 일어나는 일을 제대로 보려면 현재의 인류학을
과감히 변화시켜야 한다. 주체의 심리학을 멈추고 개인에게 집
중하지 말고, 그 대신 우리 욕망의 모방성을 이해한 다음 주체
간에 상호 영향을 주고받는 미분화개체 간 심리학이라는, 관계
의 심리학을 세워야 한다. 모든 의식 현상의 기원은 타인에 있
다. 의식은 타자성의 산물이라서 타인과의 관계에 의해서 변할
수 있기 때문이다. 레옹 셰르톡은 1979년에 "우리는 데카르트
식의 이원론에 아직도 갇혀 있다"고 이 문제를 제대로 강조한
바 있다.[73] 여기서의 이원론은, 프시케psyché와 소마soma, 즉 정신
과 육체의 인류학을 말한다.

인간에 대한 이런 시각은 신화적으로 꾸며낸 것이다. 이런
시각 때문에 우리가 심리적 사실을 과학적으로 이해하려는 온
갖 시도를 하게 된 것은 너무도 당연한 일이다. 이 문제에 대해
서는 거울뉴런이 결정적인 열쇠를 제공해주었다.

플라톤적이고 데카르트적인 과거의 인류학을 대신해서, 내
가 지금까지 보여주었던 모방적 욕망과 욕망의 자아라는 심리
학적 사실에 기반을 둔 새로운 인류학을 제안한 것은 바로 이
런 난점에서 벗어나기 위해서였다.

---

73    Léon Chertok, *Les Non-savoir des psy*, Payot, 1979, p. 198.

모방에서 나오는 신경증과 정신병

시점 1에서 자아 B는 스스로가 언제나 욕망 B의 산물이라는 것을 망각한 채 자기 존재를 주장한다. 자아 B는, 욕망 B는 자기가 정당하게 만든 것이므로 자기 것이라고 당당하게 생각한다. 망각과 무지는 그 덕분에 자아 B가 기억, 의식, 언어 같은 자신의 재능을 갖고 존재할 수 있게끔 해주는, 가장 생리적이고 단순한 메커니즘이다.

다른 한편으로 자아 B는 자신이 욕망 B와 분명 관련이 있다는 것을 인정하면서 존재할 수 있다. 이 인정이 바로 자아가 지혜에 도달할 수 있게 해주는 개종이다. 이 같은 현실 인정은 영적인 지도자와 현자들의 전유물이었다. 하지만 이것은 우리가 자신의 욕망과 정체성의 본성을 깨닫고 그것을 인정하기로 마음만 먹으면 누구에게나 '처음부터' 주어져 있는 것이기도 하다.

타인과의 동일시를 거치는 '정상적인' 행동을 넘어서면 신경증과 정신병의 영역으로 들어간다. 하지만 대부분의 경우 자아 B는 자신과 모델의 차이가 보이면 신경증적인 전략을, 차이가 드러나지 않으면 정신병적인 전략을 사용하면서, 또 사건이나 상황에 맞춰서 두 전략을 바꾸어 사용하면서 욕망 B에 대한 자신의 소유권을 주장한다.

첫째, 신경증의 구조 안에 있는 욕망의 자아는 자신과 모델의 차이를 항상 본다. 모델이 경쟁자로 보일 때 욕망의 자아는 자신의 우선권을 가능한 한 최대한으로 주장하게 되는데, 그 결과 그는 자기 욕망의 우선권을 신경질적인 히스테리 상태로 주장하게 된다. 이런 시각에서 보자면 히스테리 반응으로 넘어가는 것은 타인을 병적인 상태에 상징적으로 굴복시킴으로써 타인을 부정하는 동시에 이길 수 있게 해주는, 타인을 경쟁자로 간주한 신체적 반응으로 보아야 할 것이다. 자기 욕망이 모방에서 나왔다는 사실을 감추기 위해서 히스테리 증세를 보이는 사람은 이렇듯 자기 신체의 한 부분으로 그 경쟁자와의 타자성을 상징적으로 표현하게 된다. 예컨대 팔다리의 마비 같은 것이 그것인데, 한 번 더 말하자면 이런 증세를 통해 타인을 지배하고 부정하려는 것이다. 타인으로 하여금 질병 상태를 받아들이도록 하고 또 그런 소란의 책임을 상대방의 탓으로 돌림으로써 타인을 정복하려 한다. 히스테리 반응을 보이는 사람의 마비 증세는 이렇듯 관계의 단절을 나타낸다. 모델을 장애물로 간주했을 때 취하는 전략은 강박적 신경증이나 불안, 공포, 감정억제, 우울과 같은 신경쇠약이다. 이런 상황에 처한 욕망의 자아는 오로지 자신과 모델의 차이만을 보는데, 이 차이는 결코 뛰어넘을 수 없을 것처럼 보인다. 이렇게 되면 감정 억제 상태로 들어가서 끊임없이 그 장애물과 맞닥뜨리게 되면서 그 타인을 자신의 머리에서 지울 수가 없게 된다. 문자 그대로 그 타인의 포로가 된다.

두번째로 정신병의 구조에 속한 욕망의 자아는 자신과 모델 사이의 차이를 보지 못한다. 그에게 있어 모델은 르네 지라르가 말하는 '짝패'이다. 여기서는 자신과 타인을 구분하지 못하고 혼동하게 된다. 정신병에 빠진 사람은 자기 욕망에 우선권이 있다는 한결같은 주장을 하고 있지만 그 주장은 터무니없는 것이다. 그의 이야기가 횡설수설인 것은 자신과 타인의 입장을 바꾸어도 항상 성립되기 때문이다. 여기서도 모델을 어떻게 보는가에 따라 다양한 임상보고서가 나온다. 모델을 단순한 모델로만 여기는 욕망의 자아는 스스로를 훌륭하고 위대한 사람으로 여기고서 자신을 나폴레옹이나 예수 그리스도로 착각한다. 모방에 의한 이런 태도는 환상을 보거나 세상 전체에 대한 정신착란이나 위대함에 대한 착란과 같은 온갖 종류의 치매 증세를 일으킨다. 장애물로 보는 모델과 자신을 동일시하는 욕망의 자아는 말하자면 스스로를 추방시키면서 정신분열 증세를 보인다. 그는 앞뒤가 맞지 않는 진술을 하는데, 이런 경우 욕망은 금기의 우선권을 주장하기 때문이다. 그는 외부의 간섭이 있기 전부터 자신을 억제하면서 스스로의 존재 이유도 부정한다.

경쟁자로 보는 모델과 자신을 동일시하는 욕망의 자아는 자신과의 치열한 투쟁에 들어간다. 이때 우리는 정신분열이 아닌 모든 만성적인 정신병 증세를 보게 된다. 타인과의 동일시는 물론 그의 말에서도 드러나는데, 그는 타인을 박해자로 비난할 것이다. 자기 식의 사건 해석을 주장하기 위해 그는 자신의 감정과 인식의 일정한 부분도 타인의 탓으로 돌리게 된다. 말하자면 그는 환각 상태에 들어간다. 이 욕망은 경쟁자에 대한 자신의 우선권을 계속해서 주장한다. 환각증에 빠진 환자의 말에 들어 있는 것이 바로 이런 주장이다. "나를 추종하는 자들이 있다. 다른 사람들이 나를 따르고 있다"는 식이다. "그들보다 내가 앞선다"라거나 혹은 다른 말로 "내 욕망은 독창적인 욕망이고, 타인들의 욕망은 내 것을 모방한 것이다"라고 말하는 것은 이상하게 들리지만 논리적이기는 하다. 결국 문제의 핵심에는 근본적으로 이런 주장이 들어 있다. 이런 주장은 여러 가지로 변주되기 때문에 정신착란의 이야기는 각기 다르다.

욕망 B는 욕망 A에서 나왔기에 욕망 A의 복사본이다. 하지만 시점 1에서 욕망 B는 욕망 A에 대한 자신의 우선권을 주장한다. 여기서도 최상의 경우 생리적으로 일어나는 무지는 망각에 의한 것이다. 자아 B는 자신의 욕망의 대상을 그야말로 '진심으로' 주장한다.

욕망 B는 현실을 수긍하여 욕망 A의 선행성과 자신의 모델임을 인정할 수도 있다. 이런 태도를 취할 때 우리는 진정한 인식과 지혜에 도달할 수 있다.

극단적인 이 두 지점 사이에서 대부분의 욕망 B는 욕망 A보다 자신이 먼저 존재했다는 것을 열렬히 주장한다. 욕망의 자아가 모델과의 차이를 볼 때의 신경증적인 증세와 모델과의 차이를 보지 못할 때의 정신병적인 증세를 보이면서 말이다.

미분화개체 간 심리학을 통해 우리는 모든 인간의 정신 현상에 들어 있는 시점 1, 2를 개별화할 수 있을 것이다. 이것들은 다음과 같은 보편적인 주장을 하고 있다.

- 시점 1에서 욕망은 자신의 모델인 타인의 욕망보다 자신이 먼저 존재했다고 주장한다.
- 시점 2에서 자아는 욕망이 자기 고유의 것이라며 소유권을 주장한다.

모든 환자에 대해 시점 1과 시점 2의 상황을 분석하여 그 환자가 자아의 존재를 유지하기 위해서 이 두 지점에서 어떤 전략을 이용하는지를 알아내는 것이 가능하다.

이를 통해 한결같은 요구를 하기 위해 다양한 전략을 사용하는 모든 정신 현상과 모든 자아, 모든 욕망의 독특한 특성을 더잘 이해할 수 있게 됨으로써 우리는 좀더 과학적인 정신 치료로 나아갈 수 있을 것이다.

앞에서 보았다시피, 환자들은 자기 욕망에 타인이 개입되어 있다는 타자성의 문제를 모르기 때문에 자신의 모델을 장애물이나 경쟁자로 여긴다. 임상 차원에서 경쟁을 언제나 문제적인 모델에만 고정된 욕망, 즉 **욕망의 병**이 겉으로 드러난 발로로 보는 이유가 바로 여기에 있다. 환자가 자신을 관통하는 타자성을 모르고 오히려 자신의 자율성만 주장하려고 애를 쓰는 한 그 환자는 고집스럽게 자기 모델을 끊임없이 싸워야 하고 어떻게든 지배해야 하는 장애물로 보게 될 것이다. 그런데 이런 사정은 연인관계에서도 그대로 적용되어, 모방적 욕망의 작동과 완곡어법으로 인해 잘못되면 연인들을 헤어지게 할 수도 있다. 미분화개체 간 심리 요법이 해야 할 일은, 모델이나 연인과 너무 세게 묶고 있어 종종 진퇴양난에 빠뜨리는 강렬한 경쟁으로부터 환자들을 해방시키는 것일 것이다.

## 새로운 임상 인류학을 향하여

이 순간, 독자들은 아마도 임상에서 하는 것처럼, 정치, 경제 등 인간 활동의 모든 영역에서 인간이라는 존재가 어떻게 작동하는지 도식화해보고 싶은 유혹을 느낄 것이다. 인간의 뇌는 현재까지 알려진 바로는 세 단위로 이루어져 있다. 운동과 감각, 인지를 주관하는 대뇌피질과 감정과 기분, 기질을 관장하는 대뇌변연계, 그리고 현재 이 둘을 관통하는 것으로 알려진 거울 뉴런이 그것이다.

대뇌변연계와 대뇌피질의 상호작용은 아주 활발하여 감정 (감정 뇌)과 사고(인식 뇌)는 서로 연결되어 있다. 우리가 어

떤 사건에 대해 감정적으로 반응할 뿐 아니라 우리 삶을 풍
부하게 만드는 감정들을 평가할 수 있는 것도 다 이 때문이
다. 감정이 왜 가끔 논리를 능가하는지, 혹은 거꾸로 부적절
하게 감정을 표현하는 것을 왜 이성이 가로막는지가 모두 대
뇌피질과 대뇌변연계의 소통으로 설명될 수 있다.[74]

우리가 다른 사람뿐 아니라, 어느 정도 다른 동물과의 연대
가 가능한 것은 거울뉴런이라는 시스템 덕분이다. 거울뉴런을
통해 소통과 공감이 가능해짐에 따라 우리는 '같은 파장'을 갖
게 된다. 그리고 특히 거울뉴런이 한 사람의 욕망을 다른 사람
에게로 끊임없이 전달함으로써 욕망의 전염도 가능해진다. 이
때 욕망은 모방-암시의 벡터 작용에 의해 전달되는데, 경쟁이
심할수록 그 속도는 더 가속화되어 급기야는 경쟁자나 경쟁 자
체에 대한 절대적 관심 때문에 정작 분쟁의 대상 자체는 시야
에서 사라질 정도가 되면서 경쟁자는 '내 원한의 유일한 대상'
이 된다. 모방에 의한 이런 경쟁은 상대방의 관심을 불러 모으
고, 따라서 뇌의 모든 영역에 있는 거울뉴런을 더 많이 활성화
시키게 된다.

앞에서 확인한 대로, 거울뉴런의 작용으로 욕망이 모방적으
로 파급되는 것은 피할 수 없는 일이다. 모방에 의한 경쟁의 가

---

74　Elaine N. Marieb, *Anatomie et physiologie humaine*, Pearson Education, 2005.

속화도 불가피하다. 우리의 뇌는 이 메커니즘의 희생자로 이
과정의 통제권 밖에 있지만, 이 메커니즘을 통합한다. 모방적
활동과 거울뉴런 메커니즘은 우리 뇌의 다음 두 영역에서 서로
를 되비추고 있을 것이다.

- 대뇌변연계에서 경쟁적 욕망과 모방에 의한 경쟁은 감정
  이나 기분의 외피를 입게 된다. 이때 선택되는 외피는 문
  화, 개성, 상황에 따라 다르다. 감정은 사랑이나 미움 혹
  은 원한에서 나온 것일 수 있고, 기분은 흥분, 열정, 즐거
  움 혹은 비탄의 눈물, '신경질적인 발작'일 수 있다. 기질
  도 도취감이나 의기소침의 영향을 받는다. 그리고 마지막
  으로 우리 신체는 온갖 활동 작용이나 정신 신체상의 증
  상으로 자신을 표현하게 될 것이다.
- 대뇌피질에서는 모방적 경쟁 관계가 도덕적, 윤리적 판단
  이라는 외피를 입게 된다. 그래서 나의 욕망은 좋은 것이
  고 나는 신의 의지를 실현하고 있으며 나의 전투는 성스
  럽고 신의 축복을 받는다. 그 반대로 사탄의 앞잡이이자
  악마의 하인인 나의 반대자는 악의 화신으로서 마땅히
  제거되어야 할 존재이다. 거울 속에서처럼 상대방은 자기
  입장에서 똑같은 주장과 비난을 한다.

이렇듯 사람들은 자신도 모르는 사이에 모방적 경쟁 관계에

빠져든다. 경쟁은 사적인 경쟁일 수도 있고 공적인 경쟁일 수도 있으며, 개인적인 경쟁도 있고 집단적인 경쟁도 있다. 어쨌든 이런 경쟁에서 크고 작은 폭력이 발생한다. 매 단계마다 대뇌변연계는 감정을 수반하고 대뇌피질은 윤리적, 도덕적, 경제적, 합리적인 정당화를 제공해준다.

이상을 도식으로 표현하면 다음과 같다.

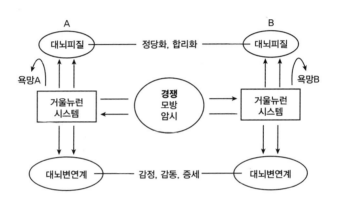

여기서 우리는 대뇌피질에서 반사되는 거울뉴런 시스템이 자기 욕망에 대한 도덕적 정당화를 찾아내는 것을 볼 수 있다. 이 정당화는 스스로를 신과 동일시하는데, 이때 욕망 A와 욕망 B는 신의 욕망 A와 신의 욕망 B가 된다.

정치적으로 보면, A와 B는 상대와 싸우기 위해 각자 윤리적, 도덕적 정당화 작업을 한다. 여기서 우리는 이 둘이 망설임 없이 신을 내세우면서 자신이 신의 의지를 실행하는 신의 도구라고 주장한다는 것을 잊지 말아야 할 것이다. 그러나 이 신들은 소소한 신, 거울 속의 신, 모방하는 신이다. 경쟁하는 적대자들은 자신이 내세우는 신들의 욕망도 상대의 것을 모방했다는 것조차 알지 못하는, 서로가 서로를 베낀 똑같이 주관적인 존재란 사실을 알지 못한다. 그러나 참된 신은 유일자로, 이런 국면 밖에 존재한다.

# 경쟁의 임상보고서

# 1장 　상호성의 논리

> 인간은 적일 때를 제외하고는 습관적으로
> 타인의 판단력을 인정하기를 삼간다.
>
> —아인슈타인

그러나 정신병리학에서 확인한 시점 1과 2의 실상은 실제 임상에서는 있는 그대로 잘 드러나지 않는다. 임상에서는 타인의 욕망에 비해 자기 욕망이 그 대상의 진정한 주인이라는 자기 욕망의 우선권 주장(시점 2)과 자신이 먼저 존재했다는 선행성 주장(시점 1)이 동시에 일어난다.

주장을 하는 것은 곧 경쟁을 하는 것이다. 이런 일은 미분화 개체 간 관계 속에서 모델에게 경쟁자나 장애물이라는 타이틀을 붙일 때마다 일어난다.

그러나 미분화개체 간 관계 속의 모델이 경쟁자가 되지 않고 가끔은 계속 모델로 남아 있을 때도 있는데, 교육과 학습이 이를 잘 보여준다. 읽기·말하기·글쓰기나, 낚시·사냥·먹는 법 등을 배울 때는 스승이 가르치고 보여주는 것을 더 정확하게 베껴야 한다.

임상에서 모델을 모델로 인식하는 미분화개체 간 관계의 전형은 최면 관계이다. 이때 주체는 자기 욕망의 모방적 기원을 인정하지만 최면술사의 영향이 커질수록 이를 망각하게 된다. 최면술사는 주체의 자아를 잠재운 뒤에 주체의 욕망을 차츰 최면술사의 욕망이라는 새로운 자아, 즉 다른 욕망의 다른 자아로 변화시킨다.

## 타자성에 대한 병적인 무지와 아른한 기억

최면 상태에서는 자기 욕망의 기원을 완전히 망각할 정도로 욕망의 타자성을 인정하지 않는다. 이것은 특히 최면에 걸린 후에 제시된 암시에서 분명히 드러난다. 여기서 우리는 피에르 자네가 만났던 한 환자의 경우를 상기할 필요가 있다. 이 환자는 최면에 걸린 상태에서 받은 암시로 다음날 대학 강의실에서 우산을 펼치라는 명령을 받는다. 다음날 환자가 강의실 한가운데서 우산을 펼치자 당연히 교수와 학생들 모두 깜짝 놀랐다. 상세히 조사를 해본 결과 환자는 피에르 자네의 암시에 의해 생겨난 자기 욕망의 기원을 깡그리 잊고 있었다. 그는 더듬거리면서 혹시 내릴지 모르는 비에 대해 사람들의 준비성이 부족하다는 식의 핑계를 중얼거렸다.

망각은 평화로운 미분화개체 간 관계를 위한 필요불가결한 조건이 아니다. 자기 욕망의 타자성에 대한 기억이 있어야만 심오한 깨달음에 도달한 자와 같은 완전한 통찰력에 이를 수 있다.[75] 다시 말해 우리는 욕망의 타자성을 인정해야 한다. 모델이 모델로 남아 있을 때 우리 기억은 더 강해지고 더 지혜로워진다.

욕망의 타자성과 모방성에 대한 무지는 곧 타인의 욕망에 대한 자기 욕망의 선행성 주장과 동의어이다. 모델을 경쟁자나 장애물로 만드는 이 무지는 단순한 망각이 아니라 부인이다. 자기 욕망의 타자성을 기억하는 순간부터 주체에게서는 고통을 수반한 모든 병리학적 증세가 나타날 수 있다.

고전 작가들이 "어렴풋한 기억들에 시달리는 히스테리 환자"라고 말할 때 기억들이라는 복수의 표현은 잘못된 것이다. 주체에게 '자기' 욕망의 타자성을 환기시켜주는 것은 항상 똑같은 단 하나의 기억임을 작가들은 부지불식간에 암시하고자 했기 때문이다. 히스테리는 사실 미분화개체 간 관계와 욕망의 모방성을 모르는 무지에서 나온 특별한 양태이다. 즉 모방적 분쟁에 대한 하나의 반응 유형이라고 말할 수 있다. 히스테리

75 예컨대 Michel Leiris, *La Possession et ses aspects théâtraux chez les Ethiopiens de Gondar, L'Homme*, Cahiers d'ethnologie, de géographie et de linguistique, nouvelle série n° 1, Plon, 1958. 재간행, Le Sycomore, 1980, précédé de *La Croyance aux génies zâr en Ethiopie du nord*에 나오는 말캄 마야후Malkam Ayahu의 이야기를 볼 것.

환자의 욕망은 언제나 타인의 욕망을 부인하고 자기 욕망의 우선권을 주장하려 한다. 앞에서 보았던, 사지 마비와 같은 '신체 증상'을 보이는 히스테리 환자는 타인과의 평화로운 동일시도 할 수 없고 그렇다고 자기 욕망의 주장을 단념할 수도 없는 어쩔 수 없는 상태에 놓여 있다. 히스테리 환자에게 있어 자기 욕망이 타인에게서 나왔다는 사실이나 자기 욕망의 모델에 관한 기억을 환기시키는 것은 무엇이든 그를 경쟁으로, 그러니까 병리 현상으로 되돌아가게 한다. 모델이 경쟁자나 장애물일 때 기억은 더 강해지고 증세는 더 극적이 된다.

히스테리 환자의 주장은 대개 가속화와 경쟁이라는 두 가지 병리 현상으로 표출된다. 피에르 브리케는 히스테리적 경쟁에 대한 좋은 예를 보여준다.

경련성 발작을 하는 순간 히스테리 환자에게 나타나는 곡예와 같은 뜻밖의 자세나 행동을 타인의 영향으로 설명할 수 있다. 경련 발작을 하는 소녀에게 특이하게 발작하는 다른 소녀에 대한 이야기를 해주거나 그런 광경을 보여주는 것만으로도, 그 소녀가 무의식중에 혹은 그 광경이나 이야기에 충격을 받았거나 경쟁에 유발되었다는 의식도 없이, 모델 역할을 하는 다른 소녀의 발작보다 더 특이한 경련 발작을 하게 하는 데 충분한 것 같다.[76]

명백한 가속화와 경쟁의 경향이다. 히스테리컬한 경쟁의 기본 메커니즘은 바로 모방 과잉이다. 위 사례를 보면 발작 환자의 모방 성향이 격앙되는데, 그 벡터는 앞에서 나왔던 암시 과잉이다. 모방 과잉은 암시에 걸리기 쉽다는 의미에서 피암시성 suggestibilité이라 불린다.[77]

모델이 단순한 모델이냐, 경쟁자 혹은 장애물이냐에 따라 임상적으로 다른 증상이 나타난다. 모방이 외관, 소유, 존재에 대해 작동하느냐, 아니면 모델의 욕망에 대해 작동하느냐에 따라서도 임상 증상이 달라진다.

## 외관 모방

모델이 모델로 머물러 있을 때의 모방은 학습이다. 학생은 선생이 말하고 행하고 보여주는 것을 베낀다. 학생은 모델의 몸짓, 의상, 어휘 선택, 말투까지 모방할 수 있다. 유치원에서

---

76  Pierre Briquet, *Traité chimique et thérapeutique de l'ystérie*, Paris, J.-B. Baillière et Fils, 1859, p. 374. 강조는 인용자. 이 구절은 특히 거울뉴런에 대해 잘 알려진 바를 강조하고 있다.

77  역으로 암시 과잉은 '모방성'이라 불릴 수 있지만, 실제로는 최면이나 영향이라고 설명된다.

뿐만 아니라 대학에서도 이런 모방적 태도를 엿볼 수 있다. 청소년들 사이에 유행이 생겨나고, 누가 파리공과 대학생이고 누가 파리사범학교 학생인지를 어렵지 않게 구별할 수 있는 것도 바로 이 모방적 태도 덕분이다.

모델이 경쟁자가 될 때 모방은 조롱의 몸짓이나 우스꽝스러운 흉내가 된다. 모방은 쇼에서 그런 것처럼 공격적이 되거나 장난이 될 수 있다. 모델을 인상적으로 모방할 때마다 흉내를 낸 그 사람은 관심과 웃음을 유발한다.

모델이 장애물일 때는 모방이나 경쟁은 가능하지 않다. 모델이 추종자가 망연자실할 만큼 너무 완벽해 보일 때 추종자들은 스스로의 능력 부족을 느끼고 낙심하여 모델을 모방하려는 시도조차 하지 않게 된다. 이때 생겨난 쓰디쓴 회한은 낙심 증세를 오랫동안 끌고 갈 수 있다.

톱 모델이 되기를 꿈꾸는 어린 소녀는 자신이 그 이상에 도달하지 못할 것을 알고 있다. 소녀는 꿈에 집착할수록 더 낙담하고 우울해지며 진짜 절망에 빠져버리고 말 것이다. 모델인 그 여자에 필적할 수 없으며 그녀가 도달할 수 없는 불가능한 경지에 있다는 것을 이해하고 있는 것이다. 낙심은 신경성 식욕 부진인 거식증이나 포식증으로 나타난다. 거식증은 자신에게서 영양을 앗아감으로써 자기 몸에 벌을 가하는 것이고, 반대로 포식증은 억지로 많이 먹고 몸을 변형시켜서 못나 보이게 하려는 것이다. 이렇게 함으로써 자신을 억누르는 불안을 잠재우고 그 모델로부터 멀어지려고 한다.

## 소유 모방

아주 드문 경우지만 모델이 모델로 있을 때 그 모델은 우리에게 자기가 소유한 것과 똑같은 대상을 소유할 마음을 불러일으킨다. 그러나 이때, 예컨대 모델의 자동차와 똑같은 자동차를 사기 위해 몇 년을 열심히 일을 하는 식으로, 소유를 연기할 수도 있다는 것을 기억해야 한다.

소유를 모방할 때 모델은 경쟁자가 된다. 이때 추종자가 소유길 원하는 것은 그 경쟁자가 소유하려는 대상이거나 실제로 소유하고 있는 것이다.

앞에서 이야기했듯이, 이런 상황은 모방적 분쟁과 폭력으로 변하는데 이것들은 곧 가속화된다. 폭력의 강도가 절정에 달하는 모방적 분쟁의 고비에 이르면, 경쟁자들의 경쟁 그 자체에 대한 열정 때문에 정작 그 대상은 시야에서 사라지고 만다는 것도 이미 말한 바 있다. 이때 이들은 경쟁의 도가니에 완전히 빠져버리게 된다.

미분화개체 간 심리학은 모방 대상을 고려하지 않을 뿐 아니라, 심지어는 대상을 감추기조차 한다는 비난을 종종 받아왔다.[78] 하지만 대상을 감춘 것은 우리가 아니다. 이 순간 목숨을 걸 정도로 싸우던 그 결투자들 스스로가 그 대상을 시야에서 놓친 것일 뿐이다. 게다가 경쟁의 대상이 아예 없는 듯 보이는 상황도 생겨나는데, 이에 대해서는 뒤에서 다시 살펴보기로 하자.

모델이 장애물일 때는 모델은 자기 소유물을 굳건히 확보해 두고 있는 것처럼 보인다. 이때 추종자는 자신이 모델의 소유 물을 획득할 수 없을 것이라고 생각한다. 아내 데스데모나 때 문에 괴로워하는 오셀로처럼 편집증에 빠져 있을 때에도 마찬 가지이다. 편집증에 빠진 그는 자신은 데스데모나를 소유하고 있지 않으며, 따라서 데스데모나는 다른 사람의 소유라고 믿는 다. 그 라이벌은 그의 영향력 밖에 있기에 그는 솔로몬 왕의 재 판에 등장했던 나쁜 엄마의 계책을 선택한다. 그는 모방의 병 리 현상인 자기 망상 안에만 존재하는 그 라이벌에게 데스데모 나를 빼앗기지 않으려고 아내 데스데모나를 죽이고 만다.

이는 모방에 대한 정신병리학적 임상 진단의 첫번째 사례라 하겠다. 망상에 의해 모델이 대상 소유와 욕망 만족의 분명한 장애물로 여겨지는 모방 메커니즘에서 모든 형태의 편집증이 나오는 듯하다. 절망과 자살에 이를 수도 있는 우울증과 같은 다른 병리 현상들도 같은 방식으로 해석할 수 있을 것이다.

---

78  이 주제에 관해서는 René Girard, Jean-Michel Oughourlian et Guy Lefort, "Psychologie interdividuelle", *Des choses cachées depuis la fondation du monde*, Livre III을 참조할 것.

## 4장

어떤 사람들은 자신이 사랑하는 대상을 절대로 소유할 수 없거나 영원히 잃어버릴 것이란 것을 알고 깊은 우울증에 빠지기도 한다. 타인에게 속아서 조롱당하고 공개적으로 버림을 받은 사람은 자살을 꿈꾸기도 한다. 이런 사람은 자신을 아무 쓸모없는 사람이라 여긴다. 타인과의 관계 속에서 형성되었던 자아가 완전히 붕괴된 것이다. 그는 자신의 인생은 끝이 났고 앞으로는 절대로 사랑을 할 수 없을 것 같다는 느낌을 받게 된다. 이렇게 되면 살아가는 것이 정말 고통스러워질 것이다. 사랑하는 사람과의 이별을 이겨내는 것이 힘든 것도 이 때문이다. 이별을 이겨낸다는 것은 자아를 회복한다는 것을 의미한다. 그런데 자아는 우리 곁을 떠난 사랑하는 사람 앞에서만 재생될 수 있다.

## 존재의 모방

모델이 모델로 있을 때 모델의 존재 자체에 대한 모방은 동일시가 된다. 모델이 모델로 머물러 있는 동일시는 폭력을 피하는 정상적인 메커니즘이다. 모델과 동일시함으로써, 추종자는 말하자면 그 모델이 되면서 비폭력적으로 모델의 존재를 자기 것으로 취하게 된다.

나는 『욕망이라는 이름의 모방』에서 아프리카 지역에서 발견되는 일종의 신들림 현상인 아도르시즘adorcisme의 작동 메커니즘을 보여주면서, 신들린 주체와 그의 몸을 빌려 현신한 영령인 모델의 미분화개체 간 관계에서 이루어지는 왕복 운동을 도표로 정리한 바 있다. 여기서의 타인은 정령이나 신 같은 문화적 실체라는 점에서 이 관계는 수직적이라고 말할 수 있다.

첫번째 단계의 미분화개체 간 관계는 다른 일반적인 타인과의 관계와 유사하다. 암시에 조응하여 모방이 일어난다.

두번째 단계는 타인에 대한 동일시이다. 집단의 동료에 대해서도 일어날 수 있는 이 동일시는 주체를 모델의 '그루피' 혹은 '광신도'로 만들 수도 있다. 아프리카의 아도르시즘에서 신과의 동일시는 독특하고 결정적이다. 신에게 들림받는 주체는 그 후로 그가 속한 사회나 문화 집단에서 신과 동일시된다. 그가 들림받았던 그 신에 정통한 자로 '인증'받게 되는 것이다.

세번째 단계에서는 신들림의 의식 속에서 두번째 단계가 연장된다. 주체는 흔히 인사불성 상태를 겪고 난 뒤 자신의 몸에 들어온 그 신의 모습으로 되살아난다. 그는 걷고 말하고 고함치고 명령을 하거나, 아니면 방금 자신이 구현했던 신처럼 간지럽게 유혹하기도 한다. 이런 단계를 도표로 정리하면 다음과 같다.

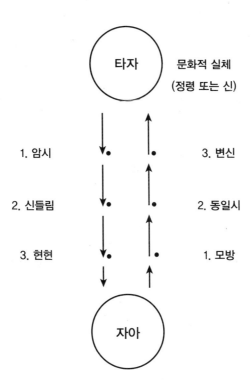

오늘날의 임상학에서 이 과정은 동일시에서 멈춘다. 의사들은 모델에 의한 신들림의 힘이 동일시를 능가할 때에만 병리 현상으로 간주한다. 신경 발작을 하거나 공격적인 태도나 우울증을 보이다가, 특수한 상황에서 시작된 지나친 동일시 때문에 문자 그대로 그에게 씌워진 아버지나 어머니 같은 행동을 되풀이하고 있다는 것을 깨닫게 되는 환자들의 경우가 그러하다.

하지만 대부분의 경우, 동일시는 프로이트가 잘 보여주었듯이 정신의 발전과 인격 형성에 도움이 되는 중요한 과정이다.

동일시는 모델과의 경쟁을 피하는 최선의 메커니즘으로, 우리로 하여금 평화적으로 자아를 형성해갈 수 있게 해준다. 살아가면서 여러 차례 진행되는 동일시 과정을 통해 우리 인격의 세세한 부분들이 형성된다. 미셸 레리스가 언급한 말캄 아야후의 예를 보자.

> 생명에 관한 행위—치유 행위도 포함된다—에는 그에 고유한 정령인 '자르ₐₐᵣ'가 있다. 정령에 신들림당하는 이 의식을 통해 그 사람의 실제 인격이 완전히 사라지기까지 한다. 예컨대 말캄 아야후라는 여인은 어떤 정령에 끊임없이 신들렸다가 깨어난 후로 자신을 항상 삼인칭으로 표현했는데, 이는 마치 그녀의 정령이 자기 '말馬'을 부를 때 말하는 것 같았다. 몇 달간 말캄 아야후의 모습을 지켜본 나는 그녀한테 자르들은 그녀의 필요에 따라 인격을 갈아입을 수 있는 인격의 탈의실 역할을 하며, 그래서 그녀의 행동과 태도는 완제품처럼 틀에 박혀 있었던 것이라고 생각하게 되었다.[79]

말캄 아야후가 "정령이 자기 말을 부를 때"처럼 스스로를 계속해서 삼인칭으로 표현하는 부분은 아주 흥미롭다. 자르는 그녀에게 연이어 나타나는데, 그중 어떤 자르는 단순한 몸짓으로

---

79  Michel Leiris, 같은 책, p. 85.

식별할 수 있었다. 그녀에 신들린 자르들은 신화에 나오는 고
정된 신이나 실체가 되기에는 숫자가 너무 많았다. 미셸 레리
스는 책의 한 장의 제목을 '존재 방식의 상징이자 행위의 촉매
자로서의 자르'라고 붙였는데, 이는 우리에게 좋은 길잡이 역
할을 해줄 듯싶다.[80] 사람의 마음에 들어앉아 있는 모든 정령들
이 그러하듯이, 자르도 행위의 촉매자 즉, 운동과 변화의 기원
이라 할 수 있다. 자르는 곧 타인의 욕망이고 온종일 수많은 자
르에 신들려서 행동하는 것은 심오한 경지의 최종 단계를 나타
내는 것이다. 말캄 아야후는 온전한 정신 상태에서 자기 욕망의
타자성, 다시 말해 자신의 모든 심리 변화는 모방에서 시작되었
다는 것을 인정한다. 그녀는 거기에 이름을 붙여서 표현한다.
그녀에게 의식 상태의 변화도 일어나지 않으며, 언제나 한결같
이 표현한다는 사실은 신들림이라 불리는 이 현상에 극적 효과
를 보태주고 있다. 이 정도 경지에 이르면 신들림을 경험하는
것보다 그 영감을 보여주는 것이 더 중요할지 모른다. 여기서
미셸 레리스가 영감과 신들림을 동의어처럼 쓰고 있다는 것을
강조하는 것이 중요할 것 같다.[81]

　신들림의 경지에 오른 말캄 아야후는 영감을 받아 '스스로를
삼인칭으로 부르는 사람'이라고 불릴 수 있을 것이다. 이 여성

---

80　같은 책, p. 85.
81　같은 책, p. 28.

의 이런 면모는 우리 해석의 신뢰성을 높여줄 것 같다. 그녀는 이 이야기의 주제가 욕망이라는 것을 분명하게 해준다. 욕망은 우리 자아를 형성하는 요소이다. 다시 말해 행위의 주체인 자아를 만들어내고 생명을 불어넣는 것은 바로 우리 욕망이다.

이 새로운 인류학만이 우리의 자아가 끊임없이 욕망의 자아로 만들어지고 생성되고 있다는 것을 보여준다. 새로운 인류학은 담론의 주체는 욕망이고 행위의 주체는 욕망의 자아라는 것을 알려준다. 이에 덧붙여서 욕망은 모방적이라는 것, 다시 말해 타인의 욕망에 영감을 받아 모방된 것이라는 사실을 다시 한 번 더 강조하기로 하자.

이 단계에서 여전히 모델로 남아 있는 모델의 존재에 대한 모방은 심사숙고한 것이든 의례적인 것이든, 사고력을 갖고 행하는 모방이라면 건전하고 유익한 동일시라 할 수 있다. 신들린 말캄 아야후의 행동에서는 자신이 미분화개체 간 관계를 따르고 있다는 것과 타인에게서 영감을 얻는다는 사실, 다시 말해 자기 욕망의 모방성에 대한 인정이 항상 드러난다. 그녀가 그때그때의 욕망에 따라 인격을 탈바꿈하면서 끊임없이 표현하고 있는 것이 바로 그것이다. 그녀는 주위 사람들과 마찬가지로 문화적으로 일치된 태도나 몸짓을 하는데, 이것은 자기 심리 변화의 기원에는 항상 타인이 있다는 것을 강조하는 것이다.

앞에서 동일시는 하루에도 여러 번 실행되는 미분화개체 간 심리학의 정상적인 메커니즘이라는 것을 강조했지만, 여기서는 그것을 실험을 통해 확인해볼 수 있었다. 말콤 아야후처럼 그것을 인정하는 가운데 동일시가 진행되든지 아니면 특히 서양인들이 그러하듯 대부분의 사람들처럼 인정하지 않는 가운데 진행되든지 간에 다음과 같은 궁극적인 목적은 변하지 않는다. 욕망 실현이 아니라 욕망을 나타내는 동일시 덕분에 우리는 평화와 사회생활을 유지할 수 있다. 어떤 사람에게서 동일시는 여러 번 다양하게 행해지며 위안과 평온을 가져다준다. 그러나 동일시가 불가능할 때 실제로든 상징적으로든 간에 분쟁에 대해 우리는 무방비 상태가 되고 만다.

말캄 아야후가 다른 사람의 역할을 대행하는 것이 아니고 그 타인의 욕망을 대신하고 있다는 가장 좋은 증거는 그녀가 삼인칭으로 자신을 표현한다는 것이다. 이때 행위의 주체는 여전히 그녀의 자아이지만, 그녀가 하는 말의 실체 주체는 욕망이다.

모델이 경쟁자가 될 때는 주체의 존재 자체가 문제가 되면서 위협을 받는다. 폭력은 온갖 종류의 대체물에게 역정을 낼 수 있다는 것을 기억하면, 이런 모방 시스템은 종종 맹목적이고 무차별적인 살인을 낳을 수 있다. 고삐가 풀려서 희생양에게 린치를 가하여 죽이기까지 하는 군중들도 분명 이런 사건들에 연루된 희생자임에 분명하다. 연쇄살인자의 상황도 십중팔구 이와 유사할 것이다. 제의와 금기가 더 이상 작동하지 않는 문화에서 폭력은 그야말로 무차별적으로 증폭되기 때문이다. 군중은 린치를 통해 단 한 사람을 죽이는 반면, 연쇄살인범은 군중 전체를 죽인다. 린치를 당하는 사람은 홀로 수많은 군중과 직면하는데, 군중들은 동일한 폭력에 사로잡힌 모두 똑같은 사람이 된다. 연쇄살인범도 혼자서 군중과 직면하는데, 그에게 군중들은 그 사람이 그 사람인 것으로 보인다. 그의 경쟁자이자 모델은 모든 사람이자 모든 타인이다. 그래서 그는 만약 그렇게 할 수만 있다면 아마 인류 전체를 다 죽일 수도 있을 것이다. 그게 안 되면 더 구체적인 자기 욕망의 대상들, 가령 갈색 피부의 처녀들이나 매춘부, 어린아이 등을 죽일 것이다.

모델이 장애물일 때 주체의 존재는 진퇴양난에 빠지면서 인격 발달 자체가 불가능해진다. 이럴 때 임상학적인 자폐증 증세가 나타난다. 거울뉴런에 결함이 있는 자폐증환자는 모델을 모방할 수도 없고 동일시도 하지 못한다. 그에게 모든 모델은 그냥 장애물이다. 자신들의 모델이 그들 존재의 장애물이라서 인격이 제대로 형성되지 못하고 조화도 이루지 못한 채 분열 상태에 있는 정신분열증도 마찬가지 경우이다.

## 욕망의 모방

추종자에게 모델이 모델로 있을 때 신뢰와 사랑과 건설적인 역동성으로 이루어진 이상적인 미분화개체 간 관계가 만들어진다. 어머니의 욕망이 아이의 욕망에 긍정적인 영감을 불어넣는 것이 그런 경우인데, 이때 영감과 에너지의 원천은 평생 지속될 수 있다. 아버지의 욕망이 이 역할을 할 때도 마찬가지인데, 아버지의 욕망과 어머니의 욕망이 하나로 만날 때는 더욱 더 그러하다.

이럴 때 정신병리학에서는 편집성 정신분열 증세가 나타나는 것을 볼 수 있다. 이 증세를 보이는 환자들은 마음 한편으로는 자신이 어떤 위인의 후계자라고 믿으며 그 위인의 실제 욕망이든 혹은 그러리라 짐작되는 욕망이든 간에 그의 욕망을 모방하면서 아무도 모르게 그 위인이 행할 법한 행동을 하고 위인의 삶을 산다. 이런 경우 정신착란은 일상 행위와 전혀 충돌하지 않는데, 이를 두고 우리는 낭종囊腫이 되었다고 말할 수 있다.

모델이 경쟁자가 될 때 두 욕망은 경쟁과 분쟁 상태에 들어간다. 임상에서 보면 많은 경우가 여기에 해당되는데, 16~17세기에 자주 있었고 오늘날에는 보다 원시적인 문화에서 볼 수 있는 악령에 신들린 현상이 그것이다. 앞에서도 확인했듯이 이런 경쟁 형태의 임상적 표현이 바로 히스테리다. 여기서는 모방에 의한 갈등이 몸으로 표현되는데, 히스테리 환자는 자기 욕망에 미치는 타인의 영향, 즉 타자성에서 벗어나 이를 지배하려 든다.

이런 의미에서 히스테리 증상은 경쟁 관계를 더 잘 감추려고 그것을 몸으로 표현하고 상징화한다. 그런데 요즈음에는 분리될 수 없는 두 욕망의 경쟁 관계를 보여주는, 흔히 질투라 불리는 커플의 정신병리가 갈수록 더 자주 나타나는 것을 보게 된다. 이에 대해서는 곧 자세히 살펴볼 것이다. 다양한 경쟁에 시달리는 환자들에게 나는 "최고의 친구와 헤어지는 것도 힘들지만 최고의 적과 헤어지기는 더 힘들다"는 말을 자주 해준다.

모델이 장애물일 때 모델의 욕망은 일관되게 추종자의 욕망에 장애가 되는데, 이러할 때 임상학적으로는 공포증과 편집증적인 강박관념이 나타난다. 공포증 때문에 욕망은 장애물을 피하거나 우회하면서 도망간다. 그러다가 장애물인 모델을 만나게 되면 불안에 휩싸이게 된다.

반면에 강박증에 빠진 사람의 욕망은 끊임없이 장애물을 만나려 한다. 이 욕망은 항상 지는 싸움을 그야말로 아주 즐기는데, 욕망-장애물의 벽은 그의 '통곡의 벽'이 된다. 나는 한 환자에게 그가 '워털루 증후군'에 걸렸다고 이야기한 적이 있다. 나폴레옹이 "만약에 그루시 장군이 도착한다면……"과 같은 온갖 종류의 '만약에'에 의지하면서 어쩔 수 없이 계속해서 지는 전투를 즐겼던 것처럼 말이다. 환자는 다른 방식의 전투에는 흥미를 갖지 못하고 그가 벌이는 한결같은 전투는 여지없이 패배로 이어질 것이다.

## 모방적 욕망의 임상적 표현: 경쟁

우리가 지금까지 살펴본 여러 가지 현상들은 모방적 욕망의 작용을 보여준다. 모방적 욕망은 잘 드러나지 않고 또 항상 부인되지만, 타인에게 스며들어 자극을 주고 심리 변화를 일으키는 결과를 통해 드러나게 된다. 모방적 경쟁이 악화될수록 욕망은 더 병이 든다. 오늘날 우리가 앓고 있는 병의 숫자는 실은 우리 욕망의 병의 숫자이다. 나는 그런 병의 예를 몇 가지 제시했는데, 정신병리학상으로는 매일 새로운 병이 나타나고 있다.

이런 경쟁을 막고, 억제하고, 예방하려면 어떻게 해야 할까? 에덴동산 이야기를 거꾸로 받아들이면 모방적 경쟁에 대한 가장 근본적인 보호책은 다름 아닌 금기라는 것이 금방 드러날 것이다. 그뿐 아니라 욕망의 교육과 경쟁의 학습 과정에서 금기는 심리학적으로 볼 때 없어서는 안 될 아주 중요한 역할을 한다. 그러나 우리 사회에서 '금기가 금기시'되고 난 뒤부터 많은 부모들은 자녀 교육에 있어 필요불가결한 이 조건을 까마득히 망각하고 있는 것 같다. 금기의 경험이 없으면 욕망은 자신이 어떻게 생겨났는지도 모르고 경쟁을 어떻게 대처해야 하는지도 알지 못하게 된다.

이리하여 욕망의 병리는 오늘날 무수히 늘어나고 있다. 범죄, 불특정 다수에 대한 근거 없는 폭력, 유아 성범죄, 마약을 비롯한 무절제한 온갖 범죄들…… 이것들은 도처에서 격화되고 있는 경쟁의 열풍을 말해준다. 자아는 자기 욕망의 소유권을 갈수록 더 강하게 주장한다. 하지만 그 욕망이 무슨 의미인지, 다시 말해 그 욕망이 진짜 자기 욕망인지 아닌지도 모르면서 그렇게 하고 있다. 욕망 또한 타인의 욕망보다 자신이 먼저 생겨났다는 선행성과 우선권을 열렬히 주장한다. 하지만 경쟁적 욕망이 무한히 증가하다 보면 결국에는 도처에서 끊임없이 주창되는 요구와 주장들의 광기 속에서 스스로를 잃게 된다.

산에서 내려오면서 모세가 가져온 십계명이 금지하고 명하는 것은 모두 모방적 경쟁이다. 때로는 하느님과 부모의 사랑을 긍정적으로 묘사하기도 하고, 때로는 "살인을 하지 마라"라고 경쟁의 결과를 금지하기도 한다. 앞에서도 강조했듯이 마지막 계율은 특히 모든 모방적 경쟁을 금지하고 있다.

그리스도는 "내가 율법이나 예언서의 말씀을 없애러 온 줄로 생각하지 마라. 없애러 온 것이 아니라 오히려 완성하러 왔다"고 말했다.(「마태복음」, 5장 17절) 그러면서 사람들에게 하느님 왕국의 열쇠를 제공하는데 그게 바로 사랑이다. 사랑을 하면 십계명을 따르지 않을 수가 없다. 사랑은 그만큼 이런 율법을 지키는 것을 자연스럽고 당연한 것으로 만든다. 사랑의 논리에서 우리가 "우리 자신처럼 이웃을 사랑하라"는 십계명은 지당한 말이다.[82]

---

82  주의: 다른 자아를 사랑하는 것이 아니라, 내가 아닌 타인을 사랑해야 한다

하느님은 아담과 이브를 심판하지 않고, 그 행위의 결과를 도출하고 그것의 미래 모습을 보여주기만 했다. 그 첫번째 결과는 지상낙원으로부터의 추방이었다. 그리스도의 메시지는 성서와 유대 민족의 오래된 이야기를 완성한다. 지상낙원, 에덴동산, 하느님의 왕국은 똑같은 하나이다. 금지된 한 나무에 모방적 경쟁과 모든 거짓 차이들이 갇혀 있어서 주변의 다른 나무와 풀, 꽃, 동물, 사람은 전혀 이것에 오염되지 않는 하나의 시공간이 바로 낙원이다. 그 낙원으로 되돌아갈 수 있는 열쇠의 이름이 바로 사랑이다. 물론 사랑은 도달해야 할 목표이다. 하지만 거기에 도달하려면 어떻게 해야 할까? 사랑은 하나의 감정이다. 그런데 심리적으로 볼 때 감정이란 것은 대개 '자제되지 않는다'. 모방이론이 우리에게 소중한 도움을 줄 수 있는 부분이 바로 여기이다.

모델이 계속 모델의 지위를 유지하는 모델-추종자의 관계에서 모델이 추종자에게 준 것은 모두 추종자에 의해 곧장 채택되고 통합되어, 말하자면 '사랑받게' 된다. 하느님이 주신 여인에 대한 아담의 사랑이 좋은 예이다. 모델이 계속 모델로 남아 있는 평화로운 미분화개체 간 관계를 물들이고 있는 감정이 바로 사랑이다.

모델이 경쟁자나 장애물이 되는 미분화개체 간 관계에서는

는 것에 주목하자.

반대로 미움에 가까운 감정이 이 관계를 물들인다. 모방적 경쟁이 생기기 이전에는 경쟁적 욕망이 미분화개체 간 관계를 선망, 질투, 원한, 회한 같은 감정으로 물들이고 있다. 모방적 경쟁이 생기고 난 뒤 일단 모방적 갈등이 시작되고 나면 이 관계는 경쟁에 의해 미움과 증오의 감정으로 물들게 되는데, 이 감정은 상대방, 즉 모델-장애물을 죽이고 싶다는 살의에까지 이를 수 있다.

모델을 경쟁자나 장애물로 변화시키는 메커니즘에 따라 그때그때 미분화개체 간 관계를 물들이는 색깔이 감정이다. 여기에서 우리는 희망을 볼 수 있다. 우리가 지금까지 살펴본 이런 메커니즘을 인정할 수 있도록 도와주는 것을 목표로 하는 모방에 기초한 우리의 심리 요법은, 증오와 원한의 뇌관을 제거하고 지금껏 우리가 경쟁자로만 알고 있었던 상대방에 대한 무지에서 벗어나게 하면서 사랑에 이르는 길을 열어줄 것이기 때문이다.

우리는 외관, 소유, 존재 그리고 욕망에 대한 모방의 다양한 차원들을 하나하나 살펴보았다. 이와 관련하여 나는 모델이 모델로 있느냐, 아니면 경쟁자나 장애물이 되느냐 하는 미분화개체 간 관계의 변화에 따라 임상적인 증상이 다르게 나타나고 있다는 것을 보여주려고 애를 썼다. 우리가 이렇게 도식화를 한 데는 교육적 목표가 있다. 물론 실제 현실에서는 이러한 증상들은 섞여서 나타날 때가 많다. 가령 모델의 외관뿐 아니라 모델의 소유, 존재 그리고 욕망에 대한 모방이 동시에 일어나기 때문일 것이다. 물론 임상 현장에서 볼 때, 미분화개체 간 관계 속의 모델은 모델에서 경쟁자 혹은 상애물로 변하기도 한다. 심리 치유 효과에서 보자면, 장애물이나 경쟁자가 모델로 변하는 것이 가장 바람직할 것이다.

정신 요법은 경쟁자나 장애물을 모두 모델로 여기는 경향을 막아야 할 것이다. 이런 경향을 정신분석학자들은 '반복 증후군'이라는 적절한 이름으로 부르고 있다. 사실 오늘날의 세계에서 사람들이 연속적인 경쟁에 몰려 경쟁이 아닌 미분화개체 간 관계는 맺을 수 없게 되고, 경쟁 그 자체가 모델이 되는 것을 너무나 자주 관찰하게 된다. 장애물을 모델로 여기는 사람들은 대개 문자 그대로 일차원적인 추론을 한다. 내가 바라는 것을 감추거나 못 가지게 막는 사람이 바로 장애물이고, 바로 그렇기에 그것을 바로 욕망할 만한 것으로 생각한다는 말이다. 이런 불가능한 추구에서 이들로 하여금 '발길을 돌리게 하는 것'은 정말 힘들다.

나는 모든 심리 치유의 최종 목표는 환자들을 지혜롭게, 그러니까 행복으로 들어설 수 있게 유도하는 것이라고 말해주고 싶다. 그렇다면 여기서 말하는 지혜는 과연 어떤 것일까? 감히 말하자면, 지혜는 바로 자신이 가진 것을 욕망하는 것을 배우는 것이다. 동시에 지혜는 사랑을 지키는 것인데, 사랑은 항상 경쟁에 의해 위협받는다.

사랑이 위협받는 사정을 잘 보여주기 위해, 사랑이 오랫동안 경쟁에 위협받는 상황에 놓여 있었거나 아니면 새롭게 그런 상황에 처한 사람들처럼 관계가 위기에 빠진 커플들을 검토하면서 각각의 사례에서 모방적 욕망의 부각과 경쟁의 함정에 대해 알아보도록 하겠다. 잘 알다시피 모든 커플 관계에는 욕망과 경쟁이 뒤섞여 있다. 욕망은 경쟁 관계에 있고 경쟁은 욕망할 만한 것이다. 우리는 그러므로 용의주도하게 경쟁을 '자세히 조사하면서' 욕망과 따로 떼어내어 검토해야 한다. 그러나 이때 욕망이 바래거나 무미건조한 것이 되지 않도록 조심해야 한다. 그런데 알다시피 이것은 힘들고 위험한 작업이다.

임상적으로 볼때 커플의 관계를 위협하는 질투를 두 가지로 구분할 수 있을 것 같다. 하나는 제삼자의 질투인데, 이것은 정부情夫, 情婦라는 제삼자가 커플의 응집력을 위협할 때이다. 다른 하나는 반쪽의 질투인데, 이것은 연인이나 부부 사이에 스며든 경쟁, 선망, 질투, 원한 때문에 커플이 안으로부터 부식되고 있을 때이다. 동성의 커플이든 이성의 커플이든 관계없이 이런 현상은 똑같이 발생한다.

반쪽의 질투라고 부른 이런 유형의 질투를 하는 미분화개체 간 관계에서는 경쟁의 농도가 욕망의 농도를 훨씬 앞선다. 우선 이 형태의 질투에 대해 살펴보기로 하자.

# 2장　　　반쪽의 질투

> 손잡은 연인들을 믿지 마시오. 손을 놓지 않는 것은
> 상대방이 자기를 죽일까봐 두렵기 때문입니다.
>
> ─그루초 막스

반쪽의 질투는 커플을 특히 더 위험하고 황폐하게 하는 모방적 경쟁 관계이다. 여기서 경쟁자는 외부 경쟁자가 아닌 상대 배우자이다. 모방적 경쟁 관계에 빠진 커플은 서로가 서로를 이기려 드는 영원한 힘의 관계에 들어서게 된다. 모방적 관계의 변종인 이 반쪽의 질투는 앙심, 결핍, 분노, 우울, 원한이라는 새로운 감정으로 물들어 있으면서, 효율성, 가능성, 행복 추구, 아이들의 이해, 경제적 이익 등과 같은 도덕적이거나 지적인 자기 합리화의 외양을 하고 있다. 특정한 의도가 담긴 비난들이 서로에게 쏟아진다. 점차 경쟁이 욕망과 미분화개체 간 관계를 좀먹어간다. 경쟁은 점점 더 심해져서 집착이라고 할 정도의 경쟁심이 생기는데, 경우에 따라 최악의 파탄에 이를 수도 있다.

## 지옥의 시소게임

반쪽의 질투를 하고 있는 커플들은 항상 똑같은 메커니즘에 사로잡혀 있다. 거울 같은 그들의 욕망은 우세한 위치와 열세의 위치를 영원히 왔다 갔다 왕복하는데, 이를 교류 분석 Transaction Analysis[83]에서는 '원 업, 원 다운one up, one down'이라고 명명한다. 이들은 이성 간 부부일 수도 있고 동성 커플일 수도 있으며, 직업상의 동료이거나 동업자일 수도 있다. 질투는 이 파트너 사이에 계속되는 힘의 관계를 만들어놓는다. 이들은 상대가 올라가고 내려오는 데 따라 내려가고 올라가는데, 마치 시소에 앉아 있는 것과 똑같다. 한쪽이 올라가면 다른 쪽은 필연적으로 내려가고, 그 역도 마찬가지이다. 자신이 나타나기 위해서는 타인이 사라져야 하고, 내가 올라서기 위해서는 상대가 내려가야 한다. 레몽 드보Raymond Devos는 분쟁의 상호 의존적 성격을 완벽하게 묘사한다.

내 두 발은 서로를 질투한다. 한 발이 앞으로 나가면 다른 발은 그 발을 앞지르려 한다. 이리하여 나는 얼간이처럼 걸어간다.

83 [옮긴이] 1957년 미국의 정신과 의사 에릭 번Eric Berne이 개발한 인간 행동에 대한 이론으로 국제교류분석협회는 교류 분석을 "개인의 성장과 변화를 위한 체계적인 심리 치료법"으로 정의한다.

서로를 질투하는 발걸음이 우리를 파괴적인 경쟁의 길로 인
도한다. 그뿐만이 아니다. 경쟁의 발걸음은 속도가 점점 더 빨
라지면서 우리도 모르는 사이에 깊은 낭떠러지를 향해 내달리
게 한다.

이런 상황을 유치원에서 흔히 볼 수 있는, 널빤지 하나가 고
정점을 중심으로 오르내리는 시소 그림으로 나타낼 수 있다.
널빤지 양쪽 끝에 앉은 어린이들이 교대로 서로 오르고 내린
다. 이를 그림으로 표현하면 다음과 같다.

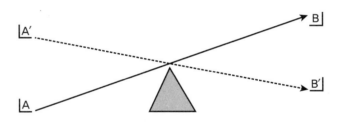

미분화개체 간 관계를 중앙이 고정된 이 널빤지를 통해 생각
해볼 수 있다. 우리는 A와 B가 함께 '이길' 수 없음을, 다시 말
해 함께 올라갈 수 없음을 금방 이해할 수 있을 것이다. 한쪽이
올라가면 다른 쪽도 같은 비율로 내려간다. 여기서 욕망 A는
욕망 B와 경쟁한다. 지배하고, 권력을 갖고, 높은 위치를 점령
하고, 다시 말해 '올라가는 쪽one up'이 되고자 하는 둘의 욕망은
똑같다. A는 자신이 높은 위치를 점하기 위해 올라가려고 애쓰

거나 아니면 B를 내리려고 애를 쓸 수 있다. A가 자주 취하는 방법이 이 두번째 노력인데, 임상에서도 이런 이야기를 흔히 접하게 된다.

상대 없이는 존재할 수 없는, 역설적으로 연결되어 있는 커플의 경우를 생각해보자. 한 파트너가 상대를 보호한다거나 '상대의 행복을 위해' 충고한다는 미명하에 끊임없이 상대를 비난하는 이런 커플은 항구적인 고통과 위기에 처해 있다고 할 수 있다. 상대에 대해 좋은 감정을 표현하기도 하지만, 그 뒤에는 종종 공격성이 감추어져 있다. '왕보다 더한 왕당파'라고 부를 수 있을 이런 파트너는 목표를 상대의 능력 밖에 설정해놓고 스스로의 이해에도 상반되는 태도를 요구함으로써 상대와의 관계를 곤궁에 빠뜨릴 것이다.

성性에도 경쟁이 스며들 수 있다. 과거 프랑스 상류 사회의 귀부인은 사교계의 멋진 파티에서 정부에게 "내가 불감증인 게 정말 다행이야. 덕분에 가련한 여자들처럼 한 남자에게 매여 깊이 빠져들 일이 없잖아. 대신 기분 따라 남편이든 애인이든 마음대로 고를 수 있으니 얼마나 좋아"라고 말할 수 있었다. 이 계책 덕분에 그녀는 막대한 재산도 모으고 신이 여인에게 약속한 그 유명한 '탐욕'으로부터도 안전할 수 있었다.

자신에게 쾌락을 준 남자를 극도로 원망하는 여자들도 있다. 이런 여자들은 자신이 싸움에서 졌고, 약점을 내보였으며, 자신을 차지하도록 내버려뒀다고 생각한다. 이들은 이런 식으로 말한다. "그가 날 가졌어. 하지만 내가 그러도록 내버려둔 거야." 나를 찾아온 한 여자 환자는 이렇게 말했다. "저는 남자들이 즐기도록 그냥 내버려둬요. 하지만 저는 절대 즐길 수가 없어요." 한 남자가 그녀의 의도와는 무관하게 사신에게 쾌락을 선사해준 날, 그녀 머릿속에는 '어서 정신을 차려 이 사람을 없애버려야지'라는 생각밖에 없었다는 것이다. 두 파트너 모두가 상대보다 먼저 오르가슴에 도달하지 않으려고 한쪽이 지쳐서 포기할 때까지 몇 시간이고 부둥켜 안고 있기만 하는 경우도 있다. 불감증의 남자들도 패배를 인정해야겠다는 생각이 들기 전까지는 쉽게 항복하거나 단념하지 않는다. 이들은 스스로의 쾌락을 앗아가는 경쟁을 전혀 자각하지 못한다. 한편 어떤 사람들은 역으로 지나치게 굴욕적이고 저자세로 나온다. 이들은 사랑하는 사람을 품에 안자마자 전투도 치르기 전에 항복하고 만다.

이런 유형의 병리학에서 볼 때 경쟁에는 명확한 대상이 없다는 것을 알 수 있다. 똑같은 지배 욕망만이 두 파트너 모두를 휘감고 있을 뿐이다. 미분화개체 간 정신병리학은 대상을 소홀히 취급한다는 비난을 많이 받아온 것이 사실이다. 하지만 이러한 정신병리학은 모방적 경쟁이 어떻게 확대되고 또 어떻게 해서 우리를 끝없는 분쟁 속에 몰아넣는지를 밝혀준다.

여기서 정신병리학은 당사자들에게 그들이 겪고 있는 상황의 진실을 보여주려고 노력해야 한다. 그들이 끝없는 시소게임을 하고 있음을 자각하게 함으로써 시소에서 내려와 둘 사이에 지금과는 다른 관계를 세우도록 설득하는 데 매달려야 할 것이다. 다시 말해 다른 게임으로 바꿔야 한다는 것이다. 그러나 이 것은 아주 힘든 일이다. 왜냐하면 게임의 진행 속도가 빨라질수록 더욱더 그 게임에 열광하고 집착하게 되며, 또 사랑을 비롯한 다른 어떤 감정보다도 바로 그 게임이 강력하게, 비록 그 강력함 때문에 자신들의 관계가 파괴될지언정, 그들을 더 단단히 묶어주기 때문이다. 두 사람 사이에 경쟁이 더 빨리 순환할수록 진동도 더 빨라진다. A와 B의 상승과 하강이 거의 겹쳐진다. 이렇게 되면 서로는 상대방에게서 신과 짐승이 뒤섞인 듯한 두렵고도 흉포한 자기 자신의 분신이 조금씩 나타나는 것을 보게 된다. 이런 인식에는 증오와 공포가 뒤따른다. 커플들은 모두 자신의 이런 면을 더 이상 받아들이지 않으려 한다. 이들은 시소게임에서 더 미친 듯이 열정적으로 경쟁해야 갈등과 분쟁에서 벗어나 마침내 상황을 안정시킬 수 있다는 환상을 갖고 있다.

여기서 우리 여행의 출발 지점에서 만났던 프랑수아즈의 경우로 돌아가보자. 프랑수아즈는 뤼시앵이 바람을 피워서 술을 마신다. 그런데 뤼시앵은 프랑수아즈가 술을 마셔서 바람을 피운다. 시소게임. 여러 번 상담을 해도 해결책을 찾기가 불가능해 보였다. 프랑수아즈는 "남편을 미워하는 것은 남편에게 애인이 생겨서 나를 거들떠보지도 않기 때문"이라고 말했다. 그녀의 남편은 "제가 점차 아내를 챙기지 않고 애인을 사귀게 된 것은 다 아내가 늘 술을 마시고 또 술만 취했다 하면 날 못살게 들볶기 때문입니다"라고 단호하게 말하곤 했다.

나는 남편에게 그들 부부가 경쟁 때문에 곪아 있다는 것을 차차 자각하게 해주었다. 남편이 원인으로 들고 있는 술이라는 제삼자에 의한 자기 합리화도, 그리고 아내가 핑계로 대고 있는 다른 여자도 결코 불화의 원인이 아니며 그것들은 모두 그들 부부의 경쟁, 즉 반쪽의 질투의 결과일 뿐이라는 것을 조금씩 알아듣게 설득할 수 있었다.

면담 과정에서 알게 된 사실인데, 이들 부부는 처음에는 같은 직업에 종사했다. 직장에서 잘 나가던 남편에 비해 프랑수아즈는 조금 뒤처졌다. 그녀에게 두 아이가 생겨 직장을 그만두게 되자 남편과의 경쟁에서 잠시 벗어날 수 있었다. 하지만 아이들이 커가고 남편도 점차 승진을 하게 되면서 프랑수아즈는 경쟁의 함정에 빠지면서 술에 의지하게 되었다. 처음에는 스스로를 위로하거나 기분 전환을 위해서 마셨던 것이지만, 뒤에 가서는 자신의 음주벽이 남편의 마음을 상하게 하는 것을 보고 더 많이 마시게 된 것이다.

어떤 경우에는 의사도 자신의 무능을 인정해야 할 때가 있다. 정신과 의사도 가끔 치유가 불가능한 경우가 있음을 인정한다. 처음에 내가 유일하게 해줄 수 있었던 일은 남편에게 모방적 경쟁의 메커니즘을 설명해주는 것뿐이었다. 그것은 그 상황을 잘 대처하고 견뎌내기 위한 것, 한마디로 여하튼 더 이상 상황을 악화시키지 않기 위한 조치였다.

일단 커플이 경쟁의 시소게임에 들어가면 시소에서 내려오는 방법을 알 수 없으며 더 커져가는 경쟁에 깊이 빠져들게 되는데, 이런 경쟁은 점차 그들 관계를 파괴한다. 이때 각자 한 걸음 물러서야 한다. 뒷걸음친다는 것은 그런 행동을 하도록 우리를 몰고 간 처음의 변화가 드러날 수 있도록 우리 행동을 충분히 오랫동안 멈춘다는 것을 의미한다. 다시 말해 시소의 리듬을 늦추어야 한다. 대부분의 갈등은 우리와 상대를 묶고 있는 경쟁 게임에 우리가 은근히 집착하고 있다는 데서 나온다.

그래서 커플을 치유하는 일은 아주 힘들다. 여기에는 모두가 바라는 권력이라는 상징적인 제삼자를 제외하고는 다른 제삼자가 없다. 커플을 함께 면담하면서 그들이 상호적 경쟁을 하고 있다는 사실을 제시해주면 그들 대부분은 나에 대항해서 동맹을 맺어 일시적인 화해를 이룬다. 의사가 이상적인 희생양 역할을 하면 정신 치료를 망치게 된다. 그래서 나는 커플을 따로 면담하여 각자 한 사람씩 진단한다. 때로는 커플 중 한 사람만 그들을 괴롭히는 메커니즘을 제대로 이해하기만 해도 평온한 관계를 되찾게 되는 경우도 있다.

프랑수아즈와 그 남편 이야기로 돌아가보자. 남편을 다시 맞이하며 이렇게 찔러보았다.

"아내의 음주를 더 이상 참을 수 없고 애인도 있는데 왜 이혼하지 않으십니까?"

"그럴 수는 없어요. 이혼을 하면 아내는 버틸 수 없을 거고 아이들도 큰 상처를 입을 거예요. 아내를 혼자 내버려둘 수가 없어요. 바닥에 쓰러진 아내를 누가 챙겨서 침대에 눕혀주겠어요?"

"이해합니다. 그런데 당신 아내는 그러한 사실을 제대로 알지 못하는 것 같군요. 그래서 당신을 붙잡아둘 방법을 찾아냈지요. 물론 좋은 방법은 아니지만 효력은 있어요. 당신은 아내의 술 때문에 아내를 멀리하지만 또 그 술 때문에 아내를 떠나지 못하고 있으니까요. 알코올 중독이 병인 건 사실입니다. 알코올 중독에서 벗어나 스스로를 돌볼 마음을 먹는 것은 당신 아내만이 할 수 있습니다. 아내가 그렇게 하지 않는 것은, 아마도 당신이 바닥에 쓰러진 그녀를 그냥 두지 못하니까, 당신을 자기 곁에 붙잡아둘 수 있는 것은 술뿐이라고 생각해서일 겁니다.

이런 경쟁의 메커니즘은 터무니없게도 일어날지도 모르는 일에 대한 공포라는 확실한 감정의 외피를 입고 있습니다. 또 이 경쟁의 메커니즘은 의무, 헌신, 아이들에 대한 희생과 같은 윤리로 치장하고 있지요. 하지만 이 모든 것들은 진실이기도 합니다. 그래서 저로서는 다른 선택을 하라고 권해드릴 수가 없군요. 대신에 질문을 하나 하지요. 당신은 왜 애인과 헤어짐으로써 이 상황을 막으려고 하지 않나요?"

"애인은 제가 이 상황을 버텨나갈 수 있도록 도와줍니다. 절 이해하고 용기를 북돋아주고 있어요. 그 사람이 없다면 어떻게 될지 몰라요."

"좋습니다. 그렇다면 당신 부부의 상황을 이렇게 정리하면 어떨까요. '당신 아내는 당신을 지키기 위해 술을 마시고, 당신은 아내를 지키기 위해 애인을 사귄다'로 말입니다."

"그렇게 볼 수도 있겠네요. 하지만 선생님이 정리한 내용을 인정하려면 대단한 유머 감각이 필요하겠군요."

"제가 지적하고 싶은 것은 당신 부부 사이에는 경쟁과 분쟁만 있는데 바로 그게 당신들을 아주 강하게 묶어두고 있다는 겁니다. 또한 당신 애인과 당신 사이에는 욕망만 있으며 그 욕망이 당신과 애인을 강하고 묶고 있습니다. 왜 당신과 애인 사이의 욕망에는 경쟁이 하나도 들어 있지 않고 순수한지 아세요? 왜냐하면 당신과 애인의 관계에는 제삼자가 배제되어 있는데, 그렇게 배제된 제삼자가 당신들을 더 단단하게 묶어주고 있기 때문이지요. 배제되고 희생된 그 제삼자가 바로 당신 아내입니다."

"참 흥미롭긴 하지만 그게 우리 문제를 해결해주는 건 아니잖아요!"

"때로는 해결할 수 없는 문제도 있지요. 그래도 현실에 대한 명확한 인식은 결코 무용한 것이 아니라고 생각합니다. 예를 들어 아내에게 조금 더 가까이 다가가 당신들을 갈라놓는 술이라는 제삼자에 대항해서 같이 협력하려고 노력함으로써 이 상황을 조금씩 개선시킬 수 있을 것입니다.

어쩌면 아내는 술을 끊지 못할 수도 있습니다. 하지만 당신은 그녀를 이해하고 있다는 것을 보여줄 수 있고, 당신들 모두 함정에 빠져 있다는 것을, 당신 아내는 술이라는 함정에 당신은 애인이라는 함정에 빠져 있다는 것을 보여줄 수도 있습니다. 그와 동시에 적어도 당신이 집에 있을 때만이라도 그런 모든 함정들을 충분히 멀리할 수 있다는 것을 아내에게 보여줄 수 있겠지요. 가족의 끈끈한 연대감을 부각시키기 바랍니다. 가족의 끈은 그 무엇보다 강하고 특별한 것이니까요. 그런 점에서 아이들 장래에 대한 이야기는 해도 아내가 술 마시는 것을 두고 비난은 하지 말기 바랍니다. 아무것도 눈치 채지 못한 것처럼 음주 이야기는 꺼내지도 마세요. 그리고 아내가 당신의 애인 이야기를 꺼내면, 그건 다 옛날 이야기고 그 사람은 더 이상 만나지도 않으며 이제부터 관심거리는 오로지 가족과 직장뿐이라 말해주세요. 정말 신중해야 합니다."


그로부터 몇 주 뒤에 프랑수아즈가 찾아왔다. 상황이 조금

275

나아진 것 같았다.

"해결된 것은 아무것도 없어요. 하지만 남편이 친절하고 배려할 줄 알고 참을성 있는 사람이라는 것은 알게 되었어요."

"술은 여전히 많이 마시나요?"

"좀 과장하시는 것 같네요. 절대 많이 마신 적이 없습니다. 전 알코올 중독자가 아니라고요. 말하고 보니 얼마 전부터는 마시고 싶은 생각이 덜해지긴 했어요."

"잘됐군요. 대단히 애썼습니다. 특히 남편이 있을 때는 술은 절대 많이 마시지 말고 남편에게 가까이 다가가도록 하세요. 아이들 이야기도 하고 앞날 계획에 대해 이야기하세요. 그래본 지 오래됐겠지만, 남편에 대해 작은 것부터 다시 관심을 가져보세요. 그렇게 하면 부부 관계가 훨씬 나아질 겁니다."

때로는 욕망과 경쟁의 모방적 실상을 알고, 또 남편-아내-술 혹은 남편-아내-애인으로 된 삼각형적 구조를 깨닫는다 해도 그들 부부를 시소에서 내려오게 하지 못할 때가 있는 법이다. 하지만 내가 시도했던 것처럼 시소의 왕복 운동을 느리게 함으로써, 경쟁의 그 미친 왕복 운동 덕분에 밉상으로만 보이던 상대방의 얼굴을 지우고 그 대신 원래 사랑했던 그 사람의 얼굴이 다시 떠오르게 할 수 있을 것이다.

사십대로 보이는 두 남녀가 내 상담실로 들어왔다. 말쑥이 차려입은 그들은 마치 내가 상담을 받으러 온 것처럼 나를 정면으로 쳐다보며 이리저리 관찰하였다. 그들은 유명한 국제 회사의 변호사들로, 같은 법무팀에서 근무하다 7년 전에 결혼해서 세 살, 다섯 살 된 두 아이를 두었다고 했다. 둘 다 아주 멋진 경력을 자랑하는 이른바 출세한 사람들이었다.

"문제가 무엇인가요?"

"사는 게 지옥입니다." 목소리에 간절함이 담겨 있었다. "더 이상 서로를 참아낼 수가 없어요. 우린 서로를 사랑하지만, 정말 말도 안 되는 아주 사소한 것을 갖고도 항상 딴죽을 걸면서 서로 다투고 있어요. 사무실에서는 서류를 갖고 싸웁니다. 우리 중 하나가 발표를 하면 동료들은 모두 흡족해하는데 우리 부부는 서로 꼬투리를 잡아내곤 하죠. 집에서는 더해요. 설거지가 안 되어 있다거나 쓰레기를 바깥에 내놓지 않았다거나 아이들이 제대로 씻지 않았다거나 늦게까지 잠자리에 들지 않는다거나 식사 준비가 안 되어 있거나 하면 서로를 비난하게 되더라고요. 결국 친구 소개로 선생님을 찾아오게 되었습니다."

"폴, 당신은 수잔의 어떤 면을 좋아합니까?"

폴은 흠칫 놀라더니 의아하다는 눈길로 아내를 뜯어보았다.

"전 수잔의 모든 걸 좋아합니다. 눈길, 몸짓, 웃음 그리고 뛰어난 지성까지 전부 다요. 저는 단지 수잔이 아주 사소한 것에서도 저를 믿지 못하는 게 너무 괴로울 뿐입니다."

"그렇다면 수잔, 당신은 폴의 어떤 면을 좋아하나요?"

"폴은 정말 대단한 사람이에요. 우린 줄곧 같이 공부해왔고 한번도 떨어져본 적이 없어요. 제가 아는 가장 머리 좋은 사람입니다. 그런데 이 사람은 일부러 제 말이라면 전부 반대를 하는 것 같아요. 이 사람과 대화를 몇 마디만 하면 꼭 언성을 높이게 된다니까요. 선생님이 보시기에 누구 잘못인 것 같나요?"

"저는 재판관이 아니고 당신들도 법정에 선 것이 아닙니다. 누구 때문에 잘못된 게 아니고, 상황 때문에 잘못된 것입니다. 당신 둘은 하루 스물네 시간을 붙어 다니면서 모든 것을 함께 했습니다. 그리고 둘 다 머리도 좋고 능력도 있다 보니 모두 리더가 되려 합니다. 바로 이것이 두 사람 사이에 경쟁을 작동시켰고 그 경쟁에 둘 다 빠져들었던 것입니다."

"무슨 해결책이 있을까요?"

나를 바라보는 그들의 상냥한 눈길에서 그들이 나에 맞서 결속을 하여 나를 배제함으로써 둘만의 잠정적인 휴전과 행복을 맛보고 싶어 하는 마음이 생겨나는 것을 느낄 수 있었다.

정신과 의사와 심리 치료사라는 작업은 이럴 때 힘이 든다. 환자들의 노리개가 되는 것은 아닌가 하는 두려움과 함께 해결책을 재빨리 찾아내야 한다는 생각이 들었다. 해결책은 찾기 힘들기도 하지만 때로는 불가능하기도 하다. 그런데 그 순간 어떤 생각이 번쩍 떠올랐다.

"게임 좋아하시죠? 게임을 같이 해보시는 게 좋겠네요."

"무슨 말씀이세요? 지금 우리는 심각합니다." 폴이 말했다.

"두 분이서 정부 게임을 해보시라고 저도 아주 심각하게 제안하는 겁니다."

"자세히 말씀해보세요." 수잔이 말했다. "우린 시간이 많지 않거든요."

"한 정부의 각 부처 장관들은 서로 겹치거나 섞이지 않게 구체적이고 명확한 임무를 수행합니다. 어려운 문제가 있을 때는 몇 개의 부서가 모여 협의하고 해당 장관들은 수상이나 대통령한테 최종 결정을 내려줄 것을 요청하지요."

"그게 우리와 무슨 상관이 있나요?"

"제 생각에 당신들은 장관들이 모든 부서의 모든 문제들에 대해 전부 관심을 갖고 관여하는 정부를 만들어놓은 것 같습니다. 그런 정부는 잘 운영되지 않습니다. 바로 그 정부가 무너지려 해서 당신들이 절 찾아온 겁니다."

"알겠습니다." 수잔이 말했다. "당신 말에 일리가 있다는 것은 인정하기로 합시다. 자 그럼 어떻게 하면 되죠?"

"둘이 장관직을 나누어서 맡는 것이죠. 당신 둘이서 임무가 명확히 잘 나누어져 있는 짜임새 있는 정부 하나를 만드는 놀이입니다. 수잔 당신부터 해보죠. 무슨 장관을 해보고 싶어요?"

"어떤 걸 하면 좋을까요?"

수잔의 질문은 나에게 용기를 주었다. 그녀는 이미 게임을 시작한 것 같았다.

"전통적으로 말하자면, 여성은 커플 관계에서 자주 내무부,

복리후생, 교육부 일을 맡지요. 하지만 당신 마음대로 다른 식으로 선택을 해도 됩니다. 대신 다른 일은 남편에게 맡기고 말입니다. 중요한 것은 당신들 두 사람이 동의해야 한다는 것이지요."

"어떻게 나누죠?"

"한 사람이 복지와 교육 일을 맡으면 다른 사람이 재정, 경제, 외교 일을 맡을 수 있겠죠. 그는 예산을 관리하고 세제를 정하고 공과금을 납부하고 동료들과 집단 전체와의 관계를 우호적으로 이어가는 일 같은 것을 하면 되겠네요."

"그러다가 무슨 결정을 내려야 할 필요가 있으면요?" 수잔이 물었다. "누가 수상이 되지요?"

"그게 중요한 문제겠네요. 하지만 이처럼 작은 정부에서 두 장관 사이의 일을 결정해줄 수상이 과연 필요할까요?"

"어쨌든 선생님 덕분에 잠시 즐거운 시간을 가졌던 것 같네요. 말씀하신 것들에 대해 이제 저희가 깊이 생각해보아야겠군요."

최근 소식에 의하면, 폴과 수잔은 요즘도 항상 붙어 다닌다고 한다. 이 부부 둘을 다 아는, 그래서 그들에게 날 소개시켜준 친구의 말에 의하면, 이들 부부는 그들이 '이국적'이라고 이름 붙인 그 게임 이야기를 하면서 자주 미소를 지었다고 한다. 이 부부가 곧 카리브 해로 여행을 떠날 계획을 세우고 있다는 말을 듣는 순간 나는 생각했다. "아차, 관광부 장관 정하는 걸 깜빡했구나."

처음부터 이 책을 읽어온 독자들이라면 수잔과 폴에게 어떤 일이 일어났는지 대충 눈치 챘을 것이다. 이 부부는 시소에 앉아서 오르내리는 게임을 하고 있었다. 승패가 판가름 나지 않는 이 경쟁은 갈수록 더 가속화된다. 끔찍한 시소에서 내려오게 하기 위해 내가 생각해낸 것은 그들을 다른 게임으로 유도하는 것이었다. 또한 고명한 변호사에 걸맞은 게임을 제안해야 했다. 그래서 나온 것이 장관이었다!

파비엔 이야기는 그다지 해피엔딩은 아닌 것 같다. 두 아이를 돌보기 위해 직장을 그만둔 파비엔을 기억하고 있을 것이다. 그녀는 아이 키우는 일이 갈수록 힘에 부쳤다. 급기야 남편에게 화를 낼 정도까지 되자 남편과 항상 시소게임을 하게 되었다. 점점 더 피로를 느끼고 낙심한 파비엔은 남편을 끌어 내리려 애를 썼는데, 정작 남편은 직장에서 계속해서 승진을 했다. 그녀는 남편이 집에 돌아오자마자 깎아내릴 태세를 갖추고 있었다. 그리고 남편에 관한 모든 것에, 그러니까 아무것에나 끊임없이 트집을 잡았다.

남편이 찾아왔다.

"선생님, 더 이상 참을 수가 없습니다. 아내를 받아줄 수가 없어요. 물론 아내는 예전에 그랬듯이 지금도 다른 사람들에게는 아주 매력적이고 멋있는 사람이죠. 하지만 집에서는 정말 참을 수가 없습니다. 마음에 드는 게 하나도 없는지 제가 뭘 하더라도 못마땅해합니다. 절 정말 못살게 굽니다. 참을 만큼 참았습니다. 피곤해서 못 살겠습니다."

우선 나는 그들 사이에 반쪽의 질투와 경쟁이 오가고 있다고 설명해주었다. 그는 아주 잘 이해했다. 신심이 있는, 열린 사람이었다. 하지만 파비엔은 이런 생각을 전혀 받아들이지 못했고, 두통, 허리 통증, 불면증과 같은 증세를 나타냈다.

피곤함은 애정 관계에서 아주 나쁜 징조이다. 내 경험에 비춰보면 열렬한 사랑을 파괴할 수 있는 것을 찾기란 쉽지 않다. 사랑은 앞에서 이야기한 제삼자의 갖가지 질투를 다 이겨낸다. 온갖 장애도 극복해낸다. 하지만 피로는 아주 나쁜 조짐이다. 피로는 시소의 상하 운동에서 오는 불쾌감과 지겨움과 함께 시소에서 혼자라도 내리고 싶은 욕구를 나타낸다. 시소게임에 무관심해지게 된 그 사람은 상대방이 오르고 내리는 것에 대해 별다른 관심도 없어지게 된다. 원하는 것은 한 가지뿐인데 그것은 높이 오르는 것도 아니고 내려가는 것도 아니며 그냥 쉬는 것이다. 피곤은 미분화개체 간 관계를 깨뜨릴 수 있는 치명적인 무기이다. 많은 부부에게 있어 경쟁은 서로를 피로에 지쳐 녹초가 되게 만드는 것으로, 그들은 차라리 헤어지길 더 바라게 된다.

## 12장

「'행복한 이혼' 유행」이라는 최근의 신문 기사 제목이 이런 측면을 잘 보여준다. 이 기사에 의하면 2005년 합의 신청이나 상호 동의에 의한 이혼의 수가 엄청나게 증가했는데, 이런 추세는 2006년에 잠시 주춤해졌지만 여전히 다수를 점하고 있다고 한다.

여기서 특기할 만한 사실은 이혼한 부부가 세상에서 가장 좋은 친구가 된다는 것이다. 그들은 '다시 만나고' 또 어떤 쌍들은 몇 해 지난 후 서로를 너무나 잘 이해하게 되어 재혼을 고려하기도 한다.

이 현상에 대해 오직 한 가지 설명이 가능하다. 오늘날 사회에서는 남자와 여자 사이의 경쟁이 더 심화되고 일반화되어 있다는 것이다. 아주 많은 부부들이 결혼 후 시간이 지나면 시소에서 오르내리는 상황을 맞닥뜨리게 된다. 결투 같은 경쟁이라 할 이 끔찍한 게임에 일단 사로잡히게 되면 이 게임에서 벗어날 수 있는 사람은 거의 없다. 온갖 이유로 경쟁에서 벗어나지 못한 사람들은 끝에 가면 극히 피로감을 느낀다. 그제야 사람들은 게임을 포기하고 시소에서 내려온다. 다시 말해 이혼을 한다. 단단한 지상에 발을 딛고 나면 있는 그대로의 상대가 다시 눈에 들어온다. 상대가 매력이 있고 마음씨가 착하다는 것을 느끼고 그 외에도 수많은 장점들이 드러난다.

재혼을 고려하는 사람들에게 나는 그럴 것이 아니라 둘이서, 혹은 아이가 있으면 아이들과 함께 주말이나 휴가를 더 자주 보내면서 계속해서 떨어져 살아가라고 권한다. 이 권고는 경쟁이 아니라 욕망의 흐름에 내맡기라는 것이다. 나는 이렇게 하는 것이 보다 현명한 해법이라고 생각한다. 그래서 "하지만, 이것은 정상적인 해법도 아니고 비용도 많이 들잖아요. 우리는 같이 있고 싶고 또 우리더러 재혼하라고 모두 권하는데 말입니다……"라고 말하며 그들 사이에 경쟁이 다시 생겨날 낌새가 보일 때에도 나는 계속해서 이 방법을 고수한다.


## 상대 파괴를 위한 자기 파괴


이런 유형의 질투에 사로잡혀 있는 커플은, 한쪽이 내려가기 시작하면 점점 더 아래로 내려가서 우울증이나 알코올 중독에 빠질 수도 있다. 그러다가 약물 복용 같은 인위적인 방법으로라도 그가 쾌유되기 시작하면 이번에는 상대방이 나빠지는 현상이 나타나는 것을 볼 수 있다. 그것은 말하자면 일종의 기계적인 현상이라 하겠다. 상대방은 단순한 시소의 순간적인 역전에 의해 알코올 중독이나 우울증 같은 동일한 증세를 보인다. 말하자면 이제 그가 상대방의 자리를 차지하게 된다.

많은 여성과 남성들이 상대 파트너를 공격하고 망신 주고 위신을 깎아내리고 상대의 힘에서 벗어나기 위해서 술을 마신다. 이는 자기에게 유리한 힘의 관계를 유지하기 위해 상대의 절대 권력 앞에서 스스로 무너지는 하나의 방법이다. 술을 마셔 나를 지배하려는 자에게 나의 '혼란'을 받아들이게 함으로써 그를 흔들리게 할 수 있다는 것이다. 하지만 이것은 환상일 뿐이다.

한 환자는 정기적으로 술을 마셨는데, 그가 너무 취하면 아내가 그를 병원에 입원시켰다. 그는 술을 마시면서 아내를 약하게 만들고 그녀에게 저항하려고 애를 썼다. "우리 마누라는 정말 짜증이 나요. 나만 보면 명령을 내리면서 폭군같이 굴어요. 정말이지 자기가 무슨 대단한 사람인 줄 안다니까요!" 그가 술을 마시는 것은 물론 아내의 뜻에 복종하는 것이 아니고, 아내가 병원에 가라고 부추기니 마음에는 안 들겠지만 그래도 결국 이런 상황을 벗어나려면 자기 스스로 병원을 찾아가야 한다고 말해주었다.

그는 아내에게 지배당하고 있었기 때문에 술을 마시기 시작했다. 그는 자신이 술을 마심으로써 아내에게 심리적 타격을 입히고 아내의 권위를 깎아내릴 수 있다고 생각했다. 자신을 파괴함으로써 아내를 파괴하고, 그 대신 자신은 아무 피해 없이 그 상황에서 벗어날 수 있다고 생각했던 것이다. 말하자면 그는 전혀 그렇지 않은데도 자신의 전능함을 상상하고 있었던 것이다. 그가 아내에게 완전히 지배당하면서 아주 낮은 위치에 있었다는 바로 그 이유 때문에 그는 이렇게 환상을 품은 것이다. 그래서 나는 그가 세력 관계를 뒤바꾸려 하면서도 잠시 잘못된 길로 접어들었다는 것을 보여주었다. 동시에 나는, 그렇게 나가다가는 영원히 저자세만 유지하게 될 것이고, 아내에게서 진정으로 벗어나려면 간단하게 술만 끊으면 된다는 것과, 그렇게 하면 아내는 더 이상 그를 가두어둘 방법이 없을 것이란 것도 말해주었다. 그가 술을 끊은 것은 이런 이야기를 나눈 뒤 얼마 지나지 않아서였다. 그를 치유하는 데에는 위에서 말한 이런 것들을 이해하게 하는 것으로 충분했지만, 진정으로 경쟁을 벗어나게 하는 데에는 충분치 않았다. 그렇지만 결정적인 첫 걸음인 것은 분명했다.

한 사람이 단번에 상대방에게 타격을 주어 파괴시키고자 하는 단 하나의 목적 때문에 자신을 파괴시킬 정도로 경쟁에 시달리는 커플들도 있다. 여기서 바로 테러리즘이 출발한다. 모든 것을 파괴시키고자 하는 사람에게 자신의 죽음은 사소한 문제일 뿐이다. 많은 경우 파괴에는 퇴로가 없다.

사람들이 보는 데서 남편을 창피 주고 깎아내리기 위해 공식 석상에서 아내가 술을 마시는 부부를 알고 있다. 갈수록 점점 더 아래로 내려가면서 물귀신처럼 남편도 아래로 끌어내리려 하던 아내는 남편에 대해 사나운 원한과 질투를 품고 있는 것이 분명했다. 남편의 사회적 성공에 있어 중요한 자리일수록 아내는 더 술을 마셨고, 남편 말을 끊고 막말을 하면서 저명인사 면전에서 남편에게 모욕을 가했다. 남편은 아내의 입도 막지 못하고 통제도 하지 못한 채 파티가 진행될수록 절망 속에서 넋을 잃고 있을 뿐이었다. 아내는 때로 모두가 보는 앞에서 한 손님에게 "당신 왜 그렇게 깔끔 떨어? 그 사람은 나쁜 놈이라고 말했잖아"라는 말을 하기도 했고, 또 어떤 때는 만찬 중에 술에 완전히 취해 곯아떨어지기도 했다. 아내는 이렇게 차츰차츰 남편의 명성과 평판에 피해를 주면서 남편을 무너뜨리는 데 성공했다. 자부심이 강했던 남편은 그렇게 사회적 성공과 지위를 잃게 되었다. 이렇게 자기 배우자가 꿈을 접고 자리에서 물러나게 하는 남자나 여자가 상당히 많다.

## 일: 위험한 라이벌?

결별의 평계와 원인으로 자주 거론되는 제삼자인 일이나 일자리 뒤에 반쪽의 질투가 숨어 있을 수 있다. 남편 일에 질투를 느끼면서 남편이 자신은 거들떠보지도 않고 무시한다고 여기는 여자들이 정말 많다. 또 자기보다 수입이 더 많은 배우자의 성공에 풀이 죽은 남자들도 갈수록 많아지고 있다. 이들은 반쪽의 질투 때문에 스스로 더 불행하고 공격적이 된다. 드물지만 '집안일하는 남자'로 변신한 후 자신의 운명에 흡족해하는 남자들도 있다.

미국에서는 자신의 시간과 에너지를 전부 사회적 성공과 일에만 바치는 사람을 '워커홀릭'이라 부른다. 불행하게도 요즘 세상에서는 소중한 가족과 보내야 할 시간의 상당 부분을 점점 더 커져가는 직장 세계의 업적과 생산성 요구에 부응하기 위해 바칠 수밖에 없다. 지금도 이 불가능한 균형을 유지하기 위해 싸우는 커플들이 아주 많다.

대부분의 사람들은 다른 사람의 성공과 명성과 화려한 경력을 부러워한다. 상대를 깎아내려서 파괴시키려 하거나, 그와 대등하게 경쟁할 수 없다고 여기면 스스로가 뒤처졌다는 생각에 휩싸인다. 부부 둘 중의 한 명이 사회적으로 아주 대단한 성공을 거두었을 때 이런 식의 폭발이 일어날 수 있다. 시간강사 남편과 정교수 아내 사이의 아주 사소한 경쟁이 때로는 돌이킬 수 없는 결과로 이어지는 사례도 있었다.

한 직장에서 일을 하는 두 친구 중 어느 하나가 승진하면서 필히 생겨나는 경쟁을 억제하는 일은 정말 힘들다. 세상에 둘도 없는 친구들도 둘 사이에 스며드는 경쟁에 저항하지 못한다. 하나가 다른 쪽을 앞서면 둘 사이의 우정은 곧 사라지고 경쟁이 그들을 단단히 묶어두게 될 것이다. 그러므로 돈독한 관계를 유지하려면 자신의 업적이나 성공을 너무 자랑하지 않음으로써 질투를 자극하지 않고, 동료보다 우위에 서려고 애쓰기보다는 동료의 업적에 관심을 쏟으며 그것을 높이 평가해야 할 것이다.

## 23장

# 돈 주앙과 메살리나

돈주앙주의donjuanisme와 메살리나주의messalinisme라고 불리는, 이성을 강렬하게 유혹하는 두 가지 태도도 경쟁만 남은 커플의 시각을 잘 보여준다. 이 포식자들에게 있어 타인은 동료나 파트너가 아니라 하나의 대상이자 먹이일 뿐이다. '먹이'가 된 자의 입장에서, 자신이 그와 연인관계가 되었다고 생각한다면 그것은 환상일 뿐이다. 돈 주앙은 여자를 정복해야 할 대상으로만 본다. 그는 여자들을 추적하고, 포위하고, 굴복시키고, 소유하고 난 뒤, 이게 특히 중요한데, 곧장 버린다. 자신에게 '다 내어준' 텅 빈 병을 내버리는 술꾼처럼 돈 주앙도 사용하고 난 여자들을 내버린다. 메살리나와 마찬가지로 돈 주앙에게는 도처에 경쟁자뿐이다. 그들이 대면한 모든 '대상'들이 경쟁자의 손에 들어가는 것을 막기 위해서는, 취하고 난 뒤에 필히 파괴해야 한다. 돈 주앙이 친구의 여인을 유혹하고 메살리나가 친구 남편을 유혹할 때처럼 경쟁자가 실제의 경쟁자일 때도 있다. 하지만 대부분의 경우, 그냥 모든 게 경쟁의 대상이 되기 때문에 일단 '대상'이 된 것은 취하고 난 뒤에 다른 경쟁자가 취하지 못하게 필히 완전히 소모해야 한다.

돈 주앙의 이런 태도는, 포도주가 눈에 띄자마자 "독일군들이 먹지 못하게……"라고 중얼거리면서 모두 마셔 없앴던 지난 세계대전 중의 프랑스 농부들의 이야기를 연상시킨다.

　　메살리나 유형의 여자들은 남자들을 하나하나 굴복시켜나간다. 그녀들 능력의 첫 시금석은 남자를 유혹하여 남자들의 욕망이 차츰 자신들의 매력의 노예가 되도록 하는 것이다. 남자는 이런 여자들에게 완전히 예속된다. 이때 메살리나는 자신의 권능과 오만을 낮추어 보이는데, 그렇게 되면 그녀의 '연인'은 완전히 무너져서 정복되고도 무한한 감사의 정을 표하게 된다. 이게 바로 그녀가 노리는 두번째 승리인데, 그러면 남자의 감정까지 마음대로 통제할 수 있게 된다. 여자의 기분이나 입맛에 따라 남자는 앉고 일어서기를 반복한다. 말하자면 이런 여자는 황소를 다루는 투우사처럼 남자를 데리고 논다. 황소는 투우사의 속임수에 지쳐 쓰러지고, 메살리나는 마지막 순간에 항상 빠져나간다. 남자를 일단 자신의 노예로 굴복시키고 나면 그녀는 의식적으로 냉정하게 남자를 절망 속에 빠뜨린다. 메살리나 유형의 여자는 그녀에게 일단 굴복한 남자에게는 더 이상 관심이 없다. 그래서 아무런 죄의식도 없이 떠난다.

　　돈 주앙과 메살리나는 솔로몬의 재판에 나오는 나쁜 어머니처럼 행동한다. 그들의 유일한 목표는 자기 주장을 관철시키는 것이며 대상의 합당한 소유자인 타인과의 경쟁에서 승리하는 것뿐이다. 이기기 위해서는 상대방에게서 대상을 빼앗고 탈취해야 한다. 그런데 그것은 그 대상을 파괴해야만 가능하다. 다른 사람들은 모두 경쟁자들이다. 때문에 돈 주앙과 메살리나의 입장에서는 모든 대상들이 파괴되어야 한다.

돈 주앙과 메살리나가 사는 세상은 자신이 원하는 대상은 그 누구이든, 실제의 경쟁자이든 가상의 경쟁자이든 무조건 욕망하는 그런 세상이다. 그래서 이런 경쟁적 욕망은 처음에는 대상을 굴복시키기 위해 유혹과 매력이라는 무기를 사용하여 모든 대상을 향해 달려든다. 대상을 굴복시키고 나면 냉정하게 떠나는데, 이때 그 대상은 파괴되거나 때로는 죽기도 한다. 어쨌든 대상이 다른 경쟁자 손에 넘어갈 수 없게 만들어놓은 다음에 대상을 떠난다. 돈 주앙과 메살리나의 승리는 총체적 승리이다.

돈 주앙과 메살리나는 자신들에게 생명력을 불어넣는 것이 바로 경쟁적 욕망이란 것을 알지 못한다. 하지만 이들 행동에 모방적 메커니즘이 작동한다는 것을 밝히는 게 바로 우리의 미분화개체 간 심리학이 하는 일이다. 그들의 관계가 감정에 의해 처음에는 장밋빛으로 다음에는 붉은빛으로 마지막에는 검은빛으로 채색되긴 하지만, 관계에서 감정은 어떤 역할도 하지 못한다.

그들은 이런 감정을 느끼지 않는 것일까? 만약 그렇다면 그들은 전혀 사랑의 감정이 없는 사람들이란 말인가? 이런 식의 질문을 메살리나 유형의 한 환자에게 해보았다. 그녀는 한 남자와 열렬한 사랑에 빠졌는데 그의 매력과 장점이 대단하다고 자랑을 늘어놓았다. 나는 이렇게 순진하게 물었다. "그렇다면 이제 그를 두고 바람을 피우지는 않으시겠네요?" 그러자 여자

는 화 난 목소리로 대답했다. "아니에요! 저는 그 누구의 소유
도 아니란 말이에요. 물론 이번엔 좀 힘들지 모르지만 그 남자
도 속일 거예요. 내가 바람을 피우는 건 그 사람과 거리를 둬서
헤어질 때 덜 힘들게 하려는 거라고요!"

메살리나 유형의 또 다른 여자는 자신이 남자를 어떻게 보고
있는지 설명해주었다. "남자란 게 뭔 줄 아세요? 남자는 걸어
다니는 액세서리랍니다." 거리를 걷다가 마음에 드는 남자를
만나면 그녀는 "아, 가능성이 보이는군" 하면서 쾌재를 부른다
는 것이었다. 그러나 실상 그 여자는 지독한 고독 속에서 살고
있었다. 단지 그것을 자각하지 못할 뿐이었다. 나는 그 여성에
게 이렇게 이야기했다. "모든 남자를 갖는 것은 한 남자도 갖지
못하는 것이며, 한 남자를 갖는 것은 모든 남자를 갖는 것입니
다." 그녀는 처음으로 내 말에 귀를 기울였다.

같은 질문을 돈 주앙 유형의 남자에게 한 적이 있다. 그때 그
는 막 내 환자 중 한 명을 '정복'한 뒤였다. 내가 말했다. "그 여
자는 속이지 않았으면 해요. 그녀는 고집이 센 민감한 사람입
니다. 당신이 바람을 피우면 그 여자도 바람을 피울 것이고 그
러면 모든 게 끝장나고 말 겁니다."

그러자 아주 비정한 대답이 돌아왔다. "선생님은 걱정하지
마세요. 물론 지금 전 그녀를 사랑합니다. 하지만 저와 헤어질
때쯤이면 그녀는 바람을 피우거나 다른 사람에게 관심을 가질
수 있는 상태는 아닐 겁니다."

　이상의 예들을 통해서 나는 감정이란 모방적 관계의 여러 발전 단계의 덧없는 색깔이었을 뿐이라는 것을 잘 이해할 수 있었다. 행위를 결정하는 것은 감정이 아니고 욕망이다. 그 욕망이 순전히 경쟁적일 때 모든 것을 휩쓸고 간다.

## 3장 제삼자의 질투

> 내가 사랑하고 있다는 것을 느끼게 해준 것은 질투뿐이다.
> ―라파예트 부인

제삼자의 질투는 모방적 경쟁에서 나온다. 이것은 세 사람 사이에서 작동하는 경쟁이나 질투다. 어떤 커플에게 결정적인 역할을 하는 인물이 눈에 보이지 않는 감추어진 중개자일 때가 자주 있다. 이럴 때 그 제삼자 때문에 생겨난 분쟁의 소지를 없애기 위해 해야 할 일은 이런 사실 자체를 드러내는 것이다. 앞에서도 이야기했듯이 경쟁은 모방적 욕망의 임상적 표현이다. 그러나 모방적 욕망이 항상 분명히 드러나 있는 것은 아니다. 이때 우리의 모방적 심리 요법이 하는 일은 제삼자를 드러내어 그것의 은밀한 영향력을 중단시키는 것이다.

마리나가 다시 찾아왔다. 그녀는 여전히 멋진 위베르와 노년의 에디 사이에서 어찌할 줄 몰라 의기소침해 있었다. 자기도 어떻게 해야 할지 모른다는 것을 인정했고, 둘 사이에서 선택을 해야겠다고 결심할 때마다, 그러니까 하루에도 여러 차례 운다고 했다. 그랬다가 결국 선택을 하지 못하고 또 운다는 것이다. 때문에 그녀는 항상 눈물바다였고 그런 상태이다 보니 위베르는 그녀 곁을 떠나지 못하고 있다고 했다.

"당신이 지금 어떤 상태인지 말씀드리겠습니다. 지금까지 당신은 에디와 헤어지지 못하고 망설여왔습니다. 하지만 지금 당신이 절망에 빠져 온갖 증세에 시달리고 있는 것은, 당신이 전에 몰아냈던 에디의 예전 애인인 잉그리드와 에디가 다시 만나고 있기 때문입니다. 짐작하건대 당신이 무너진 것은 에디가 그런 사실을 알려주고 난 뒤부터일 겁니다."

"맞습니다." 마리나는 갑자기 신경이 쓰이는 눈치였다. "잉그리드가 에디를 다시 사로잡았다는 걸 참을 수가 없어요. 선생님 말씀이 맞아요. 그걸 알고부터 저는 눈물에 젖어 살고 있어요."

"에디와 헤어진 것 때문에 마음이 아픈 것이 아니라 잉그리드가 에디 마음을 다시 사로잡았기 때문이라는 사실을 깨달아야 합니다."

"네, 선생님 말씀이 맞아요. 인정합니다. 혼자가 된 에디가 저를 그리워하고 있다고 생각할 때는 위베르와 잘 지냈습니다. 말씀드렸듯이, 예전만큼 위베르를 사랑하지 않아요. 그렇다면 선생님, 지금 저는 에디를 사랑하고 있는 건가요?"

"제 생각을 말씀드릴 테니, 당신 생각도 말해주세요. 당신이 아픈 것은 에디를 단념했기 때문이 아니고 잉그리드와의 오랜 경쟁심 때문입니다. 예전에 당신은 에디의 마음을 사로잡음으로써 잉그리드를 이겼습니다. 그런데 잉그리드가 에디를 다시 만나자 그게 바로 잉그리드의 승리로 여겨져 참을 수가 없는 것입니다."

"무슨 말인지 알겠어요."

마리나의 반응에 나는 용기를 얻었다. 그녀는 내면을 속이지도 않았고, 머리도 좋았다. 그녀는 나에게 반대하지 않았다. 잉그리드와의 경쟁을 감추고 증거를 부인하기 위해 나에게 자신의 경쟁을 전가시키지도 않았다. 말하자면 그녀는 그런 경쟁을 포기할 수 있는 능력을 갖고 있었다.

"더 멀리 나아가보죠. 당신이 사로잡혀 있는 이 삼각형의 메커니즘 때문에 당신은 잉그리드와의 경쟁의 노예가 되어 에디에게 더 집착하게 된 것입니다. 당신이 잉그리드와의 경쟁에 빠져들수록 에디를 사랑하고 원한다는 감정을 더 많이 가지게 됩니다."

"네. 무슨 말씀이신지 알 것 같아요. 정말 족집게처럼 정확히 집어내시네요. 벌써 제 기분이 나아진 것 같아요. 더 자세한 설명을 해주시면 좋겠어요."

"지금 제가 이야기하는 이 메커니즘 때문에 경쟁의 대상에 전에 없던 '가상 가치'가 덤으로 붙게 됩니다. 덤으로 붙은 이 '가상 가치'를 제거하는 방법은 바로 이 메커니즘을 잘 이해하는 것과 경쟁을 상대화하는 것인데, 말하자면 '잉그리드가 과연 나의 합당한 경쟁자인가' 하고 자문해보는 것입니다. 그러고는 다음 두 가지를 생각해보십시오. 한편으로 생각해보면 당신이 지금 런던으로 가면 에디를 차지할 수 있을 텐데, 그것은 처음으로 되돌아가는 것입니다. 하지만 그러면 위베르를 잃게 될 것입니다. 다른 한편으로, 당신과 에디, 위베르로 이루어진 삼각관계에서 이 메커니즘이 당신에게 유리하게 작동할 수도 있습니다. 위베르는 사실 에디를 본 적도 없지만 그를 무서운 라이벌로 보고 있습니다. 자기보다 더 부자고 더 지성적이고 수완도 뛰어난 사람이라 생각하지요. 말하자면 위베르는 에디를 찬미하고 있습니다. 그가 잉그리드를 다시 낚아챈 수완이 정말 대단하다고 여기고 있을 테니까 말입니다. 하지만 위베르가 이 라이벌을 존경하면 할수록 그는 당신을 더욱더 사랑하게 됩니다. 당신은 이 메커니즘의 희생자이기는커녕 수혜자가 될 수 있다는 말입니다."

"생각해보겠습니다. 며칠 있다 다시 오겠습니다. 위베르도 선생님을 뵙고 싶어 하니, 상담받으러 오라고 할게요."


위베르가 왔다. 악수하는 손에서는 따뜻함이 묻어나고 입가에는 환한 미소가 피어 있는 사람이었다. 정이 많은 사람임을 느낄 수 있었다.

"선생님을 뵙고 싶었습니다. 더 이상 어떻게 해야 할지 몰라서 말입니다. 마리나가 말해주더군요. 선생님은 정말 독특한 생각을 하고 계시다고요. 게다가 마리나가 많이 좋아졌습니다. 울기도 덜 울고 식사도 잘 하고 사랑을 나눌 때도 더 이상 눈물을 흘리지 않아요. 이에 대해 선생님은 어떻게 생각하시는지요?"

"우선 제가 질문 하나를 드리지요. 당신은 마리나를 사랑하고 있습니까?"

"정말 사랑해요. 그녀 없인 하루도 못 살아요."

"당신을 마리나에게 매달리게 하는 건 마리나의 수많은 매력 말고도 바로 에디에게서 그녀를 떼어놓겠다는 당신의 도전의식 때문이라는 걸 알고 계시나요? 당신의 열정과 욕망이 부풀어 오르는 것은 바로 에디와의 경쟁심 때문입니다. 그를 이겨 승리를 쟁취하고 싶은 것이지요."

"물론입니다. 선생님 말씀이 옳습니다. 하지만 에디가 저보다 나은 게 뭐죠? 그 사람은 저보다 나이도 많고 병까지 들어 마리나와 결혼도 할 수 없고 애도 얻을 수 없잖아요. 물론 그 사람이 엄청난 부자란 건 인정합니다. 하지만 저도 먹고살 만큼은 벌고 있다고요. 그가 마리나를 끌어당기는 힘은 대체 어디에서 나오는 것일까요?"

"마리나를 끌어당기는 힘, 그건 특히 잉그리드 때문에 에디를 잃을지도 모른다는 믿음에서 나오고 있습니다. 경쟁 게임에 빠진 것이지요. 당신이 마리나 가까이에서 그녀를 흠모하면서 온종일 그녀와 같이 있는 한 그녀가 당신을 잃을 염려는 없을 겁니다. 게임이 없는 것이지요. 그래서 에디보다 당신의 매력이 덜해지고, 마리나는 당신을 덜 욕망하게 됩니다. 당신에 대한 욕망은 말하자면 아무런 경쟁도 없어서 불타오르지 않는 것입니다."

"그렇다면 저의 명예와 사랑, 그리고 그동안 제가 그녀에게 바쳤던 그 모든 것들은 하나도 중요하지 않다는 것인가요? 하여튼 저도 이제 질렸습니다. 특히 내 등 뒤에서 에디에게 전화를 하는 것을 알고부터는 그녀에게 품고 있던 저의 신뢰도 사라지고 말았습니다. 마리나가 그 이야기를 하던가요? 절대 하지 않았을 겁니다. 거짓말쟁이라고요, 마리나는. 그만 헤어져야 할 것 같아요. 그게 최선의 길인 것 같습니다."

"그런 어리석은 말씀은 마세요. 심리학은 '사적 정치학'입니다. 절대로 실행에 옮길 수 없는 결정은 하면 안 됩니다."

위베르가 웃음을 터뜨렸다.

"선생님 말씀이 옳습니다. 그래요, 절대로 헤어질 수 없어요. 지금도 그녀를 너무 사랑합니다. 제가 어쩌면 좋을지 말씀 좀 해주세요. 제발이요, 선생님."

"작은 태도 변화부터 시작하는 게 좋을 것 같습니다. 자주 마리나의 시야에서 사라져보세요. 그녀가 당신을 눈물로 찾는다고 해도 쏜살같이 달려갈 게 아니라 회사 일이 바빠서 바로 가지 못한다고 말하라는 겁니다. 그리고 할 수 있다면 당신이 친구 집에 가서 자고 올 동안에 시간을 내서 깊이 생각도 해보고 어떤 선택을 할 것인지 곰곰이 따져보라고 말해주세요."

"좋습니다."

혼자가 된 나는 깊은 생각에 빠져들었다. 스스로를 위베르와 동일시하거나 그의 감정에 전이되지 않도록 주의해야겠다고 생각했다. 또 내 아들 나이대의 그를 나도 모르게 자꾸 아들처럼 생각하게 되는 것도 조심해야 했다. 그리고 위베르, 마리나, 나로 이어지는 삼각형의 구도가 형성되지 않도록 조심해야겠다는 생각을 특히 많이 했다. 위베르의 열정적인 욕망에 전염되어 나마저 마리나에게 끌려서는 안 되는 일 아닌가.

며칠 뒤 마리나가 왔는데, 눈에 띄게 좋아 보였다. 화장도 하고 옷도 멋지게 차려입고 얼굴에 미소까지 번졌다.

"한결 나아졌어요. 에디가 저에게 전화도 하고 이메일도 하고 쉴 새 없이 문자메시지도 보내는 걸 보니 사실 잉그리드에게 그렇게 매달려 있는 것 같지 않아요. 물론 이걸 위베르에게는 말하지는 않았지만 내 컴퓨터를 뒤져 알아냈더라고요. 위베르는 한바탕 난리를 피우고는 날 떠나겠다고 말했어요. 그러고는 친구네 집으로 갔어요."

"그래서 당신은 어떻게 했어요?"

"처음엔 늘 그렇듯이 침대에서 한동안 울었죠. 눈물이 그치자 그 친구 집으로 가서 위베르에게 떼를 썼죠."

"그가 어떻게 나오던가요?"

"몹시 기뻐하는 것 같았어요! 하지만 제가 분명한 선택을 하지 않으면 헤어지겠다고 여러 번 말했어요. 제 부모님은 조심하라고 경고하면서도 위베르가 그러다가 제풀에 꺾일 거라고 안심을 시켜주셨죠. 저도 그런 생각이었어요. 하지만 저는 에디에게서 느끼는 열렬한 욕망을 위베르한테서 매번 느끼지는 않아요."

"그렇다면 지금까지 이야기한 것들에 대해 곰곰이 생각하면서 노력해보시기 바랍니다. 그리고 간간이 운동도 하세요. 조만간 다시 보기로 하죠."

책상에 앉아 상황을 정리해보았다. 감춰진 중개자를 밝혀냄으로써 우리는 대상을 변화시키는 것이 무엇인지도 알게 되었고 중개자 때문에 전에 없던 가치를 대상에게 부여하게 된다는 것도 알게 되었다. 그래서 우리는 욕망의 대상에게 부여하는 감정을 상대화할 수 있었고 이를 통해 그런 감정들은 모방적 메커니즘에 스며든 색깔일 뿐이란 것을 알게 되었다. 물론 감정은 사라지지 않는다. 그러나 감정은 우리에게 뭔가를 설명하지만 우리는 그것을 이해하지 못한다. 그래서 중개자를 등장시켜야 하는데, 감정에 직접 영향을 미칠 수는 없기 때문이다. 가령 우리가 "그 남자에게 더 이상 관심을 갖지 마세요. 어떤 희망도 보이지 않는 사람입니다. 희망이 보이는 다른 남자를 만나보세요"라고 말해봐야 아무런 소용도 없을 것이다. 마리나가 에디에 대해 갖고 있다고 믿는 사랑을 뿌리부터 풀어 헤쳐보기 위해서는, 질투처럼 그녀의 욕망을 자극한 것을 직접 공격해서 그녀가 제삼자인 경쟁자와 경쟁심으로 얽혀 있다는 것을 밝혀내 그 허상을 벗겨내야 할 것이다.

경쟁의 허상을 벗긴다는 것은 가령 그 경쟁자는 그녀로부터 경쟁을 받을 만한 합당한 상대가 아니며, '좋은' 중개자도 아니고, 그녀로부터 관심을 받을 만한 자격도 없는 사람이라는 것을 보여주는 것을 의미한다. 그녀의 욕망의 방향을 바꿀 수 있는 기회는 바로 이때이다. 나는 인식에만, 즉 모방적 메커니즘에 대한 자각에만 영향을 미칠 수 있을 따름이다. 사람들이 모방적 메커니즘에서 벗어날 수 있는 것은 밖으로부터가 아니라 오직 자기 안으로부터만 가능하기 때문이다. 감정은 모방적 메커니즘을 덮고 있는 하나의 가공물이자 부대적인 징후란 것을 보여줌으로써 덤으로 우리는 자신에게 일어난 일을 이해하지 못해 혼란에 빠진 사람에게 자신감을 되돌려줄 수 있게 된다. 물론 그런 사람에게 그 사람이 빠져 있는 욕망의 삼각형 구조를 너무 급작스럽게 폭로해서는 안 되고, 다시 참된 관계를 맺을 수 있도록 조금씩 점진적으로 드러내주어야 한다.

위베르에게는 에디가 자신을 드러내지도 않고 멀리서 마리나를 원격조종하는 것 같을수록 더 대단한 경쟁자로 보인다. 그래서 그는 에디를 겉으로는 저주하지만 속으로는 '신격화'할 만한 대상으로 보고 있다. 위베르는 자신이 에디에게 이끌려 움직이고 있다는 것을 전혀 의식하지 못한다. 마리나에 대한 위베르의 욕망이 그렇게 강렬한 것은 바로 에디와 위베르의 경쟁으로 설명할 수 있다. 위베르가 마리나를 진정으로 사랑한다고 장담할 수 없다는 이야기다. 마리나에 대한 그의 관심은 그가 열등감을 느끼는 경쟁자에 의해 자양분을 공급받고 있다. 이런 점에서, 에디로부터 자신을 빼앗으려는 위베르에게서 제삼자와의 경쟁에서 나온 것이 아닌 참된 사랑과 존경과 신뢰를 경험하는 마리나야말로, 상처받기 쉽고 변덕도 심한 겉보기와는 다르게, 어쩌면 현실에 가장 가까운 사람일 것이다.

위베르가 찾아왔다. 마리나는 밖에서 다시 눈물을 흘리며 기다리고 있었다. 파리에서 며칠 지내려고 그들 집에서 묵고 있던 마리나의 친한 친구 가브리엘은 마리나가 위베르를 그다지 사랑하지 않는다는 것을 곧 눈치 챘다. "넌 위베르에게 정직하지 못해. 사실대로 말해." 이 말을 들은 마리나는 무너지고 말았다. "나도 위베르를 사랑하고 싶지만 에디한테와 같은 그런 열정을 느낄 수가 없어."

가브리엘은, 물론 어쩔 수 없는 질투심도 약간 작용했겠지만, 반복되는 마리나의 거짓말에 화가 나서 위베르에게 마리나가 방금 에디에게 전화했다고 말했다. 깜짝 놀란 위베르는 마리나한테 그게 사실인지 확인하고는 아직도 그녀 스스로가 무엇을 원하는지 모르고 있다고 나무랐다. 마리나는 쓰러졌고, 그렇다면 헤어지자고 제안했다. 위베르는 침착함을 잃지 않으려고 애쓰며 마리나의 제안을 재차 확인한 다음, 아파트를 떠날 준비를 했다. 위베르의 냉정함에 당황한 마리나는 그에게 매달렸다. "안 돼. 당신이 떠나면 난 살 수가 없어." 위베르는 사실 제정신이 아니었고 더 이상 뭘 어떻게 해야 할지 아무 생각도 없었지만 끝내 흔들리지 않았다. 초연한 척했다.

나는 위베르에게 축하를 건넸다. 그는 적절한 태도를 취했던 것이다. 에디는 아주 매력적인 남자였고, 원한다면 옛날 애인과 결합할 수도 있었다. 하지만 위베르가 초연하게 흔들리지 않는 태도를 취하는 순간, 그는 정복하기 힘든 남자가 된다. 그런데 마리나는 획득하기 힘들거나 불가능한 것들만 욕망하는 여자였다. 다른 사람들과 마찬가지로 그녀의 욕망에 불을 당기는 것은 바로 경쟁이라는 메커니즘인 것이다. 위베르는 내 충고를 따라, 가짜 경쟁자를 만들어 마리나의 욕망에 불을 붙이기 위해 그의 다른 여자 친구들에게 문자메시지와 전화를 대량으로 보내달라고 부탁을 했다. 그러자 경쟁자 잉그리드의 중개에 의해 마리나와 에디를 묶어주던 경쟁 모방이 이번에는 위베르를 향하게 된다. 경쟁의 메커니즘을 인식한다고 해서 이 메커니즘이 완전히 중지되는 것은 아니다. 위베르가 마리나의 욕망에 불을 붙임과 동시에 모방에서 나온 열정인 경쟁을 자신에게로 이동시켜놓아야 했던 것도 이 때문이다. 위베르의 전화기에서 벨이 울려대고 문자가 쏟아져 들어오자 당연히 격분한 마리나는 어떤 여자길래 이렇게 들쑤셔대냐고 핏대를 세우며 위베르에게 따졌다. 솜씨 좋게, 위베르는 더 이상 같이 살지도 않는 마당에 마리나가 질투할 이유가 더 이상 없다는 사실을 환기시켜주었다. 그러고는 마리나가 마음대로 상상하게 내버려두었다.

마리나와의 면담 전에 위베르가 나에게 한 가지 부탁을 했다. 마리나에 대해 그가 초연하다고 그녀가 믿게 해달라는 것이었다. 물론 그는 여전히 마리나를 사랑하고 있었고, 그녀 없이는 살 수 없었지만 이렇게라도 해서 그녀의 사랑이 되살아나길 원했던 것이다. 그는 모든 걸 이해하고 있었다. 그의 부탁을 들어주기로 마음먹고 이렇게 말했다. "네, 그렇게 합시다. 마리나에게는 당신이 헤어지고 싶어한다고 말할게요. 만약 당신이 정말 마리나와 헤어지려 했다면 난 마리나에게 당신이 그녀에게 완전히 빠져 있다고 말해주었을 거예요. 그랬다면 그녀는 뒤도 안 돌아보고 에디에게 달려갔을 겁니다."

마리나가 들어왔다. 계속 울고 있었다. "선생님, 저는 위베르에게 충실한 사랑을 하고 싶은 마음뿐이에요. 하지만 그렇게 되지 않고, 자꾸 에디 생각이 나요." 그러나 나는, 실은 경쟁자인 잉그리드 생각이 나는 것이라고 설명해주었다. 그리고 그녀가 주저하는 동안 위베르를 잃게 된다는 것도 환시시켜주었다. 그러자 마리나는 자신도 어떻게 해야 좋을지 모르겠다고 털어놓았다. 일 때문에 런던에 가서 에디와 같이 있었는데, 실망스럽게도 마음이 진정되면서 행복해지더라는 것이다. 하지만 그녀가 기분이 좋았던 것은 잉그리드의 자리를 되찾았기 때문이라는 말로 나는 응수해주었다.

그러자 그녀는 멍하니 날 바라보았다. "위베르를 사랑하려면 어떻게 해야 할까요?" 그녀의 욕망은 지금 잉그리드에 의해 작동하고 있다고 말해주었다. 위베르를 향한 그녀의 사랑은 이치에도 맞는 아주 합당한 사랑이었다. 마리나는 위베르가 마음에 들었고 존경심도 갖고 있었다. 말하자면 그의 됨됨이 전부에 매료되어 있었다. 나는 마리나의 두 남자를 향한 태도에 어떤 차이가 있는지 이야기해주었다. '사랑'의 차이가 아니라 모방 시스템의 차이 말이다. 위베르에 대한 사랑은 그를 경쟁의 대상으로 만들어준 제삼자 경쟁자의 개입이 전혀 없는 상태에서 일어난 것이다. 마리나는 에디 역시 사랑했다. 에디에게 존경심을 품고 있었고, 나중에는 아주 진지하게 사랑했다. 하지만 에디에 대한 사랑의 열기에 자양분을 제공해준 것은 그녀의 경쟁자였다. 만약 위베르에 대해서도 이런 경쟁이 있다면 마리나는 똑같은 강도로 위베르를 사랑할 것이다.

나는 그녀에게 경고했다. "너무 기다리다 보면 위베르는 다른 여자랑 정말로 떠날지 모릅니다. 그러면 그때 당신은 그에게 미친듯이 사랑을 느끼게 되겠지요. 그렇게 되면 위베르를 그리워할 합당한 근거는 갖게 되겠지만 때는 늦은 것이지요."

경쟁이 있어야 열정이 끓어오르는 법이다. 나는 마리나에게 위베르에 대한 자신의 사랑이 가진 의미를 알려주었다. 위베르를 향한 사랑은 잘못된 사랑이 아니라, 거기서 미래를 세울 수 있는 단단한 사랑과 관대함과 애정과 믿음이 있는 진정한 사랑이라고 말해주었다. 지금도 경쟁자의 사소한 변화에도 민감하게 반응하는 그녀로서는 당장은 내 말을 제대로 이해하지 못할 수도 있을 것이다. 그녀는 말하자면 아직도 상호성에 빠져 있다. 그녀가 거짓 사랑에 자신을 얽어매고 있는 메커니즘을 점차 이해하게 되기를, 다시 말해 멀리 있는 사람이 아니라 가까이에 있는 이 남자를 욕망하게 되기를 바란다.

베로니크가 다시 찾아왔다. 여전히 남편 때문에 힘들어했다. 그녀는 자신으로 하여금 애인을 사귀거나 사귀는 척이라도 해서 자기 욕망을 끓어오르게 하려는 남편이 흉측해 보였다. 완전히 미친 것 같았다.

"하지만 남편은 그런 터무니없는 괴상한 요구를 할 때가 아니면 좋은 아버지이자 남편이고 남을 배려하는 친절하고 관대한 사람이에요. 사람들도 다 그렇게 여기고 있고요. 그 사람이 그런 미친 생각을 하는 줄은 아무도 모를걸요."

"전 남편이 미쳤다고는 생각지 않습니다. 간단히 말해서 남편 분은 자기도 모르는 사이에 우리의 모방적 욕망의 심리적 실상을 알게 된 것이지요. 결혼 후 오랜 시간이 지나고 난 지금 당신에 대한 남편의 욕망은 무뎌지게 된 것이지요. 하지만 당신과 아이들에 대한 사랑과 애정의 감정은 전혀 변하지 않았어요. 불행히도 무슨 일 때문인지는 모르지만 남편께서 느닷없이 욕망의 실상을 알게 된 것인데, 남편이 잘못한 것은 그런 환상적인 생각을 실제로 실현하려 했다는 것입니다. 남편 분에게 저를 한번 찾아오라고 해주세요."

"말은 해보겠지만 장담은 못합니다. 병원에 가보라면 자기는 아픈 곳이 없다고 말할 게 분명해요. 더군다나 그게 정신과 의사를 만나보라는 거라면, 자신은 절대 미치지 않았다고 말할 거예요."

"그렇다면 제가 당신 일로 남편에게 할 말이 있다고 말해보세요. 당신 부부의 심리적 균형에 대해 걱정하고 있다고 말입니다."

베로니크의 남편 알베르는 예술가 풍의 우아하고 교양 있는 신사였다. 그는 경계하는 눈빛으로 내 방으로 들어왔다.

"절 보자고 하셨습니까?"

"네, 부인께서 너무 불안해합니다. 우울증 초기 단계입니다."

"전혀 눈치 채지 못했는데요. 제 아내가 무슨 이야기를 하던가요? 너무 자세한 속내 이야기를 하지 않았으면 합니다만."

"제가 당신을 만나려 한 것도 그 때문입니다. 두 가지 말씀을 드리고 싶군요. 첫번째는 당신은 자연스럽게 알아차린 것 같습니다만, 우리 욕망은 경쟁에 의해 불이 붙는다는 것입니다. 이

것은 보편적이고 절대적인 법칙입니다. 당신의 아내에게 애인이 생기거나 다른 남자와 있었던 이야기를 듣게 되면 당신의 욕망이 크게 되살아날 것이라는 당신의 생각이 옳았다는 말입니다. 두번째는 당신 아내에게 시키려는 그 놀이는 아주 위험한 놀이라는 것입니다. 인간 심리를 조작하려고 손을 대면 항상 벌을 받게 됩니다. 물론 에펠 탑 꼭대기에서 몸을 던지면 잠시 동안 세상에 둘도 없는 정말 짜릿한 기분을 경험할 수 있을 겁니다. 하지만 일단 중력에 몸을 내맡긴 이상 좋은 기분으로 뭘 어찌할 수도 없고 그냥 거기서 끝이 나게 됩니다. 마찬가지로 당신 아내를 낙하산도 없이 보편적 모방 한가운데에 내던져 욕망을 들쑤시는 것은 정말 위험한 일입니다."

"무슨 위험이 있다는 건가요? 아내가 즐거움을 경험해서 그 것을 다시 저에게 줄 수 있잖아요. 저는 아내를 더 원하고 사랑하게 될 것이고요. 정말 특별한 것을 저한테 해줄 테니까요."

"하지만 당신 아내는 무엇을 경험하게 될까요? 그리고 아내가 사귄 그 애인은 또 어떤 경험을 할까요? 그 사람은 아마 당신 아내에게 매달리고 당신 아내도 그 사람에게 집착하게 될 것입니다. 그리고 그게 모두 남편과의 경쟁이라는 제삼자 욕망의 불쏘시개 역할을 한다는 것을 안다면 그가 어떻게 나올지는 아무도 모를 일이지요."

"그런 것은 미처 생각하지 못했습니다."

"자신만의 환상에 완전히 빠져 있어서 그런 겁니다. 물론 당신의 환상은 욕망의 작동 방식과 일치합니다. 하지만 사람을 대상으로 삼아서는 안 될뿐더러, 어설프게 욕망의 법칙을 갖고 장난을 쳐서는 더욱 안 될 일이지요."

"무슨 말씀이신지 이해했습니다."

"인사말이 아니고 정말로 이해했으면 합니다. 저로서는 절충점을 찾아보도록 최대한 노력하겠습니다. 아내를 저에게 다시 보내세요. 하지만 지금부터 당신은 예전처럼 상상을 할 수야 있겠지만, 아내를 실제로 다른 남자의 품안으로 보내서는 정말이지 절대 안 됩니다. 그런 말은 꺼내지도 말기 바랍니다."

베로니크가 왔다. 근심 어린 얼굴이었다.

"선생님을 만나고 난 뒤 남편은 근심 어린 표정을 짓고 절 경계하는 눈빛으로 봐요. 다시 저에게 매달리면서 지금은 제가 혹시 자신을 떠날까봐 의심하고 있어요. 어떻게 된 건지 통 알 수가 없어요."

"남편 분은 지금 상당히 고생하고 있어요. 당신은 남편을 사랑하시니, 그가 조금 이상하게 보일지라도 타협점을 찾으려고 애를 써보세요. 한편으로는 남편만을 사랑한다고 말해서 남편을 안심시키세요. 다른 한편으로는 영화에 나오는 멋진 미남 배우를 보면 어떤 생각이 드는지 남편에게 말하세요. 다시 말해 그 배우가 상대 여배우를 안는 것처럼 당신을 안았다면 당신이 느꼈을 감정을 상상력을 동원해서 남편에게 이야기해주시라는 겁니다. 그렇게 하는 것이 남편에게 도움이 될 것입니

다. 적어도 그 배우가 스크린에서 뛰어나와 당신을 낚아채갈
염려는 없으니까 말입니다."

그로부터 몇 년이 지난 뒤 베로니크를 다시 만났다.

"남편이 아주 차분해졌어요. 저에게 이제 다른 말은 하지 않
고요. 선생님이 시키는 대로 했는데 영화에는 별로 관심이 없
는 것 같았어요. 그 뒤로 사랑을 나누진 않지만 나름 행복하게
지내고 있고 훨씬 더 많은 것을 함께 나누고 있어요. 아이들도
잘 자라고 있어요. 남편을 제 편으로 만들었어요."

시도 때도 없이 가방을 싸서 집을 나가던 요요 남편 때문에
지쳐 있던 비르지니가 왔다. 몹시 놀란 기색이었다.

"선생님, 요요 남편이란 게 대체 어떤 건가요?"

"욕망에는 선택이 따른다는 것을, 다시 말해 결정적인 순간
에 어떤 대상을 단념하는 것이 금기처럼 보이는 것을 이해하지
못하는 사람이지요. 그럴 때 그 금기가 단념했던 대상에 대한
욕망을 다시 불러일으키게 되죠."

"잘 이해가 안 되는군요."

"그런 사람은 한 여자에 대한 욕망을 충분히 오랜 시간 동안
지탱해나갈 수가 없고 결정적인 선택을 행할 수가 없습니다.
얼마간의 시간이 지나면 자신이 포기한, 그래서 떠나간 여인에
대한 욕망이 되살아나게 되는 거죠. 그런데 이런 방향 전환을
아주 고상한 감정으로 치장합니다. 의무감이나 연민 혹은 가족

이나 아이에 대한 배려 같은 것이 그것이지요."

"그렇다면 그 사람은 절 진정으로 사랑하지 않는 건가요?"

"아닙니다, 분명 당신을 사랑할 겁니다. 하지만 그것만으로는 그 사람을 당신 곁에 잡아두기에는 충분치 않습니다."

"그 사람은 자기 아내에게 되돌아가자마자 제가 보고 싶다고, 절 사랑하고 제가 없으면 못 살겠다고 계속 전화를 했어요. 그러던 어느 날 되돌아왔고, 그리고 또다시 떠났어요. 저는 완전히 진이 다 빠졌어요. 무얼 어떻게 해야 할까요?"

"뭐라고 말씀드려야 할지 잘 모르겠네요. 이런 사람은 명확한 결정에 이를 수가 없는 사람이거든요."

"그렇다면 이 사람은 둘 다를 원한다는 말인가요!"

"네, 그렇습니다. 당신이 지금처럼 그 사람이 집을 나가는 것을 적당히 넘어가주면 그 상태는 더 오래 계속될 것입니다."

"아닙니다. 그이를 물론 사랑하고 있지만 아직은 제 인생을 다시 시작할 수도 있어요. 떠나간 그 사람을 기다리면서 속 태우는 일은 더 이상 없을 거예요. 차라리 내가 멀리 떠나겠어요……"

제라르가 찾아왔다. 사십대의 성공한 건축가로, 크게 상심한 것처럼 보였다. 그는 자기 이야기를 털어놓았다.

"전 완전히 망가졌어요. 최근 삼 년간 서른 살의 여성과 열정적인 사랑을 나누며 살아왔어요. 그런데 한 6개월 전부터였던 것 같은데, 그녀의 마음이 차가워지더니 제 말은 신경도 쓰지 않아요. 숱한 사람들과 놀아나면서 저를 속였더군요. 어떻게 알게 됐냐면, 그녀 뒤를 따라가봤어요. 파리에서 며칠 밤을 미행했어요. 심지어는 전화 통화를 엿듣거나 자동차 위치추적기를 구하기도 했습니다. 하여튼 이런 짓거리를 하느라고 여섯 달 동안 몸무게가 6킬로그램이나 빠졌어요. 그런데 열흘 전에 더 이상 찾을 생각은 하지 말라는 말을 남긴 채 그녀가 완전히 사라졌어요. 그 뒤로 저는 더 이상 이 세상에 존재하지 않는 사람이 됐습니다. 왜 이렇게 되었는지 전혀 이해할 수도 없고, 그냥 죽어버리고 싶은 마음뿐이었어요. 그랬더니 친구들이 불안해하며 선생님을 찾아가라고 억지로 절 떠밀더군요."

"심각한 우울증이네요. 하지만 항우울제도 소용없을 것 같습니다. 고전적인 우울증은 일종의 기질에서 오는 병이거든요. 그런데 당신은 더 이상 존재감을 느끼지 못하는, 훨씬 복잡한 상황에 놓여 있습니다."

"네, 선생님 말씀 그대로입니다. 저는 예전에도 존재하지 않았고 지금도 아무것도 아니라는 느낌입니다."

"그 여자가 당신을 차버렸기 때문에 당신은 자신이 아무것도 아니라고 생각하는 겁니다. 그녀는 아무 일도 없었다는 듯이 당신을 떠나버렸습니다. 단순히 떠나기만 한 것이 아니라 당신을 백지로 만들고 말았습니다. 컴퓨터의 삭제 버튼을 누른 것처럼요."

"하지만 왜 그랬을까요? 저는 그 사람에게 돈도 주고 옷도 사주고 보석도 사주고 또 이 세상에서 줄 수 있는 모든 사랑을 다 주었습니다. 그런데 마지막 데이트를 하는데 제가 자기한테 해준 게 아무것도 없다는 식으로 말하더군요. 저는 저 같은 남자의 사랑은 아무것도 아닌 게 아니라고 힘을 다해서 대답했습니다. 그녀는 소리 없이 미소만 짓고 있었고 제 가슴은 쿵쾅댔습니다. 그러나 그녀는 결국 떠나고 말았습니다."

"제가 생각하는 이유를 설명해보겠습니다. 우리 인간은 영원히 생성되면서 변화하는 존재입니다. 우리 자아를 만들어내 그것이 존속할 수 있도록 하는 게 바로 우리의 욕망이지요. 모든 인간관계보다 욕망이 우선합니다. 당신과 그녀를 하나로 묶고 있는 욕망이 얼마나 강한지 말할 필요도 없겠지요. 그리고 최근 몇 달 동안 그 욕망은 더 격렬해지면서 당신은 도처에서 새로운 라이벌을 만나게 되었습니다. 당신의 '자아', 정확히 말하면 욕망의 자아를 만들어낸 것은 다름 아닌 당신과 그녀를 묶어두고 있는 그 욕망입니다. 그녀가 갑작스럽게 떠난 것이 당신의 '전부'나 마찬가지였던 당신의 자아를 허물어뜨리고 말았습니다. 갑작스런 이별의 결과 욕망이 당신의 자아에 생기를 불어넣던 일을 갑자기 중단하게 된 것이지요. 그렇게 되자 당신은 정말 견딜 수 없는 죽음의 번뇌에 사로잡혀서 그 고통을 끊을 수 있는 해결책으로 자살을 생각하게 된 것입니다."

"그렇다면, 저는 어떻게 해야 할까요?"

"우선은 당신의 과거 자아들에 매달려보십시오. 당신의 아내와 아이들과 친구들과 같이 나누었던 당신의 자아들 말입니다. 그 여자 이전의 당신의 삶을 떠올려보십시오. 그리고 주어진 일에 몰두하고요. 당분간 당신이 중점적으로 생각하면서 되찾아야 할 것은 바로 직업인으로서의 당신의 자아입니다. 그러다 보면 언젠가 또 다른 여자를 만나 또 다른 욕망이 당신의 또 다른 자아를 만들어주게 될 것입니다."

"과연 그렇게 될 수 있을지 지금으로서는 장담할 수가 없습니다. 선생님 말씀을 제가 제대로 이해했는지도 잘 모르겠고요. 하지만 지금까지 그냥 그렇게 존재한다고 여겨온 제 아내와 아이들과 친구들, 그리고 제가 하는 사업에 대해 제가 빚을 지고 있다는 것은 잊지 않으려고 합니다."

제라르는 그 뒤로도 2년간 고생을 했다. 하지만 자살은 하지 않았다.

에필로그

# 위기의 커플들을 어떻게 구원해낼 것인가?

사랑 역시 배워야 하는 것이다.

—니체

이 책을 끝내면서 하고 싶은 첫번째 이야기는 당연한 말 같지만, '치료'보다는 진단이 선행되어야 한다는 것이다. 여기서 우리의 진단은 우선 이 커플들이 선의를 갖고 있다는 것을 확인하는 것에서부터, 다시 말해 그들이 현재의 상태에서 벗어나길 원하고 있고 스스로를 새롭게 인식하는 것에 대해 열려 있으며 우리가 권하는 처방을 별 쓸모없거나 해롭기까지 한 적수나 경쟁자의 것으로 보는 게 아니라 자신들의 지원군으로 볼 자세가 되어 있다는 것을 확인하는 것에서부터 시작한다. 그리고 커플 중 적어도 한 사람만이라도 이 기준에 들어맞아야 우리가 행하는 심리 치료가 제대로 작동할 수 있다.

제삼자에 대한 질투를 극복하기 위해서는 경쟁자를 밝혀내 그 경쟁자의 신비를 벗겨낼 필요가 있다는 것을 앞에서 살펴본 사례에서 확인할 수 있었다.

어떤 문화권의 남자들은 자신의 아내를 부르카 같은 두꺼운 베일로 감춤으로써 잠재적 제삼자인 다른 남자들로부터 지킨다. '눈이 보지 못하면 마음은 아프지 않다'라는 이집트 속담이 있다. 지중해 연안의 문화권에서는 내 소유물을 향한 '악의에 찬' 눈길을 아주 철저하게 피한다. 그것이 소유의 모방을 낳고 그래서 또한 경쟁을 낳을 것이기 때문이다. 그러므로 타인의 욕망과 경쟁자를 부추길 수 있는 것은 모두 감추어야 한다. 그 대표적인 경우가 바로 우리의 배우자이다.

힌두 철학에서는 소유의 포기가 규정되어 있을 정도로 경쟁에 대한 두려움이 아주 크다. '내가 가진 것이 없으면 시기하고 질투하는 사람도 없고 경쟁자도 없다'는 것이 그것이다. 이 철학이 가난을 권장하는 것도 이 때문이다. 그런데 정말 안타까운 현상은 소유 영역이 아닌 존재의 영역에서도 경쟁적 욕망이 나타날 수 있다는 것이다. 현자들이 서로 지혜를 경쟁하고 성인들이 성스러움을 경쟁하고 구루들이 궁핍을 경쟁하는 것도 이 때문이다.

앞에서 보았듯이, 반쪽 질투를 완화시키는 것은 아주 어려운 일이다. 커플 사이에 경쟁이 일단 자리 잡으면 이 지뢰를 제거하기는 정말 힘들다.

결국 치유책보다는 예방책이 훨씬 더 중요하다고 말할 수 있다. 사랑에 빠져서 커플을 이루기 전에, 욕망이 모방적으로 작동한다는 것과 거기에는 수많은 경쟁의 덫이 있다는 것, 그리고 보편적 모방에 어떤 위험이 도사리고 있는지에 대해 알려줄 필요가 있다.

애석하게도 사랑의 모험에는 항상 모방이 저돌적으로 달려든다. 욕망의 실상을 차츰 깨닫는 사람들도 있다. 그런데 그것을 깨닫는 방식은 깨달음의 정도에 따라 그 사람을 변화시킨다는 점에서, 순전히 지적 활동에 속하는 것이 아니고 통과의례적인 것이다.

이런 깨달음의 궁극적인 목표는 욕망을 그것과 밀접하게 연결되어 있는 경쟁에서 벗어나게 하는 것이다. 그리고 그 최종 결과는 지혜에, 다시 말해 자신이 소유하고 있는 것을 욕망할 줄 아는 능력에 도달하는 것이다.

일반적으로, 인간관계를 그것을 위협하는 경쟁으로부터 어떻게 보호할 수 있을까? 앞에서 보았듯이 사랑은 정말 상처받기 쉽다. 사랑이 발전하기 위해서는 배려와 관심도 필요하지만, 사랑을 변질시키고 파괴시킬 위험을 내포한 경쟁을 매 순간 피해야 한다.

사랑의 길은 힘들다. 그러나 불가능한 것은 아니다. 모방의 메커니즘을 깨닫는 것만으로도 충분히 모방 메커니즘의 문제를 해결할 수 있을 때가 많다. 부부 중 한 사람이 깨어 있어 경쟁이 문제라는 것을 깨닫고 있기만 해도 모방 메커니즘의 작동을 막을 수 있을 뿐 아니라 모방 메커니즘의 폐해로부터 상대방을 지켜낼 수도 있다. 그런데 이런 노력은 지속적이고 무엇보다 의식적으로 이루어져야 한다. 이것은 진정한 개종을 요구하는 일종의 금욕적 태도를 필요로 하는데, 이런 태도를 유지하는 것이 가장 힘든 부분일 것이다. 환자들의 주의를 환기시키기 위해 나는 항상 "당신은 이제 조련사가 되어 호랑이 우리로 돌아가는 겁니다"라고 말하곤 한다. 조련사의 손에 들린 채찍은 사용하지 않을 때에만 유용하다. 채찍은 경쟁이나 공격성이나 원한을 유발할 수 있는 모든 행동과 말을 피하기 위해 지속적으로 각성하고 있다는 것과 전혀 두려움이 없다는 두 가지 사실을 비유적으로 나타낸다. 사실 남편이나 아내를 두려워하는 배우자들이 아주 많다. 이런 두려움은 힘을 빼놓는 나쁜 충고자이다. 이 두려움은 관계를 변질시키고 상처를 입힌다. 부부의 건강에는, 드러난 갈등보다 경쟁에 대한 두려움이 더 나쁘다.

감정이 아무리 깊다 하더라도 사랑에 자양분을 공급하고 사랑을 보호하여 지켜나가는 데 충분하지는 않다. 사랑은 모방적인 폭탄 하나로도 언제든지 폭발할 수 있다는 것을 절대 잊어서는 안 된다. 조그만 충격에도 폭발할 수 있는 다이너마이트를 가득 실은 트럭을 운전할 때보다 더 신중해야 한다! 돌이킬 수 없는 상황으로 이어질 수 있는 조그만 돌부리를 피하기 위해 두 눈은 항상 경계 태세를 늦추지 않아야 한다. 수피교의 큰 스승인 사디Saadi는 이미 13세기에 이와 관련하여 소중한 충고를 했다.

평생을 걸쳐 쌓아온 우정을 한순간에 깨뜨려서는 안 된다. 보석이 손에 있을 때, 오랜 세월 동안 만들어져온 그 보석을 깨뜨리지 않도록 조심하라.[84]

아무리 커다란 우정과 사랑도 아주 하찮은 질투에 의해 쉽게 부서질 수 있다. 뜬금없이 나타나는 이런 질투는 관계의 균형을 허물면서 상대방에 대한 신뢰도 허물어버린다. 잘못된 말 한마디, 제삼자에 대한 부적절한 암시, 상상의 의심, 경솔한 책망 한 번으로 질투와 경쟁이라는 뱀이 끼어들어 우리로 하여금 우리를 묶어주던 사랑을 더 이상 보지 못하게 할 수도 있다.

관계가 깨어질 때의 상황을 브르통은 『미친 사랑』에서 이렇게 묘사하고 있다.

사랑하는 이의 매력이 사라지고 아름다움도 보이지 않고 잿빛 바람이 모든 걸 삼켜버리면서 삶을 지탱하는 것 자체가 위태로워진다.[85]

84  Saadi, *Le Jardin des roses*, Albin Michel, 1966, p. 228.
85  André Breton, *L'Amour fou*, Gallimard, coll. Folio, 1937, p. 147.

관계에 경쟁이 끼어들어 뒤덮기 시작하면, 사랑이 관계를 만들 때 그랬던 것처럼 경쟁이 그 관계를 철저하게 무너뜨릴 수 있다.

또 다른 어려움은 남녀를 불문하고 많은 사람들이 사랑을 변덕스럽고 쉽게 사라지는 것이라고 여기는 데서 발생한다. 사람들은 사랑이 찾아올 때 그런 것처럼 한순간에 떠나간다고, 그리고 사랑의 생명은 그 본성상 유한하다고 여긴다. 따라서 사랑을 보호하려고 애를 써봐야 마음만 힘들고 실망이 커질 거라고 여긴다. 하지만 사랑은 계속해서 만들어지고 또 더 강화되어야 한다. 사랑이 성숙하는 데에는 시간과 지혜가 필요하다. 욕망 때문에 걸려드는 암초와 같은 우리의 잘못에 대해 사랑은 절대 미리 대비하고 있지 않다. 로렌스는 "격렬한 포옹과 뜨거운 애무에도 작은 틈새는 있는 법이다"라고 말한 적이 있다.[86] 불행하게도 사랑은 선망, 탐욕, 질투 그리고 타인을 지배하거나 통제하려는 욕구로부터 우리를 절대 보호해주지 않는다. 이런 것들은 사랑의 결점이나 환상을 말해주는 것이 아니라, 사랑에 대한 관심이 지속적으로 업데이트되어야 한다는 것을 말해주는 징표이다.

만나게 된 과정이 어떠하든, 관계의 깊이와 친밀도가 어떠하

---

86   D. H. Lawrence, *Le Serpent à plumes*, Stock, 1965.

든, 느끼고 있는 행복감이 어떠하든 간에 커플들은 언제 터져 오를지 모를 경쟁 관계를 평생 잘 관리해야 한다는 것을 잊지 말아야 한다.


## 사랑의 정치학

나를 찾아온 커플들은 대부분 외부 경쟁자인 제삼자의 질투나 커플 서로가 경쟁자인 반쪽의 질투로 실랑이하는 고통스런 갈등 관계 속에서 오랫동안 고생을 해왔다. 이들은 자신들이 왜 그렇게 되었는지도 모른 채 한때 경험했던 평화와 만족을 되찾지 못하고 있었다. 많은 커플들에게는 헤어지는 것이 유일한 해결책처럼 보이기도 했다. 하지만 그들은 문제 해결의 능력도 의지도 없으면서 다른 해결책이 있기만을 바라고 있었다. 어떤 커플들은 스스로가 경쟁에 얼마나 사로잡혀 있는지 몰랐을 뿐만 아니라 평화로운 사랑을 위해 경쟁을 희생할 마음도 그다지 크지 않았다. 때로 경쟁은 사랑보다 훨씬 더 단단한 시멘트가 되기도 한다.

여기서 나는 사랑의 전략, 혹은 '사랑의 심리학적 정치학'이라 부를 수 있는 간단한 팁을 제시하려고 한다. 이것은 모든 커플들이 공동생활의 힘든 길로 접어들 때부터 머릿속에 품고 있었던 것일 것이다. 모방 메커니즘과 이 메커니즘에서 나오는 경쟁 논리에 대해 분명하게 이해하는 것이 이 전략의 주요 골자이다.

우리를 휘젓고 다니는 모방에서 결코 벗어날 수가 없다면, 모방의 방향을 뒤바꾸어 그 정체를 밝혀냄으로써 우선 커플 간의 대화를 재건할 수 있을 것이다. 이를 위해서는 우선 언어를 되살려야 하는데, 이때 주의할 것은 혹시 만에 하나 경쟁을 유발하거나 지속시킬 수 있는 어휘는 절대 피해야 한다는 것이다. 그리고 교환이나 거래를 할 때 적정 거리를 유지하듯 말을 할 때도 적정 거리를 유지해야 한다. 다시 말하면 너무 멀어도 안 되지만 너무 가까워도 안 된다. 상대방에게 말하는 방식에 따라 경쟁은 더 강해질 수도 있고 약해질 수도 있다. 오래전부터 외교관들은 이런 방식에 이력이 나 있다. 애정 관계에서 말을 주고받을 때도 외교관들의 노련미와 세련미가 필요하다.

유대인들의 다음 농담이 시사하는 바가 바로 이런 것일 것이다.

한 남자가 친구를 칭찬했다.

"자넨 정말 대단해! 결혼한 지 25년이나 지났는데도 아내를 두고 여전히 암사슴이니 자기니 내 보석이니 하고 간지럽게 부르고 있다니. 정말 대단한 재주꾼이야."

"못 믿겠지만, 이유는 간단해. 아내 이름을 잊어버렸거든."

사랑하는 사람의 이름을 잊어버린 이 사람은 아내에게 이름을 새로 지어주는데, 그것은 그들 둘만을 위한 이름이다. 명명 행위는 잘 알다시피 대단한 창조 행위이자 소유 행위로, 우리를 다시 태어나게 하는 관계를 만드는 방법이다. 많은 경우 사랑하는 사람에게 세례명을 붙이듯 새로운 이름을 붙여줄 때 그들의 관계는 더욱더 단단해진다. 그런 관계는 유일하고도 아주 중요한 관계가 된다. 위기가 닥쳤을 때나 화가 나는 순간 이들은 모두 자신들만이 알고 있는 상대방의 그 익숙한 이름을 떠올리게 된다.

물론 상대의 이름을 잊어버렸기 때문에 호칭을 바꿔 부르는 것일 수도 있다. 하지만 사랑의 핵심은 상대방의 신비를 인정하는 데에 있다. 그 인정은 나는 결코 내가 사랑하는 사람을 소유할 수 없을 뿐 아니라 어떤 특정한 정체성이나 이름으로 그 사람을 규정하거나 가두어둘 수도 없다는 것을 이해하는 데서 나온다. 사랑하는 사람이 언젠가는 나를 떠날 것이며 상대방의 이런 자유야말로 막지 말고 보호해주어야 할 것이라는 것을 이해해야 한다. 상대의 자유를 보호해야 하는 이유는 그 덕분에 우리가 사랑을 지탱할 수 있기 때문이다. 사랑은 이런 미스터리와 그 신비에 대한 거듭되는 평범한 인정을 먹고 자라난다.

## 경쟁의 징후들

관계 보호를 위해 경쟁을 없애기가 제일 쉬울 때는 모방적 경쟁의 징후가 나타나면서 갈등이 시작될 때이다. 경쟁이 작동하는 것을 막기 위해서는 그 징후를 재빨리 알아차려야 한다. 위기를 알려주는 조짐은 다양하다. 비난, 멸시, 폄하, 무관심이 그것들이다. 이것들은 일단 한번 작동하면 갈수록 도를 더해간다. 폄하나 거부를 당했다고 느끼는 사람은 비난과 거부로 응수하려 한다. 부부 사이에 생겨날 수 있는 악순환 속에서 상호성은 갈수록 경쟁을 가속화시키다가 급기야는 폭발하고 만다.

비난의 이유는 셀 수 없이 많다. "그건 네 탓이야" "네가 했어야지……" "당연히 그랬어야 해……" "넌 한번도 ~한 적이 없어" "넌 항상 그렇지." 물론 일상생활 속의 사소한 비난을 완전히 빗겨갈 수 있는 커플은 없다. 하지만 납득할 수 있는 합리적인 비난이 있는 반면, 곧장 확산되면서 더 큰 경쟁을 일으키게 되는 비난도 있다. 가령 아내가 "낮에는 술을 마시지 말아요"라고 말하면, 나는 잠자코 들으면서 아내가 나를 걱정해서 하는 말이란 것을 인정할 수 있다. 하지만 아내가 계속해서 "그만 좀 먹어요, 살쪄"라거나 "소금 많이 넣지 마요"라고 말하면, 아내의 충고는 그 순간 내 영역과 자유를 지키려는 욕구와 함께 공격성을 일깨우면서 내 기분을 상하게 할 것이다. 나는 아내의 지적을 나를 통제하고 제한하고 애송이 취급을 하는 것으로 마음에 새기게 될 것이다. 누구를 통제한다는 것은 권력을 쥐는 것이고, 말하자면 상대방에 대한 자신의 우월성과 우선권을 주장하는 한 가지 방법이다. 그것은 또한 사람과의 관계를 사물처럼 고정시키는 것이기도 하다. 파트너가 어떤 행동이나 말을 하지 못하게 막는 것은 파트너와의 적절한 거리를 무너뜨리면서 역할 혼동 상태로 넘어가는 것이다. 상대 대신 말하는 것 역시 대화의 가능성을 막으면서 질문과 대답만 하게 만든다.

남편과 함께 미래를 꿈꾸길 원하는 아내라면 남편에게 다르게 말하는 방법, 즉 '나'나 '너'로 시작하는 대화는 피하고 오직 '우리'에 대해서만 이야기하는 법을 배워야 할 것이다. 이런 명명을 통해서도 관계를 되살릴 수 있다. 이렇게 말해보자. "우리에게 문제가 있어요. 거기서 벗어날 수 있는 길을 같이 찾아봐요. 지금부터는 우리의 행복을 위해 같이 노력합시다." 한쪽에서 "넌 ~가 없잖아" "넌 그래야 하는데" "니가 그랬잖아"와 같이 상대방을 비난하는 투의 말을 멀리하면, 단지 이런 말만 멀어지는 것이 아니라 동시에 부부 문제도 멀어진다. 그리고 그때부터는 '우리'로 대신해보자. '우리'라는 말을 사용함으로써 경쟁으로 와해된 관계를 되살릴 수 있다.

"내가 너라면……"으로 시작하는 비난은 다른 의도를 담고 있는 기만적인 비난이다. 이런 비난에는 비교하려는, 그리하여 경쟁과 갈등을 불러일으키려는 의도가 숨어 있기 때문이다. 가령 남편에게 "당신 상사가 그렇게 말하는 것을 받아들이면 안

되지요. 저라면 용기 있게 내 생각을 말하겠어요"라고 말하는
아내는 자기가 남편의 입장이라면 남편처럼 상사에게 그렇게
당하지 않고 비굴하게 처신하지 않을 것이라는 것을 암시하고
있다. 아내는 비교하기 시작하고, 그럼으로써 경쟁을, 직접적
인 권력투쟁을 시작하는 것이다. 아내의 말은, 남편은 능력이
없고 자신은 능력이 있다는 것을 은연중에 암시한다. 이런 말
은 자기보다 낮은 상대로부터 자신을 보호하기 위해서 상대에
게 아주 높은 난간을 치는 것과 같다. 또한 "그렇게 무능한 상
사들에게 당신이 그런 대우를 받아서는 안 돼"라든가 "그런 일
을 하기에는 당신이 너무 유능해"라든가 "내가 당신의 재능을
가졌다면……"으로 시작하는 말처럼, 타인에 대한 과대평가는
과잉요구를 감추고 있다. 이런 말은 자신을 치켜세우기 위해
은근히 상대방을 폄하하는 것이다.

　무관심이나 침묵은 공격의 다른 형식이다. 무슨 말을 해도
침묵만 지키는 남편에게서 아내는 무시와 폄하를 당했다고 느
끼게 된다. 이때부터 아내는 아무 소용도 없는 존재라고 스스
로를 폄하하다가 남편에게 아주 끔찍한 원한을 품기 시작한다.
존재감을 상실한 그녀는 남편으로부터 공격과 적의를 받더라
도 남편을 자극해서 반응을 얻어냄으로써 남편의 무관심으로
부터 벗어나려고 온갖 애를 쓴다. 하지만 결과적으로 남편의
무시와 무관심이 더 커지고, 이것은 다시 아내의 언짢은 기분

과 울화를 키우게 된다.

경쟁은 항상 너무 지나친 접근에서 나온다. 가까움이 어느 정도를 넘어설 때부터 경쟁심이 내재된 결합은 대화의 단절을 가져온다. 그런 관계에 놓인 이들 사이에서 말이 자유롭게 오갈 수 없다. 마치 육박전을 벌이듯, 부부는 완전히 결합한다. 말이 없을수록 서로는 더 큰 타격을 주면서 상대를 복종시키려고 상대에게 다가간다. 부부의 경쟁 강도가 이 지경에 이르면 그들은 더 이상 말을 주고받을 수가 없어진다. 어떤 말을 하든 모두 상대에 대한 공격이나 반격으로 해석된다. 그리고 침묵은 곧 상대에 대한 자신의 우월함을 의미하는 무서운 무기가 된다. 경쟁이 유발하는 갈등의 증폭과 근접으로 인해 이 적수들은 결국 헤어지게 된다. 이를 두고 우리는, 이들이 너무 가까이 있어서 서로를 쳐다보지 못하는 것이라고 말할 수도 있다. 커플이 대화를 통해 우호적으로 마음을 '열고' 관계를 복원하기 위해서는 일정한 거리를 다시 설정하여 유지할 필요가 있다. 거리가 없으면 대화가 있을 수 없고, 대화가 없으면 관계가 있을 수 없기 때문이다. 힘의 관계에서 벗어나야 한다는 것을 받아들여야 한다.

## 미래를 향해, 함께

모방과 경쟁으로 관계가 자칫 어긋날 수 있다는 사실에 끊임없이 주의를 기울일 때에만 평화로운 부부 관계가 유지될 수 있다. 아담과 이브의 예를 보자. 아담은 "당신이 뱀에게 말을 걸지 않았다면"이나 "당신이 뱀의 말을 듣지 않았다면"과 같은 인과관계가 들어간 비난을 조심스럽게 피했다. 우리가 비난의 문을 열면 그 문틈 사이로 경쟁이 밀려들어와 관계를 위협한다. 그런데 이런 경계는 의식적이고도 자발적으로 해야 한다. 경쟁에 빠지지 않고 관계를 지키려면 한시라도 이 경계심을 늦추어서는 안 된다. 싸움이 시작되거나 어떤 문제가 발생하면 오래된 이야기와 불평이 어김없이 등장하는 것을 우리는 익히 알고 있다. 임상에서는 이런 현상이 특히 히스테리 환자에게서 인상적으로 나타난다. 부부 간에 이런저런 이야기를 정겹게 나누다가 아내가 갑자기 "당신도 잘 알죠? 1999년에 날 베니스로 데려가지 않았던 것 말이에요. 약속은 그렇게 철석같이 해놓고 말이에요"라고 하면서, 과거 잘못을 끄집어내 자꾸 자기를 괴롭힌다는 이야기를 한 남편이 들려준 적이 있다. 뜻밖의 순간에 옛날 옛적 이야기가 뜬금없이 다시 등장하는 이런 현상을 나는 '고장 난 컴퓨터 증후군'이라 부르는데, 잠잠하던 분쟁을 다시 시작하는 데 이보다 더 좋은 것이 없다.

만약 아담이 관계를 회복하고 부부 간의 긴장을 진정시키기

원한다면 경쟁을 불러오고 되살릴 위험이 있는 것은 모두 피해야 한다. 실제 인물이든 상상의 인물이든 간에 제삼자의 존재에 대한 언급이나 둘 사이의 비교를 암시하는 말과 같이 둘의 관계를 파국으로 이끌고 갈 수 있는 것은 피해야 한다는 말이다. 뱀의 말을 들었다거나 사과를 먹었다고, 했던 말을 또 하는 식으로 이브를 무한정 비난해서도 안 된다. 부부 관계의 회복을 원한다면 오래된 과거 일은 깨끗이 청산하여 용서하고 두 사람의 미래를 향하여 방향을 전환할 수 있어야 한다. 이브와 함께 아이를 낳고 화목한 삶을 살기를 원한다면, 아담은 이브의 과거 잘못을 떠올릴 만한 이야기는 절대로 해서는 안 되고, 그 대신 그들이 살 집을 어떻게 지을 것인지 혹은 앞으로 헤쳐 나갈 일이나 계획 이야기를 해야 한다. 관계를 회복시키는 것이 이롭다는 것을 이해하고 아무 소용도 없는 싸움 걸기를 중단해야 한다. 이럴 때 자기초월이 다시 나타나는데, 이런 의미에서 평화를 가져오는 이 자기초월은 모든 관계에 없어서는 안 될 제삼자라 할 수 있다.


## 도움을 주는 경쟁의 제삼자: 좋은 모방 사례

때때로 부부 사이에 욕망이 시들었을 때 나는 한 배우자에게 상상의 경쟁자인 제삼자를 만들어보라고 권한다. 뜻밖의 장애물 출현이 상대방의 질투심을 자극하여 욕망을 되살리고 관심과 사랑을 불러일으키기 때문이다. 평소에 알고 지내던 한 여성이 날 찾아와서 부부 관계가 많이 소원해져서 속상하다고 털어놓았다. "더 이상 참을 수 없어. 남편은 바람을 피우면서 날 거들떠보지도 않아." 오십 대인데도 아주 예쁜 그녀는 남편과 봄날 같은 하루하루를 보내고 있었다. 둘 사이에 아이가 둘 있었고, 그 무엇으로도 그들을 갈라놓을 수 없을 것 같았다. 하지만 남편이 새파랗게 젊은 여자와 바람을 피우고 있다는 것을 몇 달 전에 알게 되었다. 그녀는 남편의 바람보다도 그가 자기에게 무관심해진 것이 자신을 더 슬프게 하고, 남편을 되찾기 위해서는 어떤 것이든 다 할 생각이라고 털어놓았다. 이럴 때는 어떻게 하는 것이 좋을까? 머리가 좋은 그녀에게 나는 우리가 마르쿠스라고 이름 붙인 상상의 인물을 창조하여, 남편에게 일러바칠 것이 분명한 입이 가벼운 여자 친구들에게 그에 대한 이야기를 해주라고 작전을 짜주었다.

그녀는 너무나도 능숙하게 상상의 인물을 만들어나갔다. 남편도 마침내 그 존재를 알게 되면서 점차 의혹을 갖게 되었다. 그러던 어느 날 남편이 내게 찾아와서는 자기 아내가 만나고 있는 그 수수께끼 같은 인물이 어떤 사람이냐고 물었다. 난 아무것도 모른다고 단언했다. 그러자 그는 아내가 그 사람을 정기적으로 만나는 게 틀림없다고 초조한 표정으로 말했다. 그래서 나는, 아내를 되찾는 일이 지금이라도 늦지 않았을 수 있다고 넌지시 암시했다. 몇 주 뒤 남편은 마침내 이미 식었다고 단정했던 아내의 욕망을 되살리는 데 전념하기 위해 그 젊은 애인과 헤어지기로 마음을 굳혔다. 이상이 우리가 의식적으로 시행해본 모방을 이용한 작전인데 결과는 해피엔딩이었다.


## 경쟁에서 벗어나기

부부 사이의 경쟁은 어떻게 피할 수 있을까? 부부 사이에는 지배하는 쪽이 없을까? 부부 사이에는 내적인 불평등이 없을까? 튼튼한 부부 관계를 유지하려면 무엇보다도 경쟁에 빠져들지 말아야 한다. 그런데 여기에 아주 미세한 불평등이 끼어드는 순간, 다름 아닌 평등이 반복되는 폭력과 긴장과 비교의 원인이 된다. 나는 일종의 선택된 위계질서라 할 수 있을, 두 사람 모두가 인정하는 차이와 균형 잡힌 불평등이 필요하다고 생각한다.

부부가 시소게임을 시작하면 관계가 빗나가기 시작한다. 한쪽은 동쪽에 있고 다른 쪽은 서쪽에 있으면서 어느 쪽도 자신의 여정을 포기하지 않으면, 둘의 관계는 완충지대 없는 권력투쟁의 막다른 골목으로 치닫게 된다. 둘 중 하나는 상대의 욕망을 위해 자기 욕망을 포기해야 한다. 사랑을 살리려면 경쟁을 희생해야 한다. 이런 의미에서 진정으로 사랑하는 사람은

관계를 지키기 위해 욕망의 대상을 포기하는 사람이라고 말할
수 있다.

　하지만 일단 경쟁이 자리 잡았을 때 경쟁을 멀리하고 화목한
관계를 이루려면 어떻게 해야 할까? 이를 위해서는 우선, 우위
에 있는 사람이 각별히 유연해져야 할 필요가 있다. 우위에 있
는 사람은 "아프다" "우울하다" "손해 봤다" "슬프다" "힘이 없
다"는 등의 말을 함으로써, 상대방으로 하여금 자신이 실제 그
런 것보다 더 상처받기 쉬운 사람이라고 생각하게 해야 한다.
의도와는 상관없이 상대의 기분을 상하게 하거나 상대의 가치
를 무시할 우려가 있는 자신의 성공담을 늘어놓는 것보다는 상
대를 인정해주고 상대의 말을 들으면서 관심과 지지를 나타낼
필요가 있다.

　명백히 경쟁으로 비칠 수 있는 일에 대해서 전혀 반응을 보
이지 않는 것도 하나의 방법이다. 이렇게 하면 갈등을 일으킬
수 있는 모든 잠재적 원인들이 전파되기 전에 녹아서 저절로
해소된다. 또한 우리는 경쟁을 포기하는 것이 실제로는 자존감
을 높여준다는 것을 알아야 한다. 그것은 굴종이 아니고 우월
함인데 너무나 우월하다 보니 타인이 모르고 있을 뿐이다. 말
하자면 경쟁을 피하기 위해 원인을 이해하고 자신을 낮추었기
때문에, 상대는 모르지만 나는 상대보다 우월하다고 말할 수
있을 것이다.

## 관계의 화신, 아이들

아이의 출생은 부부에게 진짜 큰 변화이다. 참을성 있게 유지되어왔던 균형이 갑자기 무너지면서 관계를 전적으로 다시 생각해야 할 필요성을 느끼게 된다. 많은 경우 아이는 새로운 경쟁자가 된다. 아이와 어머니의 결합에서 배제되었다고 느낀 아버지는 갑자기 질투를 느끼면서 아내가 자신에게는 똑같은 관심과 배려를 주지 않는 것을 참지 못한다. 지금껏 누렸던 아내의 독점적 사랑을 앗아간 아이를 바라보는 아버지의 눈길이 곱지만은 않게 된다. 아버지가 이러한 상태를 항상 분명히 자각하는 것은 아니고 또 별다른 죄의식 없이 아내로부터 자신의 온전한 존재감을 앗아간 아이에 대한 묘한 경쟁을 느끼게 된다. 그러나 엄마는 수유와 같은 피곤한 일들과 호르몬 변화, 수면 방해 등으로 기분도 변하고 아주 예민해져 있기에 그렇게 한가하지 않다. 남편은 때로 화도 나고 실망하거나 피해를 당했다고 느끼지만 절대 겉으로 내색은 하지 않는다. 아이를 두고 무슨 말을 했다가는 정신 나간 사람 취급을 받을 것이기 때문이다. 이때 오래전부터 내려오는 아주 효과적인 해결책이 있다. 바로 고모, 할머니, 누나, 사촌이나 유모 같은 제삼자를 끌어들이는 것이다. 이들이 아이를 돌봄으로써 부부는 잠자리도 하고 사랑스런 관계를 다시 회복할 수 있게 된다.

질투와 경쟁 같은 문제로 힘들어하는 부부들 중에는 아이를 도구로 삼아 아이 핑계로 헤어져 있거나 혹은 관계를 회복하기도 한다.

사이 나쁜 부부에게 아이는 분쟁의 쟁점이 될 수도 있다. 남편을 지배하려는 아내는 아이 목욕을 시키면서 남편이 아이에게 정성을 쏟지 않는다고 비난하거나 아이 앞에서 남편 말에 반박을 하면서 아이를 돌보라고 남편을 성가시게 할 것이다. 말하자면 아내는 남편을 구속하고 지배하는 데 아이를 이용한 것이라 할 수 있다. 이런 일은 특히 이혼 시에 많이 나타난다. 아이에게 자신이 더 도움이 된다는 구실을 대면서 서로 양육권을 주장하는 것이 그것인데, 이들은 아주 고상한 명분을 내세워 공개적으로 전쟁을 선언하는 것이라 볼 수 있다. 드물지만 이 전쟁은 엄청난 폭력의 상승 작용으로 이어지기도 한다. 우리는 아이가 문자 그대로, 부모의 경쟁에 희생되었다고 말할 수 있다. 부모는 아이를 위해서 그렇게 하는 것이라고 주장하지만 말이다. 수많은 실패한 이혼도 사실상 상징적 희생이다. 부모의 이혼 사태를 겪은 아이는 불행함을 느끼고 망가질 수밖에 없다. 부모의 경쟁 게임 가운데서 완전히 소외되어 있던 아이에게는 어떠한 여지도 주어지지 않는다. 그러나 해결책은 간단하다. 그것은 앞에서 솔로몬의 심판을 해석할 때 이야기했던 것으로, '경쟁을 위해 아이를 희생할 것인가 아이를 위해 경쟁을 희생할 것인가'의 문제이다. 보호받고 존중되어야 할 아이의 참된 행복을 위한 온갖 방법을 찾다보면 둘 다 경쟁을 포기하고 결합을 받아들여야 하는 순간이 온다.

말하자면 아이는 부부 관계의 벡터라고 할 수 있다. 아이는 부부 일치의 산물이나 동맹의 화신일 수도 있지만 부부의 경쟁의 대상일 수도 있다. 부모들이 아이를 서로 빼앗으려 하는 것은 그들의 관계가 단절되어 있다는 것을 말해주는 지표이고, 아이에 대한 어떤 관심도 나타내지 않는 것은 부부 관계가 경쟁적이 되었다는 징후이다.

둘째나 셋째 혹은 넷째 아이를 낳으면서 폭발하는 부부들도 아주 많다. 아이 출생은 부모를 갈라놓는 갈등을 해소하려는 시도였을 수 있다. 이때 아이는 관계의 담보나 교환 조건이라 볼 수 있는데, 이 경우 수태되는 순간부터 아이는 이미 희생되고 있었던 것이다.

아이가 둘인 젊은 부부가 있었다. 남편이 바람을 피워 아내는 우울증에 시달렸다. 그러자 남편은, 자신의 본심을 말해 아내를 안심시키고 자신의 바람기 때문에 흔들리고 있던 관계를 회복하기 위해 셋째아이를 가질 생각을 했다. 이때 아이는 사랑과 신의의 증거이자 선물의 의미를 갖는다. 아내도 셋째아이를 용서의 담보로 받아들였다. 그리하여 아이가 태어났지만 이들 부부는 1년 뒤에 이혼하고 말았다. 자신들 문제를 스스로 해결하지 못한 부모들의 관계는 새로 태어난 아이도 화해시키지 못했다. 아이는 오히려 부모의 이혼에 대한 죄의식을 오랫동안 간직하게 될 것이다.

이 경우 아이는 있는 그대로 평가받지 못했다. 자신의 탄생이라는 사건이 그 자체로 받아들여지지 않았던 것이다. 그것은 관계의 틈새를 메우는 시멘트처럼 간주되었다. 이런 점에서 아이는 수단이 되었으며 태어나는 순간부터 상징적으로 희생되었다고 볼 수 있다.

아이는 부모들의 관계의 화신이다. 이것이 바로 사랑처럼, 아이도 보호받아야 하는 이유이다. 부부가 일에 쫓겨 아이를 제대로 돌보지 못하면 아이뿐 아니라 부부 관계까지 불안정해지는 것도 이런 까닭에서이다. 아이가 행복하고도 조화롭게 커가는 것은 부부 사이의 관계만이 아니라 아이와의 관계도 포함한 부부의 관계를 말해주는 것이라 할 수 있다.

어느 날 자기 집에 불을 지른 어린 소년을 사람들이 나에게 데려왔다. 여섯 살의 아주 영민한 아이였다. 내가 물었다. "왜 불을 질렀니? 부모님 걱정이 클 텐데 말이야." 아이가 대답했다. "부모요? 선생님은 우리 부모님이 뭘 하는지 아세요?" 아이가 한 것은 다름 아닌 모방이었다. 부모 사이에 이미 나 있던 상징적 화재, 가족 전체에 위협을 가하고 있던 그 화재를 흉내내 겉으로 드러낸 것에 불과했다.

## 사랑에 더 많은 시간을

평화로운 사랑의 관계일 때는 경쟁이 싹트는 것을 피하면서 거리를 유지해야 할 뿐만 아니라, 시간에도 거리를 도입하여 미래로 방향을 돌림으로써 다시 경쟁에 빠져드는 것을 피해야 한다. 사랑은 결코 완전하게 주어지는 것이 아니며, 연인이 있다고 사랑이 있는 것도 아니다. 사랑 앞에는 사랑이 놓여 있다. 즉, 매 순간 새롭게 사랑을 실현하기 위해 일상에 사랑을 연결할 줄 아는 커플 앞에 사랑이 있는 것 같다. 또한 사랑은 언제나 움직이기 때문에 그것이 달아났다고 느끼는 순간 새롭게 만들어가야 한다.

사랑의 길은 이미 정해져 있는 직선의 길이 아니라 여러 개의 길이 시작되는 열린 문으로 보아야 한다. 또한 관계가 제대로 꽃을 피우기 위해서는 항상 열려 있는, 복수의 새로운 의미를 주는 특별한 시간이 필요하다. 사랑은 매일 새롭게 창조된다. 우리가 똑같은 이야기를 되풀이하는 신경증적인 반복과 경쟁적 모방에서 벗어나기 힘든 것도 바로 이 때문이다. 시간이 더 이상 창조적이지 못하고 단순한 반복이 되는 것은 우리가 이미 무훈담과 옛사랑의 함정 같은 과거에 사로잡혀 있음을 의미한다. 즉 똑같은 모델에 복종하고 있다는 것이다. 사랑이 항상 다양한 외양과 형식들 속에서 자유롭게 흘러가게 하기 위해서는 사랑을 살아 있게 하는 법을 배워야 한다. 왜냐하면 우리 자신도 그렇지만 사랑이 항상 한결같으면 사그라지고 말 것이기 때문이다.

*

식은 사랑을 되살릴 수 있는 방법은 무엇일까? 특별한 비결은 없다.

두 연인이 함께 모방의 감옥에 갇혀 있었던 것처럼, 그 감옥에서 벗어나는 문제도 둘이서 해결해야 한다. 한 번 더 강조하지만, 이전의 심리 치료법들과는 달리 우리는 절대로 특정한 감정을 요구하지 않는다. "서로 사랑하십시오"라고 말하는 것은 도덕적으로는 아주 멋진 말이다. 하지만 심리학적으로 볼 때 이 말은 이미 문제의 해결을 전제하고 있다.

모방이론에 의거한 우리의 심리 치료는 경쟁을 경감시킨다. 일단 모방에서 나오는 경쟁의 작동 메커니즘을 밝혀내서 그 핵심 전원을 '차단하면' 메커니즘을 둘러싸고 있던 증오나 질투, 반감과 같은 감정들은 사라질 것이다. 이렇게 경쟁이 스며들지 않은 비경쟁적 관계가 되고 나면, 이 새로운 관계에는 아주 자연스럽게 다정한 감정이 녹아들게 될 것이다.

## 옮긴이의 글

이 책은 프랑스의 심리학자이자 정신과 의사인 장-미셸 우구를리앙의 *Genèse du désir*를 우리말로 옮긴 것이다. 우구를리앙은 르네 지라르의 모방이론을 원용하여 정신과 치료에 새로운 길을 개척한 것으로 유명하다. 그는 지라르와의 '결정적 만남'이 이루어지기까지의 과정을 이렇게 소개한다.

내 인생의 결정적인 만남이 있었는데, 그것은 1972년 르네 지라르와의 만남이다. 당시 나는 마약중독에 관한 박사논문을 쓰면서 임상 연구의 중심에 있는 폭력의 문제를 밝혀줄 문헌을 찾고 있었지만 허사였다. 39도의 고열로 침대 신세를 지고 있을 때 서적상 마르셀 씨가 책 한 권을 가져왔다. 나는 며칠 뒤 침대에서 일어나 머리맡에서 그 책을 발견했다.『폭력과 성스러움』이었다. 1972년 10월부터 12월까지 3개월을 그 뛰어난 책을 4번 읽는 데 고스란히 바쳤다. 가능한 한 빨리 지라르를 만나고 싶었다. 찬사를 표하고 싶은 마음도 있었지만, 그보다는 내가 그의 이론이 심리학과 정신의학에 정말 잘 적용될 수 있다고 생각한다는 것을 말해주고 싶다는 마음이 더 컸다. 당시 지라르가 근무하고 있던 뉴욕 주 버팔로로 그를 만나러 간 것은 1973년 봄이었다.[1]

이 만남의 결과가 후에 또 다른 정신과의사 기 르포르와 함께 르네 지라르와의 대담을 엮은 『세상 설립 이래 감추어져온 것들』로 정리되어 나온다. 또한 모방이론을 정신과 치료에 도입하는 과정과 성과가 바로 이 책 『욕망의 탄생』을 비롯해, 『욕망이라는 이름의 모방』 『심리정치』 『제3의 뇌』 『내 안의 타인』 등의 책으로 출판되기에 이른다. 르네 지라르의 모방이론이 과연 어떤 것이기에 우구를리앙이 이토록 감명을 받았을까?

## 르네 지라르의 모방이론

우리의 욕망이 순전히 대상에서 나오는 '자연발생적인 욕망'이 아니라 타인의 욕망을 모방하는 데서 나온 '모방적 욕망'이

---

1  Jean-Michel Oughourlian, *Notre troisième cerveau*, Albin Michel, 2013, pp. 12~13.

라는 생각은, 지라르가 1961년 첫 저서 『낭만적 거짓과 소설적 진실』에서부터 주장하기 시작한 지라르 이론의 핵심 주제이다. 우리 욕망에 깃들어 있는 모방 때문에 짝패의 갈등과 경쟁이 발생하는데, 이런 모방적 경쟁으로 인한 갈등이 폭력을 낳고, 이 폭력을 해소하는 방책이 희생양 메커니즘이라는 것이 지라르 이론의 연속된 중요 주제들이다. 이 모든 과정이 인간의 모방에서 시작되고 있어 르네 지라르의 이론은 한마디로 '모방이론'으로 불린다.

낭만주의와 아방가르드가 출현하던 유럽의 근대 문화가 그랬던 것처럼 모방을 아예 없는 것처럼 취급하지 않고, 모방에 인류학적인 의미를 부여하는 등 오늘날 모방의 중요성을 거의 처음으로 주장한 사람이 르네 지라르라고 할 수 있다.

지라르에 의하면, 우리의 욕망은 우리의 모델 역할을 하는 타인의 욕망에 대한 모방에서 생겨난다. 그런데 욕망의 주체와 모델 사이에 분명한 위계질서가 서 있지 않는 짝패의 모방은 적대적인 경쟁으로 변한다. 경쟁적인 모방은 모델과 욕망 주체 사이에 공통의 욕망 대상을 획득하기 위한 잠재적인 갈등으로 이어진다. 그런데 이 경쟁이 격화될수록 그 대상이 갖고 있던 본래의 중요성은 사라지게 된다. 아주 간단해 보이지만, 이 가설은 모든 인간관계의 역학을 이해하고 개인의 정체성을 심층적으로 이해할 수 있게 해준다. 일상적으로는 원한과 집단 폭력과 같은 사회적인 현상의 내막도 이해할 수 있게 해준다.

## 정상인 사이의(관계의) 문제

르네 지라르는 흔히 병적이거나 이상한 사람으로 통하는 사람을 '비정상적'이라고 보지 않는다. 기존 통념과는 다른 이런 시각이 우구를리앙을 끌어들인 인력이 되었을 것이다. 인간관계에서 문제의 원인이 되는 짝패 갈등을 일으키는 사람이 '비정상적인' 사람이 아니라는 것이다.

돈키호테가 광기에 사로잡힌 비정상인이라는 일반의 통념과는 달리, 지라르는 세르반테스의 『돈키호테』를 '가장 건전한 사람들'이 서로에게 끼칠 수 있는 '해로운 영향에 관한 오랜 성찰의 결과'로 보고 있다. 바꾸어 말하면, 돈키호테를 '정상인'으로 본다는 말이다. 개인이 병적인 상태에 빠지는 원인이 그 개인에게만 있는 게 아니라 타인과의 관계에 있다고 보는 지라르의 이러한 시각은 다음의 우구를리앙의 생각과도 딱 맞아떨어진다.

나는 병이 든 것은 개인이 아니라 관계라는 것을 알게 되었다. 그래서 나는 누구든지 어떤 틀 안에 가두어넣는 것을 거부했다. 날 때부터 신경증이나 파라노이아 같은 정신병에 걸릴 운명을 타고난 사람은 본 적이 없다. 우리는 모두 계기와 상황에 따라 신경증이나 망상증 같은 정신병의 기운이 커지

거나 적어지거나 한다. 또는 이렇게 말하는 게 가능하다면 약간만 '정상적'일 따름이다.[2]

더 나아가서 "종종 병은 개인의 삶을 '오염'시키는 타인과의 나쁜 관계의 결과일 때가 많다"는 우구를리앙의 지적 또한 르네 지라르의 시각과의 접점을 보여준다. 사람들 사이에 문제가 발생하는 것은 어느 한쪽만의 문제가 아니라 '둘 사이의 관계의 문제'라는 것이 우구를리앙의 생각이고, 특히 사랑하는 연인들 사이의 문제를 해결한 보고서가 이 책이라 하겠다.


## 연인들의 문제

오랜 임상 경험을 통해서 우구를리앙은 환자의 문제는 그 환자만의 문제가 아니라 관계의 문제라는 것을 깨닫고 있었다. 문제는 환자와 타인 사이에 놓여 있다는 것이다. 우구를리앙의 이런 경험이 사실로 확인된 것이 바로 르네 지라르의 모방이론 덕분임은 물론이다. 연인들이 가까워지고 멀어지는 것은 모두 모방 메커니즘의 결과란 것이다.

여기서 우리는 '메커니즘'이라는 표현에 주목할 필요가 있

2  Jean-Michel Oughourlian, *Cet autre qui m'obsède*, Albin Michel, 2017, p. 19.

다. 돈키호테의 문제가 아니라 '건전한 사람들' 사이의 '해로운 영향' 때문이라는 지라르의 말은 개인의 문제가 아니라 어떤 모델을 모방하는 순간 모델에 완전히 빠져버리게 되는 현상을 말한 것이다. 어느 누구든 모방에 의한 경쟁에 빠져드는 순간 상대에 대한 증오와 비난에 빠져들 수밖에 없는 현상을 두고 르네 지라르는 여러 차례 경쟁의 '메커니즘'이라고 부른다. 친구의 연인에 대한 욕망에 빠져들게 되는 것은 하나의 메커니즘이지 그 개인의 의도나 성품의 문제가 아니라는 것이 르네 지라르의 생각이다. 지라르가 거듭 천명하는 메커니즘이라는 표현은, 문제는 우리 자신이 아니라 모방을 행하거나 욕망을 갖게 되는 순간 마치 자동장치처럼, 누구든 빠져들 수밖에 없는 메커니즘의 소산임을 깨닫는 것이 중요하다는 것을 말해준다.

이 책에서 우구를리앙이 제안하는 연인의 갈등을 해소하는 방안도 이런 생각에 기초해 있다. 우구를리앙의 다음 고백은 문제의 출발점을 제대로 인식하는 데에서 해결책이 나옴을 말해준다. 당사자들 스스로 우선 연인들의 문제는 상대방이나 자신의 잘못이 아니라, 엄격히 말하면 인간 욕망의 메커니즘 때문이라는 것을 인식하는 데서부터 해결의 실마리를 찾을 수 있다는 말이다.

커플들을 가까워지고 멀어지게 하는 사랑과 미움을 초래하는 것은 모방 메커니즘이며, 이 메커니즘의 장난감이 바로 이들 커플이다. 나는 이 책에서 이런 상황을 벗어날 수 있는 효율적인 전략을 제시하려고 한다. 그런데 이 전략이 실효를 거두기 위해서는 커플 양쪽 혹은 적어도 한쪽이라도 그들을 움직이는 것이 이 모방 메커니즘임을 인정하고 그것의 부정적 결과를 피하는 데 노력과 희생이 필요하다는 것을 받아들여야 한다.

## 지라르와 우구를리앙

우구를리앙은 정신과 의사답게 르네 지라르와의 관계 설정에 있어 아주 조심스러운 태도를 취한다. 이런 태도는 사랑하는 연인들 사이에서도 경쟁에 빠지지 않기 위해 필요한 것이다. 나에게 어떤 욕망을 가르쳐준 모델이 경쟁자나 장애물로 보이기 시작하는 순간, 마음의 평온함은 사라지고 둘의 관계는 짝패의 갈등으로 악화되기 시작하기 때문이다.

기회 있을 때마다 나는 르네 지라르는 내 스승이며 내가 지지하는 모방이론에 대한 욕망은 그에게서 나온 것이라고 되풀이해서 말하고 있는데, 그것은 내 마음의 평온함을 위한 것이다![3]

모방에 대한 새로운 시각을 열어준 르네 지라르의 학문적 업적에 대한 우구를리앙의 평가는 다음의 인용문에 잘 나타나 있다.

아주 최근까지는 거울뉴런 시스템의 존재에 대해 알고 있는 사람은 전혀 없었고 모방에 대해 관심 있는 사람도 거의 없었다. 이 문제에 관한 20세기 최고의 사상가인 르네 지라르가 여러 저서에서 모방을 이야기했지만, 무엇보다도 먼저 타인에 대한 모방이 있으며, 이 모방이 감정과 사고의 주체를 결정하는 것을 보려고 한 사람은 아무도 없었다.[4]

정신의학에 문외한인 옮긴이로서는 전문적인 정신의학 용어와 개념에 대해서는 울산대학교 전 총장이신 의과대학의 이철 교수님과 정신과 전문의 이성동 박사의 큰 가르침이 적지 않은 도움이 되었음을 밝힌다. 두 분에게 감사의 마음을 거듭 전하고 싶다.

---

3   Jean-Michel Oughourlian, *Cet autre qui m'obsède*, Albin Michel, 2017, p. 133.
4   Jean-Michel Oughourlian, *Notre troisième cerveau*, Albin Michel, 2013, p. 22.